KB164256

나 는
책나무를
심 는 다

아침독서운동 한상수의
행복한 독서운동 이야기

나는 책나무를 심는다

한상수 지음

한권의책

아침독서 10분으로 세상을 바꾸려는 사람

"작은도서관 운동을 시작한 것이 나의 1기 독서운동이었고, 이 땅의 아이들 누구나 책 읽는 즐거움을 알게끔 하려는 마음으로 아침독서운동을 펼친 것이 2기 독서운동이었다. 이제 동네책방 운동은 내게는 마지막이 될 3기 독서운동이란 각오로 새롭게 신발 끈을 고쳐 매려 한다."

그동안의 활동을 정리해 책으로 내는데 추천사를 써줄 수 있겠느냐는 전화를 받고 무척 기뻤습니다. 한상수 대표가 20년 가까이 온갖 어려움을 겪으면서도 포기하지 않고 꾸준히 독서운동을 해오면서, 독서운동에서 꼭 필요한 빈자리를 채우고 새 길을 만들어내는 모습을 처음부터 지켜봐왔습니다. 이제 그 소중한 발걸음을 자세히 들여다볼 수 있겠구나 싶었기 때문입니다. 이 땅에서 독서 운동을 하는 사람들에게 좋은 영향을 끼칠 수 있는 책 한 권이 태어나는 것이니까요.

받자마자 밤새 다 읽었습니다. 동녘작은도서관, 푸른꿈도서관, 책마을도서관, 희망도서관, 희망의 책 나눔, 사단법인 행복한아침독서, 행복한책방, 〈아침독서신문〉 〈책둥이〉 〈작은도서관신문〉 〈동네책방동네도서관〉 〈월간그림책〉···. 이는 그동안 한상수가 만들어낸, 한상수를 보여주는 이름들입니다. 그 아름다운 이름 아래 묻혀 있던 속내를 소박하고 솔직하고 잔잔하게 보여주는 글을 읽으면서, 지금까지 살아오면서 어린이도서관을 시작한 일이 자신의 삶에서 가장 잘한 일 중 하나라는 생각이 든다는 글쓴이 말에 박수를 보냈습니다.

이 책을 읽으면서 한상수 대표와 함께하고 도움을 준 많은 사람들의 이야기도 들을 수 있어서 좋았습니다. 그중에서도 "그런데 아내는 의외로 선뜻 해보라고 동의해주었다. 한참 시간이 흐른 후 아내에게 어떻게 그리 쉽게 동의했는지 물어보니, 아내는 하고 싶은 일을 못하면 병이 나는 내 성격을 아는지라 산 입에 거미줄 치겠는가 하는 생각이었다고 대답했다"는 대목에서 볼 수 있듯이 '도서관을 시작하라고 적금까지 해약해서 보탠' 예쁜 각시 덕에 그 많은 일을 해냈구나 싶었습니다.

그리고 이 책을 쓴 까닭이 자신이 새롭게 시작하는 3기 독서운동을 하기 위해 각오를 다지면서 신발 끈을 고쳐 매기 위함인 걸 알았습니다. 새로운 독서운동을 시작하기 위해 그동안 해온 일을 되짚어본 것이겠지요. 이런 자세는 사회운동을 하는 사람이라면 눈여겨봐두어야 합니다. 자신의 경험을 우리 사회에서 소중한 경험으로 공유할 수 있도록 기록을 남기는 일이니까요.

한상수 대표를 한마디로 표현한다면 '아침독서 10분으로 세상을 바꾸려는 사람, 아침독서 10분으로 세상을 바꿀 수 있다고 믿는 사람'이라고 할 수 있습니다. 그런 믿음을 바탕으로 자신만의 한상수표 독서운동을 만들고 있습니다. 이렇게 책으로까지 선언했으니 스스로 자신의 인생에서 마지막이 될 '동네책방' 운동을 위해 신발 끈을 고쳐 매고 뚜벅뚜벅 걸어가겠지요. 그가 걸어가는 발걸음만큼 우리 아이들이 살아가는 세상에 행복한 독서 문화가 이뤄질 것으로 믿습니다.

대한민국 99년, 2017년 1월
이주영_어린이문화연대 대표

책으로 행복한 세상을 만드는
사람이 있어 행복합니다

한상수 대표께서 지난 18여 년의 독서운동 이야기를 책으로 내신다고 해서, 이건 무조건 읽어야 한다고 생각했습니다. 갈수록 책 읽는 사람들이 줄어드는 우리 사회에서 이렇게 짧지 않은 시간 동안 독서운동을 묵묵히 해온 것은 참 무모한 일이 아닐 수 없습니다. 그러나 그동안 사람은 책과 함께 행복할 수 있다는 신념을 붙들고 작은도서관 운영부터 아침 10분 독서운동, 독서운동 관련 신문 발행 등 다양한 책 읽기 운동을 펼쳐온 한상수 대표의 행보는 우리나라 독서운동에 분명한 방향과 내용을 제시해주었다고 생각합니다. 책과 독서 생태계의 한 부문을 담당하는 도서관 부문에서 일하는 제게는 든든한 동반자입니다. 고맙습니다.

제가 한상수 대표를 만난 것은 2004년 어린이도서관연구소를 만들고 진행한 '푸른꿈도서관학교'라고 기억합니다. 그 결과로 낸 책《어린이도서관 길잡이》는 도서관 부문에서도 큰 도움이 되었습니다. 무엇보다도 개인의 삶도 있었을 텐데, 그보다는 늘 다른 사람의 행복을 먼저 생각하고 생각과 능력, 시간과 손길을 나누는 일부터 챙겼을 것을 생각하니, 안타까우면서도 고마움과 존경을 표합니다.

도서관 부문에 있는 저로서는 1기 작은도서관운동 시기를 주의 깊게 읽었습니다. 마땅히 공공 부문에서 감당해야 할 역할인 도서관 운영이 부족한 시대, 그 빈 지점을 채워온 분들의 생각과 고민을 다시금 살펴볼 수 있어서 다행입니다. 지금 우리나라도 공공도서관 1,000곳, 작은도서관 5,000여 곳이 운영 중입니다. 십 수년 만에 정말 놀랄 만큼 양적 성장을 이루었습니다. 그런 만큼 예전과는 또 다른 문제, 어쩌면 한상수 대표께서 이미 겪은 문제에 대해 본격적으로 고민해야 할 때가 아닌가 합니다. 큰 틀의 책 생태계 안에서 도서관은 그곳이 공립이든 사립이든, 크든 작든, 경쟁자가 아니라 동업자입니다. 또한 출판계와 서점계와 독서운동 부문과도 동업자가 되어야 합니다. 시대와 상황이 변한 만큼, 지금은 각 부문과 구성원들이 각자도생이 아니라 '함께 살기'로 만나고 의기투합해서 새로운 책 읽는 사회를 만들어야 할 것입니다. 앞으로 시민들이 책을 읽으면서 스스로 행복한 삶을 꾸려가는 사회를 만드는 데 한상수 대표가 중요한 역할을 해내리라 기대합니다. 최근 동네책방 '행복한책방'을 열고 이미 그런 일을 시작했다고 생각합니다. 응원합니다.

무엇보다도 이렇게 그동안 개인이, 또는 여러 사람들과 함께 해온 독서운동 이야기를 정리해서 책으로 낸 것은 큰 의미가 있습니다. 한상수 대표의 활동을 어렴풋이 알던 독자로서는, 그간의 일과 생각을 꼼꼼하게 정리한 이 책을 통해 그동안의 활동이 얼마나 우리에게 의미 있고 소중한 일이었는지 직접 확인해볼 수 있게 되었습니다. 사람의 일생이나 일은 늘 한시적일 수밖에 없습니다만, 이렇게 기록해놓는다면 사람들 사이에서 늘 살아 있는 기억이 될 것입니다.

여전히 행복한 독서운동을 펼치고 새롭게 책방을 준비하면서 이렇게 책을 펴낸 것은 스스로 새롭게 각오를 다지는 것은 물론, 함께할 사람들을 불러 모으는 나팔 소리가 될 것입니다. 한결같이 사람들이 책으로 행복한 삶을 살아가도록 돕는 한상수 대표께서도 늘 책과 함께 행복하시길 바랍니다. 물론 여태까지도 그러셨으리라 생각합니다. 그동안 쉽지 않은데도 독서운동 현장에 늘 용기 있는 걸음을 내딛어주셔서 고맙습니다. 이제 새 현장에서 꿈꾸어오신 '책으로 행복한 세상'을 만나시길 기원합니다.

이용훈_도서관문화비평가, 한국도서관협회 사무총장

책은 행복입니다

지난 18여 년에 걸친 독서운동을 정리하고 싶은 생각에 책을 내게 되었습니다. 지금까지 많은 책을 읽었지만 막상 내 책을 쓰려니 어려움이 많았습니다. 무엇보다 이 책에 담긴 내용이 귀한 나무로 만든 종이를 소비해도 될 만큼 가치가 있나 하는 생각에 망설였습니다. 오랜 망설임 끝에 책을 내기로 한 것은 이 책이 몇 명의 독자들에게는 조금이나마 도움이 될 수도 있겠거니 싶어서였습니다.

이 책은 지극히 평범한 사람의 이야기입니다. 책을 좋아하는 사람이 독서운동에 발을 담그며 이런저런 일을 벌이면서 시행착오를 겪으며 살아온 이야기를 담았습니다. 그 과정에서 운 좋게도 삶의 향기가 깊은 많은 분들과 좋은 인연을 맺을 수 있었고, 그 덕에 소박한 성취라도 이룰 수 있었습니다. 책을 쓰면서 지나온 시간을 돌이켜 보니 제가 한 것은 하나도 없고, 주변 분들의 도움으로 여기까지 왔음을 새삼 깨닫습니다.

제가 책을 좋아하는 이유는 무엇보다 책을 읽는 일 자체가 제게 큰 행복을 주기 때문입니다. 이런 행복을 더 많은 사람들이 누리기를 바라는 마음으로 독서운동을 시작했습니다. "우리 유년기의 나날 가운데, 좋아하는 책 한 권과 함께 보낸 날만큼 충만하게 살아낸 시간도 없을 것이다"고 말한 마르셀 프루스트의 생각에 완전히 공감합니다. 아이들에게 그런 시간을 선물하고 싶었습니다. 아이들이 그 즐거움을 어린 시절부터 마음껏 누리면 좋겠다고 생각했습니다. 그래서 제가 하고 싶은 일, 할 수 있는 일을 좌고우면하지 않고 벌이다 보니 여기까지 오게 되었습니다.

제가 가장 좋아하는 단어가 '행복'입니다. 그래서 제가 일하는 단체 이름에도 행복이 들어 있고, 새로 내는 동네책방 이름도 '행복한책방'으로 정했습니다. 행복하게 살아가는 일이 우리 삶의 근본적인 목표라고 생각합니다. 힘겨운 시대를 살아가는 모든 이들이 지금보다 조금이라도 더 행복해지면 좋겠습니다. 그리고 행복한 삶을 살아가는 데 책이 중요한 역할을 할 수 있다고 믿습니다. 그 믿음은 스마트폰 시대가 된 지금 더 공고해졌습니다.

고마운 분들이 많지만, 가장 먼저 아내인 강현정에게 고맙다는 말을 전하고 싶습니다. 지난 25년간 늘 한결같이 함께해주고, 하고 싶은 일은 해야만 직성이 풀리는 남편의 뜻을 존중하고 성원해준 그 마음이 참 고맙습니다. 더불어 우리에게 온 가장 큰 선물인 지훈과 지원에게도 고맙고 사랑한다는 말을 전합니다. 사랑과 헌신으로 키워주신 어머님께 고맙다는 인사와 함께 이 책을 가장 먼저 드리고 싶습니다. 과분한 추천사를 써주신 존경하는 이주영 선생님께 고마움의 인사를 드립니다. 선생님은 제게 늘 길이 되어주셨습니다. 언제나 한결같이 도와주시는 어린이책예술센터 정병규 대표님, 고맙습니다. 이사진으로 오랫동안 함께해주신 김택수, 홍주열, 송해석 이사님께도 고마운 마음을 전합니다. 귀한 추천사로 책을 빛내주신 이용훈, 백화현 선생님, 고맙습니다. 아침독서운동 홍보대사로 큰 힘이 되어주시는 여희숙 선생님께 감사 인사를 빼놓을 수 없습니다.

언제나 든든한 이범국 본부장님을 비롯한 행복한아침독서 가족들께도 고맙다는 인사를 드립니다. 그대들과 한 직장에서 함께 일할 수 있어 참 좋습니다. 결코 짧지 않은 독서운동의 긴 여정 동안 성원해주고 함께해주신 여러 출판사 관계자들의 호의에 깊은 감사를 드립니다. 여러분의 호의가 없었다면 결코 여기까지 올 수 없었을 것입니다. 아침독서운동 초창기에 큰 힘이 되어주신 류선영 선생님의 마음을 결코 잊을 수 없습니다. 〈아침독서신문〉의 명예 기자이신 강원구, 권종순, 김서영, 김성기, 김주상, 김중기, 송수진, 황정원 선생님, 고맙습니다. 선생님들이 계셔 늘 든든합니다. 전국학교도서관담당교사모임의 이성희, 이동림, 조의래 선생님 고맙습니다. 전국 각지의 교육현장에서 아이들과 책을 이어주려 애쓰시는 많은 선생님들께도 고맙다는 인사를 전합니다. "선생님들이 희망입니다." 부족한 글을 잘 다듬어 멋진 책으로 만들어준 한권의 책 김남중 대표님께도 고마운 인사를 전합니다. 정말 책으로 맺어진 인연이 참 귀하다는 사실을 새삼 깨닫습니다.

돌이켜 보면 정말 많은 분들에게 분에 넘친 후의를 받았습니다. 이렇게 많은 빚을 진 만큼 첫 마음을 잊지 않고 책을 통해 더 많은 분들이 행복한 세상을 만들기 위해 최선을 다하겠습니다. 모두들 고맙습니다.

"책은 행복입니다."

2017년 2월
행복한책방에서 한상수 드림

"아침독서는 학교의 독서 환경을 단번에 바꾸었습니다.
아이들은 그냥 읽고, 즐거워하고, 책을 좋아합니다.
아침독서는 학교 독서환경에 이슬입니다.
아침마다 아이들 마음을 촉촉하게 적셔줍니다."

권일한_《책벌레 선생님의 행복한 책 이야기》 저자

차례

1장

책과 만나다

초등학교 시절을 돌아보면 실컷 놀 수 있었기에 즐거운 기억이 많지만 아쉬운 점도 많다. 가장 큰 아쉬움은 책을 제대로 읽지 못한 점이다. 시골이다 보니 당연히 학교도서관은 없었고, 지역에 공공도서관 하나 없었다. 가정 형편도 그다지 여유가 있는 편은 아니었기에 집에서는 교과서 이외에 다른 책을 사주질 못했고, 용돈도 없었으니 서점에서 책을 사기란 언감생심이었다. 가끔씩 친구 집이나 친척 집에 놀러 가서 위인전이나 세계 명작 동화를 참 재미있게 읽곤 했다. 때로는 서점에 가서 책을 보기도 했는데, 계몽사에서 나온 100권짜리 세계 명작 동화를 서점 주인의 눈치를 보면서 몇 쪽씩 읽었던 기억이 난다.

어린 시절 좀 더 많은 책을 만나지 못한 것은 정말 아쉽다. 학교나 지역에 제대로 운영되는 도서관이 하나라도 있었다면 세상에 대한 호기심이 가득했던 어린 시절이 훨씬 더 풍족하고 행복해졌을 텐데 말이다. 아이들의 미래를 위해 멀리 바라보고 도서관을 만드는 일에 소홀했던 당시의 기성세대에 대해 아쉬움이 많다. 그리고 이런 아쉬움이 나를 독서운동으로 이끈 동인(動因)이 되지 않았나 싶다.

20대 시절

딸 지원과 함께 행복한 한때

시골 소년의 책 읽기

어린 시절 읽었던 책 중에 한 권을 꼽으라면 고민 없이《사회과부도》를 꼽겠다.《사회과부도》는 초등학생 시절에 가장 많이 읽었고, 세상에 눈을 뜨게 한 고마운 책이다. 어렸을 때부터 과학에는 거의 흥미가 없었고, 사회 과목에 흥미가 많았다. 첫《사회과부도》는 내 책이 아니라 중학생이 된 동네 형이 주었다. 당시《사회과부도》는 5학년 때 사용했으니, 3, 4학년쯤이었으리라 생각된다. 읽을 책이 없을 때는《사회과부도》를 보면서 미지의 세계에 대해 상상의 나래를 펴곤 했다. 시간이 날 때마다《사회과부도》를 보면서 흥미로워했던 기억이 아직도 생생하다. 지금도 가쓰라-태프트 밀약에 대해 알게 되어 미국에 대해 처음으로 실망했던 기억이 생생하다. 당시 어린 내게 미국은 대단한 나라였고, 한없이 고마운 나라였다. 그런 미국이 자국의 이익을 위해 일본과 밀약을 맺어 우리나라에 대한 일본의 합병을 양해했다는 사실이 꽤 충격적으로 느껴졌다.

《기적의 도서관 학습법》(화니북스)에 인상적인 내용이 있다. 저자가 어렸을 때 아버지가 퇴근할 때까지 기다렸다가 함께 집에 돌아와야 했던 적이 있었다고 한다. 처음에는 그 시간이 너무 길고 지루했는데, 우연히 학교 근처에 도서관이 있다는 사실을 알게 되어 도서관을 다니게 되었다. 도서관에서 《동아대백과사전》을 발견하고 신기해하며 읽었는데, 이것이 운명을 바꿔놓았다고 고백한다. 이 부분을 읽으면서 부럽기도 하고 안타깝기도 했다. 《사회과부도》밖에 볼 수 없었던 아이와 백과사전을 볼 수 있었던 아이의 차이는 바로 도서관이 만든 것이다. 돌이켜 보면 이러한 어린 시절의 경험이 나를 독서 운동가로 이끈 계기가 되지 않았을까 하는 생각이 들기도 한다.

내 고향은 파주시 문산읍이다. 지금은 파주시가 많이 발전하고 문산에도 아파트가 들어섰지만, 내가 학교를 다닐 때에는 교육적으로 상당히 열악한 지역이었다. 접경 지역이다 보니 한국군과 미군 부대가 많았고, 군부대는 지역 사회에 많은 영향을 미쳤다.

초등학교 때까지는 당시의 시골 아이들이 대부분 그랬듯, 학교에서 돌아온 후에는 해가 질 때까지 친구들과 신나게 노는 게 일과였다. 산과 들을 뛰어다니고, 동네 골목에서 지치지도 않고 이런저런 놀이를 하며 놀았다,

초등학교 시절을 돌아보면 실컷 놀 수 있었기에 즐거운 기억이 많지만 아쉬운 점도 많다. 가장 큰 아쉬움은 책을 제대로 읽지 못한 점이다. 시골이다 보니 당연히 학교도서관은 없었고, 지역에 공공도서관 하나 없었다. 가정 형편도 그다지 여유가 있는 편은 아니

었기에 집에서는 교과서 이외에 다른 책을 사주질 못했고, 용돈도 없었으니 서점에서 책을 사기란 언감생심이었다. 가끔씩 친구 집이나 친척 집에 놀러 가서 위인전이나 세계 명작 동화를 참 재미있게 읽곤 했다. 때로는 서점에 가서 책을 보기도 했는데, 계몽사에서 나온 100권짜리 세계 명작 동화를 서점 주인의 눈치를 보면서 몇 쪽씩 읽었던 기억이 난다. 이때 본 책들이 요즘 완역본으로 많이 나오는 《톰 소여의 모험》《허클베리 핀의 모험》《보물섬》《소공자》《걸리버 여행기》《로빈슨 크루소》 등으로, 뒤표지에는 사람 얼굴이 실려 있었다. 낱권으로도 판매되어, 용돈을 모아서 한 권씩 구입하곤 했다. 그때는 그 시리즈를 전부 모으는 것이 최고의 소망이었는데, 어렸을 적에 품었던 이룰 수 없는 꿈이었다. 그 시절에는 가장 부러운 친구가 집에서 문방구를 운영해 책을 마음껏 볼 수 있었던 친구였다.

그나마 책 읽기에 대한 갈증을 조금이나마 해소시켜준 곳이 만홧가게였다. 동네에 있던 만홧가게에 참새가 방앗간 드나들 듯 열심히 다녔다. 한글을 뗀 것도 아마 만화를 통해서였지 싶다. 몇 년간은 어머니가 생활비를 벌기 위해 만홧가게를 직접 운영하기도 해서, 그 덕분에 만화를 실컷 볼 수 있었다. 나는 지금도 만화를 좋아한다. 학부모 대상 강의에서도 아이들이 만화를 보는 것은 지극히 자연스러운 현상이니 너무 걱정하지 말라고 얘기하곤 한다. 만화가 없었다면 내 어린 시절의 독서량은 참담한 수준이었을 만큼,

교과서와 만화가 초등학교 때까지 경험한 독서의 대부분을 차지한다.

어린 시절 좀 더 많은 책을 만나지 못한 것은 정말 아쉽다. 학교나 지역에 제대로 운영되는 도서관이 하나라도 있었다면 세상에 대한 호기심이 가득했던 어린 시절이 훨씬 더 풍족하고 행복해졌을 텐데 말이다. 아이들의 미래를 위해 멀리 바라보고 도서관을 만드는 일에 소홀했던 당시의 기성세대에 대해 아쉬움이 많다. 그리고 이런 아쉬움이 나를 독서운동으로 이끈 동인(動因)이 되지 않았나 싶다.

지적 호기심에 목말라하다

책에 대한 갈증은 중학교에 진학해도 풀리지 않았다. 집에서 한 시간은 걸어서 가야 했던 중학교에도 도서관은 없었다. 고등학교를 졸업할 때까지 도서관은 구경도 하지 못했다. 내가 처음 본 도서관은 재수 생활을 하며 알게 된 남산도서관이다. 그 많은 책을 마음껏 꺼내 볼 수 있다는 게 무척 놀라웠다.

공부에 관심이 생겨 초등학교 6학년 여름방학 때부터 동네에서 친구들과 함께 과외를 받았다. 당시 서울시립대 영문과에 다니던 동네 형이 용돈벌이를 위해 소박하게 하던 것으로, 한 달에

3,000원이던 과외비를 간호사로 일하던 큰누나가 대주어 겨우 다닐 수 있었다. 중학교 입학 전에 알파벳이라도 익힐 수 있었던 것도 과외 덕분이었다. 초등학교 때는 잘 몰랐는데, 중학생이 되고 보니 과외가 큰 도움이 되었다. 내가 다녔던 학교는 접경 지역에 있어서 교사들에게 승진 점수가 주어졌다. 그러다 보니 승진에 관심 있는 교사가 많았다. 이런 교사들의 특징은 학생을 가르치는 데는 그다지 관심도 없고 실력도 없다는 점이다. 물론 학교에는 열정을 갖고 가르치는 젊은 교사가 일부나마 있었다. 열악한 상황이었지만, 다행스럽게도 역사 담당 선생님들은 역사 공부의 즐거움을 느끼게 해주었다. 중·고등학교 시절 세 명의 역사 선생님을 만났는데 모두 젊은 선생님이었고 열정을 갖고 가르쳤다. 덕분에 역사 공부는 늘 흥미진진했고, 역사 교사에 대한 꿈을 키우게 됐다. 대학 전공을 사학과로 정한 것도 선생님들 영향이 컸다.

실력과 열정을 두루 갖춘 과외 교사에게 꾸준히 배우면서 중학교 내내 상위권을 유지할 수 있었다. 공부에 대한 흥미도 높아졌고, 새로운 배움에 대한 재미와 호기심도 덩달아 더해졌다. 그런데 중학교 3학년 때 공부에 대한 흥미가 꺾였는데, 엉뚱하게도 정치적 격변이 가져온 피해였다. 중학교 2학년 때 10·26사태가 일어났고, 쿠데타로 집권한 전두환 군사정권은 정통성이 없는 정권의 한계를 몇몇 개혁 조치를 실시하여 무마하려 했다. 그중 대표적인 개혁 조치가 과외 금지였다. 고래 싸움에 새우 등 터진 격이었다.

대도시의 고액 과외를 잡기 위한 과외 금지 조치가 막 배움의 즐거움을 알게 된 시골 아이의 지적 성장을 가로막는 결과를 가져온 것이다. 군사정권의 서슬 퍼런 과외 금지 조치로 소박한 시골의 배움터는 문을 닫아야만 했고, 스승을 잃은 나는 지적인 호기심을 충족시킬 수 없었다.

고등학교에 진학하니 상황은 더 열악했다. 내가 고등학교에 입학하던 해에 수석으로 졸업한 선배가 서울에 있는 중상위권 대학에 입학했는데, 교사들은 그 대학이 얼마나 좋은 곳인지 열을 올리며 얘기했다. 그런 얘기를 들으니 공부에 대한 의욕이 더 떨어졌다. 한 학년당 네 학급밖에 없는 시골 고등학교에서는 과목별로 교사를 확보하지 못해 한 교사가 전공과는 무관한 과목까지 맡아 가르치는 경우가 비일비재했다. 문제는 영어와 같은 주요 과목을 체육 교사가 맡는 어처구니없는 일이 벌어지기도 한다는 점이었다. 고2 때 체육교사에게 영어를 배우면서 영어에 대한 흥미를 완전히 잃었고, 지금도 그 후유증으로 영어를 잘 못한다. 수학도 대부분의 아이들이 포기하다 보니, 학교에서는 학력고사 수준의 문제는 풀지도 않고 교과서 진도만 나갔다. 그런데 교과서 수준으로만 배우면 학력고사 문제를 풀 수 없었다. 결국 수학 공부는 혼자서 《수학의 정석》 책을 풀며 공부해야 했다. 대학에 가고 싶은 열망이 컸던 친구 몇몇이 공부 모임을 꾸려 서로를 독려하며 공부했고, 다행히 그때 같이 했던 친구들은 모두 원하는 대학에 들어갔다.

그나마 공부를 열심히 했던 것은 사회적·경제적 기반이 전혀 없는 시골 출신인 내가 대학마저 가지 못하면 아무 희망이 없다는 생각을 했기 때문이다. 미군 부대 군무원이었던 아버지는 카터 대통령 때 이뤄진 미군 철수로 인해 직장을 잃었고, 그 후 오랫동안 고정적인 수입이 있는 직장을 구하지 못했다. 이런 형편에 대학은 시골의 가난한 집안 아이에게 유일한 희망이었다.

굳이 이런 얘기를 길게 늘어놓는 것은 교육 기회의 불평등에 대해 얘기하고 싶어서다. 고교 시절 나는 수준도 떨어지고 교육에 대한 열정도 없는 학교 교사들에게 제대로 된 교육을 받지 못했다. 설상가상으로 강압적인 과외 금지 조치로 인해 사교육으로도 보완할 기회가 없었다. 대학 입시에서는 지금과 같은 지역균형선발 제도도 없었다. 즉, 교육 여건에 큰 차이가 있는데도 이를 전혀 고려해주지 않았고, 이로 인해 외형적으로만 평등한 대학입시를 치러야 했다. 지금도 그런 현상은 개선되지 않고, 오히려 더 심화된 상태이니 무척 안타깝다. 아이들에게 교육 기회를 평등하게 주는 것은 기성세대가 해야 할 사회적 책무란 생각이 든다. 행복한아침독서가 '독서를 통한 교육 기회의 불평등 해소'를 중요한 목표로 삼고 활동하는 것은 이런 개인적인 아쉬움이 밑바탕에 깔려 있기 때문이다.

어머니가 마련해주신 대학 등록금

대학 입학 당시엔 전혀 몰랐는데, 몇 년 전 어머니와 차를 타고 가면서 입학금을 마련한 사정을 듣게 되었다. 오랜만에 아들과 단 둘이 차를 타니 기분이 좋아지신 어머니께서 지난 얘기를 들려주셨다. 경제적으로 풀리지 않은 아버지와 평생을 살면서 어머니는 고생을 많이 하셨다. 그 삶은 책 한 권으로는 부족할 정도로 간난신고가 많았다. 어머니는 머리가 좋으신 편으로, 7남매 중 둘째이자 맏딸이다. 유일한 오빠인 큰외삼촌은 그 옛날에 가난한 시골에서 서울대에 갈 정도로 뛰어나셨다. 큰외삼촌은 나를 만날 때마다 "네 엄마가 공부를 참 잘했다"고 말씀하시곤 했다. 초등학교를 일본에서 다녔는데, 일본 아이들과 경쟁해서도 늘 1등을 했다는 것이다. 안타깝게도 가난한 시골 살림이다 보니 여자아이가 상급학교로 진학하기가 힘들었고, 어머니의 최종 학력은 초등학교 졸업에 그치고 말았다. 어머니가 고등교육을 받을 수 있는 환경에서 자라셨다면 훨씬 나은 삶을 사셨으리라 확신한다. 생각할수록 안타까운 일이다. 어머니의 삶을 보면서 사람에게 교육이 얼마나 중요한지 새삼 깨닫는다.

어쨌든 내가 대학교에 합격했을 때 등록금이 70만 원이었는데, 단돈 1만 원도 준비된 게 없었단다. 은행에도 알아보고 아는 사람에게는 모두 부탁했는데도 등록 마감일 이틀 전까지 구하지 못했다. 가난한 서민은 돈을 빌리기가 참 힘든 시절이었다. 발만 동동 구르다가 할 수 없이 직업군인인 이웃을 찾아가 아들이 대학에 합격했는데 등록금이 없다고 눈물로 호소하셨더니 돈을 빌려줘서 겨우 등록했다고 한다. 지금도 등록금을 빌려준 그분을 생각하면 참 고마운 마음이 든다고 하신다. 나는 대학에 합격한 것만 기뻐했지, 어머니께서 내 등록금을 마련하느라 마음고생하신 것은 전혀 몰랐다. 이렇게 빌린 첫 등록금을 어머니는 꼬박꼬박 이자를 내면서 2년 만에 겨우 갚으셨단다. 그 후로도 등록 시기만 되면 어김없이 이웃에게 이자를 내고 돈을 빌려 등록금을 마련해야 했고, 그 돈을 갚기 위해 어머니는 오랫동안 고생하셔야 했다. 내가 열심히 공부해서 장학금을 받았더라면 어머니를 덜 고생시켰을 텐데, 학생운동에 빠져 있느라 장학금을 거의 받지 못했다. 민중을 위한 삶을 산다고 하면서 정작 내 어머니의 고통을 헤아리지 못했던 자신이 참 부끄럽게 느껴진다.

젊은 시절, 어머니는 호구책을 마련하기 위해 이런저런 일을 많이 하셨다. 식모살이를 2년 정도 하신 적도 있었는데, 친척집에 맡겨두었던 큰누나가 20리가 넘는 길을 걸어 그 집에 찾아와 하룻밤 재워 보냈던 얘기를 할 때는 눈물을 글썽이신다. 당시 큰누나 나이가 겨우 여섯 살이었다고 하니, 소설에나 나올 법한 얘기였다. 식모살이를 했던 부잣집 사모님이 유난히 예뻤던 누나를 보고 자기 집에 딸로 주면 공주처럼 키우겠다고 제안했지만 차마 그럴 수는 없었다고 하셨다.

만홧가게를 하실 때에는 기차를 타고 서울에 있는 만화책 도매상까지 가서 만화책을 구입해 직접 들고 오셔야 했는데, 100권이 넘는 만화책을 들고 지하철 계단을 오르락내리락하기가 참 힘들었다고 하신다. 모내기철에는 새벽에 나가 밤늦게까지 모내기를 해주기도 하셨다. 모내기는 다른 일보다 힘들어서 품삯을 배로 쳐주니 허리가 끊어질 정도로 아파도 안 할 수가 없었다.

지금도 경제적으로 넉넉한 편은 아니지만, 그래도 내 집에서 사니 마음은 편안하다고 하신다. 월세로 살면서 어렵게 살아가는 지인들에 비하면 자신은 괜찮은 편이라는 것이다. 젊어서 고생을 하도 많이 하셨기 때문에 이 정도만 돼도 참 좋다고 여기신다.

어머니는 해방 전에 일본에서 살다가 해방이 되자 아무것도 가진 것 없이 귀국해야 했던 가난한 농부의 딸이었다. 부모님이 정해주신 남자에게 얼굴 한 번 못 보고 시집와 갖은 고생을 하며 4남매를 키우셨다. 우리 부모님 세대는 개인의 삶이 대하소설이라고 해도 과언이 아니다. 이제 어머님 연세는 우리 나이로 여든둘이시다. 젊어서 고생을 많이 하신 만큼 얼굴에 주름이 많으신데, 어머니께는 인생의 훈장일지도 모른다.

짧은 시간이었지만 오랜만에 아들과 지난 얘기를 나누며 어머니는 행복해하셨다. 어머니와 이런 시간을 자주 가져야겠다는 생각이 들었다. 두 아이를 키우면서 아이들에게 들이는 마음과 정성의 10분의 1만 들여도 효자가 될 것 같다는 생각이 절로 든다. 아무리 내리사랑이라지만 그동안 너무 무심했다는 생각에 후회와 죄송스러운 마음이 몰려왔다.

어머니와 나눈 이 얘기를 MBC의 라디오 프로그램인 '여성시대'에 보냈는데, 실제로 방송이 되어 어머니가 무척 좋아하셨다.

"어머니, 고생 많으셨어요. 낳아주시고 잘 키워주셔서 정말 고맙습니다. 사랑하고 존경합니다."

학생운동의 길로 들어서다

재수 끝에 다행히도 원하는 대학에 들어갈 수 있었다. 원서를 사러 처음 방문한 대학교는 아담한 규모라서 마음에 들었다. 사학과에 대한 평가도 괜찮았고, 무엇보다 집에서 통학하기 쉬운 지리적 위치도 대학 선택에 대한 고민을 덜어주었다.

대학에 들어가서 가장 놀란 점은 도서관이었다. 내가 다녔던 대학은 당시에는 드물게 개가식(열람자가 자유롭게 책을 찾아볼 수 있게 하는 제도)이었다. 그때는 당연하게 생각했지만, 나중에 알고 보니 당시 개가식으로 운영된 대학 도서관이 별로 없었다고 한다. 학교의 가장 좋은 위치에 도서관이 있었고, 엄청나게 많은 책이 빽빽하게 꽂혀 있는 도서관은 놀라움 그 자체였다. 솔직히 고백하면, 나는 모범적인 이용자는 아니었다. 이런저런 일로 바쁜 탓도 있었지만, 무엇보다 도서관을 이용하는 습관이 들지 않았던 게 가장 큰 원인이었다. 도서관을 이용해본 경험이 없었기에 도서관은 일상생활의 우선순위에서 늘 밀려났다. 대학을 졸업하면서 좋은 도서관을 제대로 이용하지 못한 것이 무척 아쉬웠다.

도서관을 많이 이용한 것은 아니었지만, 책은 열심히 읽었다. 전공 공부도 재밌었지만, 가장 열심이었던 것은 소위 언더서클로 불렸던 사회과학 공부 모임이었다. 역사에 관심이 있는 학생들은 당연히 사회현실에도 관심이 많았기에 사학과는 학생운동이 거센 편이었다. 정의롭지 못한 군사독재는 학생들을 현실 참여로 나서게 만들었다. 대학 생활에 대한 기대로 가득 찼던 3월 어느 날 본 광주학살 비디오는 큰 충격이었고, 자연스럽게 학생운동의 길로 들어서게 했다.

선배의 권유로 동기생 다섯 명과 함께 선배 두 명에게서 사회과학 공부를 하며 많은 것을 배울 수 있었다. 전공보다 열심히 공부하고 토론하고 실천했다. 당시 우리 모임을 지도했던 선배들은 모두 지금 대학교수가 되었다. 그중 한 명이 사회적 반향을 일으킨 여러 저서와 방송 출연 등으로 유명해진 사회학자 노명우 교수다. 지적으로 뛰어난 선배들의 지도를 받으며 세상을 보는 눈을 조금씩 키울 수 있었다. 사회과학 책을 보는 틈틈이 《태백산맥》과 같은 대하소설도 열심히 읽었다. 당시 출간되었던 대하소설은 거의 섭

렵했다. 어떨 때는 만홧가게에서 김혜린의《북해의 별》과 같은 만화를 즐겨 보기도 했다.

대학교 2학년 때인 1986년 가을에 건국대 사태가 일어나 함께 운동했던 선후배와 친구들이 대거 구속되었다. 나는 그날 마침 시험을 보는 수업이 있었는데, 선배가 그리 중요한 집회가 아니니 시험을 보라고 해서 집회를 가지 않은 덕분에 구속을 피할 수 있었다. 우리 학교는 학점이나 출결 관리가 철저해 운동권 학생도 열심히 공부하는 편이었다. 이날 시험을 보지 않고 건국대에 갔다면 내 인생의 방향이 달라지지 않았을까 하는 생각이 든다.

대학생 1,300여 명을 구속시킨 건국대 사태로 당시 학생운동권은 초토화되었고, 우리 과에서도 동기 몇 명이 구속되었다. 3학년에 올라가서도 학생운동을 계속할 만한 남학생은 나뿐이었다. 당시 관행상 3학년이 과학생회 임원을 맡았는데, 운동권 남학생이 나 혼자뿐이어서 어쩔 수 없이 생각도 안 했던 과학생회장을 맡아야 했다. 나는 성격이 내성적이라 그다지 나서지 않는 편이었고, 부끄러움이 많아 다수를 대상으로 말하는 것도 못하는 편이다. 그 전까지 과대표 한 번 안 했는데 과학생회장을 하려니 난감했다. 그렇지만 감옥에 갔다가 군대로 끌려간 친구들에 대한 부채의식 때문에 어쩔 수 없이 맡아야 했다. 덕분에 학생운동 지도부의 한 사람으로서 6월항쟁이라는 거대한 역사의 현장을 경험할 수 있었고, 그 경험은 지금도 내게 큰 자부심으로 남아 있다.

지금도 촛불집회에 나가면 너무나 어려 보이는 대학생들의 모습을 보며 그 당시 어른들도 우리를 그렇게 봤겠구나, 하는 생각이 든다. 돌이켜 보면, 미숙했지만 열정을 가지고 할 수 있는 한 최선을 다했던 젊은 시절이었다. 격변의 시기에 하나의 조직을 이끌었던 경험은 나를 성숙하게 해주었고, 이후에 사회생활을 하는 데도 많은 도움이 되었다.

　　학생운동과 6월항쟁은 내 삶에 큰 영향을 미쳤다. 늘 대학 시절에 가졌던 순수한 마음을 기억하며 그 정신을 잊지 말고 살아가자고 다짐하곤 한다. 그리고 삶의 과정에서 민주주의는 가정과 회사 같은 삶의 현장에서 이뤄야 할 중요한 가치이자 목표임을 알게 되었다. 자기가 속해 있는 작은 단위에서조차 민주주의를 실현하지 못하면서 거대한 국가나 사회구조만 탓해서는 안 될 일이다. 그러므로 행복한 가정과 즐거운 일터를 만드는 일은 삶의 또 다른 민주화 운동이라고 생각한다. 정치권에 몸담은 일부 386세대들이 제 역할을 못해 욕을 먹기도 했지만, 나같이 평범한 386세대가 우리 사회 곳곳에서 이런 마음을 가지고 열심히 살아가면서 조금이라도 더 살 만한 곳으로 만들고 있다고 믿는다.

　　1987년 겨울에 치러진 대통령선거에서 후보 단일화 실패로 허망하게 패배한 후, 진로에 대해 고민이 많았다. 교직 이수를 못해 교사자격증이 없으니 오랫동안 꿈꿨던 역사 교사가 될 수도 없다. 책을 좋아하니 막연히 책 만드는 일과 관련된 직업을 가지면 좋겠다는 생각을 했다. 4학년이었던 1988년 5월에 〈한겨레신문〉이 창간되어 몇 개월간은 고향에서 지국 총무로 일하며 새벽 4시에 일어나 집집마다 조간신문을 돌리기도 했다.

4학년 1학기를 마치고 그해 11월에 뒤늦게 입대했다. 군 시절은 내 인생에서 가장 힘겨웠던 시간이었다. 남들보다 3~4년 늦게 갔기에 모든 것이 쉽지 않았다. 분대장도 나보다 어렸고, 소대장은 나보다 다섯 살이나 어린 동생뻘이었다. 공병부대에 배치되었는데 동기들도 대부분 나보다 세 살 정도 어렸다. 지금과 달리 구타나 얼차려가 일상적으로 이루어졌다. 내가 평생 맞은 매의 9할가량은 군대에서 맞은 것 같다. 철저한 계급사회에서 맨 아래 이등병부터 병장까지 거치며 많은 깨달음을 얻었다. 부조리하고 황당한 일도 많았지만, 한 사람의 성인으로서 여러 고난을 이겨내면서 단련된, 소중한 시간이기도 했다. 군대를 제대하니 웬만한 일은 두렵지 않을 정도였다. 잃은 것이 많았지만 그만큼 얻은 것도 많은 시간이었다.

나름대로 파란만장했던 군 생활은 1991년 1월 17일에 제대하며 막을 내렸다. 마침 그날은 걸프전이 시작된 날이라서 지금도 기억이 뚜렷하다.

사회생활에 발을 들이다

막상 제대하니 사회가 많이 변해 있었다. 가장 큰 변화는 개인용 컴퓨터(PC)가 보급된 것이다. 군대에 가기 전에는 문서를 만들 때 손으로 쓰거나 기껏해야 타자기를 이용하는 정도였는데, 불과 몇 년 만에 PC가 대중화되어 있었다. 처음 본 PC는 신기하기도 했지만, 사회와 떨어져 살아왔던 내게는 무척 당황스러운 일이었다. 혼자만 세상에 뒤처진 것 같은 생경한 느낌이었다. 다급한 마음에 컴퓨터 학원도 다니고 PC를 구입하여 부지런히 배웠다. 아래한글을 이용하여 교회 회지도 만들고 졸업논문도 작성하며 PC와 친해지려 노력했다.

4학년 2학기만 남겨두고 군대에 갔기 때문에 취직 준비를 할 시간이 절대적으로 부족했다. 막연히 책과 관련된 일을 하고 싶다고 생각했지만, 그러려면 어떤 준비를 해야 할지 막막했다. 그때 마침 친구가 애플 컴퓨터에서 만든 매킨토시 컴퓨터(이하 맥)를 보여주면서 앞으로 출판 일을 하려면 배워두는 게 좋을 거라고 얘기해주었다. 처음 본 맥은 컴퓨터답지 않게 모양도 귀여웠고, 무엇보다 운영체제가 눈길을 끌었다. 맥은 그래픽 유저 인터페이스(GUI, Graphic User Interface)를 처음으로 구현한 개인용 컴퓨터로, 명령어를 입력하지 않고 모든 것을 마우스로 작동하는 것이 무척 신기했다.

맥의 매력에 흠뻑 빠진 나는 학원에 등록하여 열심히 새로운 컴퓨터를 배워나갔다. 우연히 학교의 취업 게시판에 맥을 다루는 컴퓨터 잡지가 창간되는데 취재 기자를 뽑는다는 공고가 붙었다. 맥과 출판을 한꺼번에 배울 수 있는 좋은 기회라 생각되어 지원했는데, 다행히 취업이 되었다. 나중에 편집장에게 얘기를 들으니 자필로 성의껏 쓴 자기소개서를 보고 나를 뽑았다고 한다.

〈월간 맥마당〉의 취재 기자 생활은 무척 즐거웠다. 모든 게 새로웠기 때문에 하나하나가 배움의 과정이었다. 다소 생소했던 컴퓨터 용어를 알아가는 것도 재미있었고, 새로운 기술의 진보를 느끼는 일도 즐거웠다. 전문가나 관련 회사의 담당자를 취재하는 일도 새로웠다. 난생처음 내 이름으로 나온 기사를 쓰고, 제휴 관계에 있던 일본 잡지 기사를 번역하면서 모르는 용어와 씨름하며 새로운 내용을 알아가는 일도 지적인 자극을 주었다. 한 달이 지나면 어김없이 나오는 월간지를 보면 잡지를 만드는 즐거움과 보람을 한껏 느낄 수 있었다.

잡지를 만드는 일은 즐거웠지만, 열악한 대우는 일하는 재미를 반감시키곤 했다. 첫 해 월급은 50만 원이었는데 수습 기간인 입사 첫 3개월은 70퍼센트인 35만 원을 월급으로 받았다. 35만 원이 찍힌 첫 월급봉투를 받고 허탈했던 기억이 지금도 생생하다. 이경험은 사회적기업을 운영하면서 직원의 급여 수준이 중요하다는 인식을 갖게 한 계기가 되었다.

첫 직장은 15개월을 다녔고, 이후로 몇 곳의 직장을 더 다녔다. 1년 정도 맥을 판매하는 회사에서 영업을 하기도 했고, 친구가 하는 편집 기획 회사에서 책을 편집하는 일을 하기도 했다. 출판사의 하청을 받아 책 편집을 하다 보니 책을 직접 만들어보고 싶다는 생각이 들어, 단행본 출판사에 입사해 편집자 생활을 하기도 했다. 내가 다녔던 출판사는 성인물을 내는 출판사였지만, 어린이책을 낼 계획이 있어서 어린이책에 대해 관심을 갖고 공부했다. 나도 언젠가는 어린이책 출판사를 차리고 싶다는 소망을 품기도 했다. 어린이도서관을 운영하면서 어린이책에 대한 관심이 한참 높아지던 시기였다. 편집자들의 온라인 공간인 북에디터를 통해 어린이책에 관심이 있는 편집자들이 매주 정기적으로 모여 공부하기도 했다. 이때 만난 편집자 중 몇 명은 지금도 출판계의 선후배로 좋은 관계를 이어가고 있다.

남들보다 뒤늦게 시작한 편집자 생활은 무척 즐거웠고 적성에도 맞았다. 편집자로 일하며 팀원들과 함께 베스트셀러를 만드는 경험도 했다. 또한 원고를 발굴하여 책으로 만드는 과정은 지금까지 해온 어떤 일보다 큰 보람과 재미를 안겨주었다. 새로운 것에 대한 호기심이 많고, 꼼꼼하고 완벽주의적인 성격을 가진 내게 편집자란 직업은 안성맞춤이었다. 늦은 나이에 이런 기회가 주어진 것에 정말 감사했다.

그런데 사람의 일은 알 수가 없는 법이다. 편집자 생활에 한창 재미를 붙이던 중 예상하지 못했던 일이 생기면서 출판사를 그만 두고, 전에는 생각도 해본 적 없던 종신보험 컨설턴트로 전직하게 되었다. 그때는 하고 싶은 일을 계속하지 못하는 상황이 많이 속상했는데, 돌이켜 생각해보면 종신보험 컨설턴트 경험도 지금의 나를 만드는 데 큰 도움이 되었다. 자의보다는 타의에 의한 이직이었지만, 평소 삶의 신조인 "피할 수 없다면 즐겨라"라는 마음가짐으로 최선을 다해 일했고 꽤 좋은 성적을 올릴 수 있었다. 보험사는 계약 건수만큼 급여가 나오다 보니 월 급여도 출판사에서 받던 것과는 비교할 수 없을 정도로 높아졌다. 미래에 대한 보장이라는 무형의 상품을 파는 보험 영업은 가장 어려운 영업 중 하나로 꼽힌다. 보험 영업에 대한 교육도 체계적으로 받았고, 실제 영업 현장에서 겪은 많은 경험은 나중에 회사를 운영할 때 실질적인 도움이 되었다.

종신보험 컨설턴트도 보람과 재미가 있었지만, 평생 직업으로 삼을 만한 일은 아니었다. 나이도 마흔을 앞둔 시기였기에, 제2의 인생을 시작한다는 생각으로 남은 생애 동안 계속할 만한 일을 진지하게 모색했다.

2장

독서운동과 만나다

작은도서관에 대한 사회적 관심이 높아지면서 질적·양적으로 많은 발전을 이 뤘다. 물론 아직도 한계가 있고 극복해야 할 점이 많은 것은 사실이지만, 내가 처음 작은도서관운동을 시작했을 때를 돌이켜 보면 비약적인 발전을 이룬 것 은 분명한 사실이다.

내가 독서운동가로 제2의 삶을 사는 계기를 만들어준 것이 바로 작은도서관이 다. 지금은 일반적인 의미의 작은도서관을 운영하지는 않지만, 작은도서관은 나를 독서운동으로 이끈 첫사랑과 같은 존재다. 지금 〈동네책방동네도서관〉을 만드는 것도 작은도서관운동에 내가 할 수 있는 한 작은 도움이라도 보태고 싶 은 마음의 표현이다.

국가의 미래가 조금이라도 걱정된다면, 지금 당장 어른들이 관심을 가져야 할 일은 어린이들이 좋은 책을 마음껏 만날 수 있는 환경을 만들어주는 일이라고 생각한다. 이러한 어린이 독서 환경의 중심에 작은도서관이 있다.

정순희 선생님이 아이들과 함께 그린 푸른꿈도서관 벽화

쓰임새가 모호한 공간에 '비밀의 방'이란 이름을 붙여 아이들의 사랑을 듬뿍 받았다.

어린이책의 세계에 들어서다

어린 시절 도서관이 없어 책을 제대로 읽지 못한 가슴 아픈 경험이 있기에 결혼하고 아이를 키우면서 의식적으로 책을 많이 읽어주었다. 아내의 임신과 출산 과정을 지켜보면서 엄마가 아이를 낳는 것은 목숨을 거는 일이란 생각을 하게 되었다. 아내가 목숨을 걸고 아이를 낳았는데, 아빠인 나는 그 아이에게 무엇을 해줄 수 있을지 진지하게 고민했다. 그러다 문득 아내가 아이에게 몸의 양식을 준다면, 나는 아이에게 마음의 양식을 주면 좋겠다고 생각했다. 그래서 책을 읽어주면 어떨까 하는 생각을 자연스럽게 갖게 되었다.

그렇게 아이 덕분에 어린이책을 만났다. 아이에게 읽어줄 어린이책을 고르기 위해 서점에 갔다가 깜짝 놀랐다. 내 어린 시절에는 상상도 하지 못할 만큼 내용도 좋고 수준도 높은 책이 다양하게 나와 있었기 때문이다. 이렇게 어린이책이라는 새로운 세계에 발을 딛게 된 순간의 설렘과 경이를 잊을 수 없다. 내가 아빠가 아니었다면 어린이책을 볼 일이 없었을 것이다. 그런 생각을 하면 첫아이가 참 고맙다. 삶의 가장 큰 경이로움인 아빠가 되게 해주었고, 어린이책이라는 아름다운 세계로 안내해주었으니 말이다.

날마다 감동과 재미를 듬뿍 주는 어린이책을 만나는 일은 참으로 설레고 즐거운 일이었다. 지금 생각하면 무척 미숙했을 텐데, 다행스럽게도 아이는 초보 아빠의 어설픈 책 읽어주기를 즐거워했다. 다른 아빠처럼 아이에게 재롱을 떨거나 눈높이에 맞춰 놀아주는 것을 잘 못하는 편이지만, 책만큼은 열심히 읽어주었기 때문에 아빠 노릇도 좀 하고 아이 엄마에게도 점수를 딸 수 있었다.

이렇게 어린 시절 아이와 함께했던 책 읽어주는 시간은 큰아이와 내게 아름다운 추억이 되었다. 아이가 자라면서 특별히 어려웠던 적이 없었는데, 어린 시절 함께했던 시간의 힘이 아닐까 하는 생각을 하기도 한다. 질풍노도의 사춘기 시절도 제대로 느끼지 못할 정도로 순탄하게 넘어갔다. 학부모를 대상으로 강의를 하면 대부분 청중이 엄마들인데, 아이에게 책 읽어주는 즐거움을 절대로 엄마만 독점하지 말라고 당부하곤 한다. 아빠에게도 꼭 기회를 주라고 말이다. 처음에는 다소 어색하더라도 몇 번 하다 보면 자연스럽게 책 읽어주기의 즐거움을 깨닫는다. 책 읽어주는 아빠를 만드는 것은 엄마 하기 나름이니, 아이를 키우면서 제일 행복한 시간을 남편에게 선물하기를 바란다.

이렇게 몇 년간 아이와 함께 즐겁게 책을 읽다가, 어느 날 문득 이렇게 좋은 책을 동네에 있는 다른 아이들에게도 볼 수 있게 하면 좋겠다는 생각을 하게 되었다. 그래서 나처럼 어른이 되어 어린 시절에 책을 많이 만나지 못한 아쉬움을 품는 아이를 한 명이라도 줄여야겠다고 생각했고, 그런 소박한 바람으로 어린이도서관을 꿈꾸게 되었다. 내 아이만이 아닌 좀 더 많은 아이들이 좋은 책을 만날 수 있는 환경을 만들어주는 일은 무척 중요하다. 내 아이를 둘러싼 사회적 환경을 변화시켜야만 내 아이도 잘 클 수 있지 않을까.

독서운동 첫걸음, 동녘작은도서관

젊은 시절부터 출석했던 작은 교회인 동녘교회에서 동녘작은도서관을 시작한 게 1999년 3월이니, 벌써 18년의 시간이 흘렀다. 지금은 도서관의 사회적 소명이 다해 동녘작은도서관은 문을 닫았지만, 처음 도서관을 시작하고 운영했던 그 시간은 내 삶에서 무척 중요한 시간으로 기억된다.

동녘작은도서관은 2013년까지 운영되었다. 일산신도시의 첫 공공도서관인 마두도서관의 개관 시기가 1999년 5월이니, 동녘작은도서관이 시작된 그해 3월에는 일산신도시에 공공도서관이 하나도 없던 시절이었다. 어린이도서관의 특성상 아이들이 걸어서 이용할 만한 거리에 자리 잡아야 하므로 동녘작은도서관이 있는 백석동 주민들이 마두도서관을 이용하기란 쉽지 않은 일이었다. 백석동 주민들의 사랑을 받으며 발전하던 동녘작은도서관은 백석동에 공공도서관이 생기면서 위기를 맞았다. 2003년 9월에 백석도서관이 개관하면서 도서관 이용자가 눈에 띄게 줄었고, 동녘작은도서관은 심각한 고민에 빠지게 되었다.

이런저런 고민과 논의를 거쳐서 공공도서관이 없는 지역으로 옮기기로 하고, 2006년에 새로 아파트가 많이 입주한 인근의 풍동 지구로 교회와 도서관을 이전했다. 동녘작은도서관은 교회 공간보다 도서관 공간을 두 배 넓게 두고 운영했고, 공공도서관이 없는 풍동에서 주민들에게 도서관 서비스를 열심히 제공했다. 그런데 2008년에 풍동도서관이 개관하면서 백석동 시절처럼 어려움을 겪었다. 이후 5년간 여러 노력을 기울였지만 작은 교회에서 40평이 넘는 공간을 임대료를 내며 운영하는 일은 쉽지 않았다. 결국 2013년에 도서관이 보유한 책을 몇 군데 도서관에 나눠주고 문을 닫았다.

동녘작은도서관이 시작된 시절과 지금을 비교해보면 고양시의 도서관 인프라는 놀랄 정도로 발전했다. 시민에 대한 도서관 서비스는 공공 영역에서 담당해야 할 몫이지만, 우리나라에서 공공도서관은 무척 더디게 발전했다. 이를 보다 못한 시민들이 작은도서관을 만들어 운영하면서 부족한 도서관 인프라를 대신하며 공공 영역에 도서관의 중요성을 인식시키는 역할을 맡은 것이다. 수익이 나지 않는 도서관을 민간에서 지속적으로 운영하기는 어려운 일인 만큼, 공공과 민간이 잘 협력해서 시민들에게 더 나은 도서관 서비스를 제공할 수 있기를 기대한다.

아래는 동녘작은도서관 개관 1주년을 맞으면서 〈어린이도서연구회 누리집〉에 기고했던 글이다.

동녘작은도서관은 동녘교회에서 만든 어린이도서관입니다. 동녘교회는 한 주에 보통 스무 명 정도의 어른들과 아이들이 예배를 드리는 조그마한 임대 교회입니다. 저희들이 예배를 드리는 이 공간은 큰 교회에서 보면 실로 보잘것없는 초라한 공간이지만 저희에게는 무척 소중한 공간입니다. 우리 교인들은 작은 공간이지만 이 소중한 공간이 1주일에 서너 번 예배드릴 때만 사용된다는 것이 너무 아깝다는 생각이 들었습니다.

어린이도서관을 시작할 마음을 갖게 된 것은 어린이도서연구회의 이주영 이사장님이 쓰신 《어린이 책을 읽는 어른》(웅진출판)이라는 책을 만난 덕분입니다. 그 책에 '어린이책 사랑방'이란 개념이 소개되어 있었습니다.

'어린이책 사랑방'이란 어린이들이 책을 사랑으로 만날 수 있는 작은 공간입니다. 지금 교사와 학부모가 해야 할 일은 어린이 문화운동에 관심이 있는 사람들이 모여서 우리 겨레의 소중한 어린이들을 함께 키우는 지혜를 모으고, 함께 키울 수 있는 책 사랑방과 같은 작은 공간을 만들어나가면서, 동시에 정부가 어린이 문화·어린이 책·어린이를 위한 도서

관 설립과 운영에 관심을 갖도록 압력을 행사할 수 있는 단체로 커가는 것이라고 생각합니다.(98쪽)

가능한 공간에 이런 형태의 어린이도서관을 많이 만드는 것이 무엇보다 중요한 일이고, 우리 어린이들이 현재 어떤 책을 읽느냐 하는 것에 우리나라의 미래가 달려 있다고 말하는 이주영 선생님의 얘기에 가슴 깊이 동의할 수밖에 없었습니다. 오랫동안 고민하던 문제가 해결되는 느낌이 들었습니다. "무엇을 하며 살 것인가?" 내가 즐겁고 행복할 수 있는 일, 그러면서 우리 사회의 발전에 조금이라도 보탬이 될 수 있는 일을 찾고 있었는데 바로 그 길을 제시받은 것입니다. 지금도 그때의 짜릿함과 감격이 생생하게 기억납니다. 한 권의 책이 한 사람의 인생을 바꾸는 계기가 될 수 있음을 보여주는 좋은 예입니다. 우리가 가진 작은 공간이 우리 아이들에게 좋은 책을 마음껏 읽으면서 꿈을 키워주는 공간이 될 수 있다면 그보다 더 기쁜 일은 없을 것이란 생각이 들었습니다.

책은 우선 집에 있던 어린이책들을 가져왔고, 일부는 어린이도서연구회의 추천 도서 목록을 참고하여 어린이 전문 서점인 일산동화나라에서 구입했습니다. 이렇게 해서 모인 책이 약 300권이 되었습니다. 책을 모으는 작업 못지않게 중요한 일이 도서관을 알리는 일이었기 때문에 개관에 맞춰 어린이도서관의 개관 취지와 소장 도서 목록 등이 실린 신문을 제작하여 일간지의 간지로 배포했습니다. 도서관 개관 시간은 도서관을 전문으로 담당할 사람이 없었으므로 교인들의 자원봉사가 가능한 토요일만 열기로 하고, 자원봉사자가 확보되는 대로 시간을 늘려 나가기로 했습니다.

신문까지 돌리면서 홍보를 했지만 첫 2주 동안은 단 한 명도 도서관에 오지 않았습니다. 아침 10시부터 오후 6시까지 자원봉사자만 도서관을 지켜야만 했습니다. 다행스럽게 세 번째 주에 두 명의 회원이 등록하면서 봉사자들에게 힘을 주었습니다. 좋은 책이 있다는 것이 입소문을 통해 조금씩 알려지면서 회원이 늘었고 도서관은 활기를 띠게 되었습니다.

한 권, 두 권 책을 모아 나갔고, 회원도 점차 늘었습니다. 2000년에는 소망했던 도서관 상시 개관 체제를 맞게 됩니다. 시에서 공공근로사업장으로 지정받아 도서관 인력에 대한 인건비를 지원받게 된 것입니다. 그 덕분에 어린이도서관 운동에 사명감을 가진 사서가 전문적인 안목을 가지고 도서관 일에 전념할 수 있게 되었습니다. 이때부터 도서관다운 체계를 잡고 안정된 체제를 만들어나갔습니다. 300권으로 시작했던 어린이책은 이제 1,200여 권으로 늘어났고, 세 개였던 책꽂이는 열다섯 개로 늘어났습니다.

"뜻이 있는 곳에 길이 있다"고 한 옛말이 정말 맞구나 하는 생각이 듭니다. 맨땅에 헤딩하는 기분으로 결과를 두려워하지 않고 내가 서 있는 자리에서 최선을 다하자는 마음가짐으로 시작한 일이었습니다. 그렇게 1년이 지난 지금 그 당시 소망했던 대부분의 바람들이 이루어졌습니다. 참 감사한 일이 아닐 수 없습니다. 주위의 많은 분들이 너무 힘들지 않을까 애정 어린 염려를 해주셨지만, 솔직히 말해서 하나도 힘들지 않았습니다. 오히려 너무너무 행복한 시간이었습니다. 참으로 아름답고 선한 마음을 간직한 좋은 분들과의 만남은 과분한 행복을 주었고, 좋은 책을 보고 즐거워하는 아이들을 보는 것은 무엇과도 바꿀 수 없는 행복이었습니다.

이제 자기 주변에서 무언가 시작해보려는 분들이 계시다면 자신 있게 권하고 싶습니다. 일단 시작하시라고 말입니다. 그렇게 시작하게 되면 주위에 도움을 주려는 마음을 가진 많은 분들이 있음을 금방 깨닫게 될 것이라고 확신합니다. 학교도서관을 활성화하는 것도 좋을 것이며, 이것이 여의치 않으면 학급문고 만들기도 좋습니다. 자기가 다니는 교회에 도서관이 없다면 어린이도서관을 만들자고 건의해도 좋겠습니다.

우리가 하려는 일이 선한 뜻이고 의미 있는 일이라면 결과를 두려워하지 말고 현재 내 위치에서 최선을 다하는 것처럼 아름다운 일은 없지 않을까 하는 생각을 해봅니다. 그 과정에서 맛보는 행복을 직접 경험하지 못한 사람은 느끼기 힘들 것입니다. 어린이 독서운동에 헌신하는 많은 분들에게 진심으로 감사를 드리며 부족한 이 글을 마칩니다.

어린이도서관을 연 덕분에 만날 수 있었던 많은 분들이 떠오른다. 어린이도서관을 시작하려고 생각하니 너무 막막해서 인터넷을 검색했는데 어린이도서연구회가 눈에 띄어 무작정 찾아가 만난 분이 조월례 선생님이다. 조월례 선생님은 어린이도서관을 열겠다는 얘기를 듣고 애정 어린 조언과 함께 일산동화나라의 정병규 선생님을 소개해주셨다. 그 덕분에 참으로 아름다웠던 어린이 전문 서점을 알게 되었다. 정병규 선생님과는 지금까지 좋은 인연을 이어가고 있다. 나를 독서운동으로 이끈 이주영 선생님도 뵐 수 있었는데, 지금도 선생님은 멘토이자 존경할 만한 선배 독서운동가로 늘 힘을 주시고 도움을 아끼지 않으신다. 이 밖에도 내가 어린이도서관을 하지 않았다면 만나지 못했을 분들을 많이 만났고, 그분들 덕분에 내 삶은 훨씬 더 풍성해지고 행복해졌다. 물론 사람이 하는 일인 만큼 때론 속상한 일도 있었고 마음에 상처로 남은 일도 있었지만, 돌이켜 보면 그런 일조차 내 삶을 성숙시켜주었다는 생각이 든다.

처음 도서관을 만들면서 어설픈 솜씨로 책꽂이를 짜던 일, 책값이 조금이라도 생기면 서점에 가서 책을 꼼꼼하게 읽어보고 구입하던 일, 아줌마 회원과 마주치며 쑥스러웠던 일, 전산 작업을 하며 책 한 권 한 권마다 스티커를 붙이던 일 등이 주마등처럼 스쳐 간다. 당시 내 나이가 30대 중반으로, 모든 일에 의욕이 넘쳤던 시절이다. 앞뒤 재지 않고 필요한 일이라고 생각되면 추진하고, 그러면서 상처를 받기도 하고 힘을 얻기도 했던 아름다운 시절이었다. 다소 무모하긴 했지만, 이것이 푸른꿈도서관 개관으로 이어졌다.

푸른꿈도서관, 새로운 꿈을 펼치다

동녘작은도서관을 시작한 지 3년이 지난 2002년 여름에 새로운 꿈을 펼치게 되었다. 동녘작은도서관이 어느 정도 안정되었고, 새로 부임한 목사님과 사모님이 어린이도서관 사업에 깊은 관심을 가지면서 열심히 하셨다. 내가 굳이 관여하지 않아도 도서관이 잘 운영되었기 때문에 이곳에서는 2선으로 물러나는 대신, 어린이도서관이 없는 지역에 또 하나의 도서관을 설립하기로 했다. 새로운 도서관을 열게 된 가장 큰 이유는 당시 함께 일했던 사서가 있었는데, 이 사서에 대한 책임감 때문이다.

일산신도시에서 도서관을 세울 만한 지역을 물색하다가 학원가인 후곡마을이 괜찮겠다는 생각을 했다. 삭막한 학원가에 오아시스 같은 쉼터 역할을 하는 도서관이 있다면 공부에 지친 아이들이 와서 잠시 쉬기도 하고 책도 보면 좋을 것 같아서였다. 처음에는 공간이 없어서 어린이신문 〈여럿이함께〉 사무실의 공간을 빌려 도서관을 운영하다가, 같은 층에 마침 빈 공간이 나와 도서관을 열면 좋겠다는 생각이 들었다. 문제는 오랫동안 비어 있던 그 공간을 소유주가 임대하지 않고 매매만 하려 했다는 사실이었다.

며칠 고민하다가, 아내의 동의를 얻어 집을 담보로 대출을 받아 도서관 공간을 구입하기로 했다. 지금 생각하면 참 무모한 일이었고, 선뜻 동의해준 아내의 결정도 의외였다. 100퍼센트 빚을 내어 공간을 구입했기에 도서관을 만드는 데 필요한 비용을 마련하기가 쉽지 않았다. 도서관 인테리어 비용을 마련하기 위해 일일호프도 열고, 은행 융자도 더 받아 도서관 개관 준비를 했다. 아내도 어렵게 모은 적금을 해약하여 도서관 개관에 쓰라고 힘을 보태주었다. 지금도 그 일을 생각하면 아내가 참 고맙다.

공방에 다니던 회원의 주선으로 일부는 공방에 부탁하고 우리가 할 수 있는 부분은 직접 작업하면서 2003년 여름에 예쁜 도서관을 개관할 수 있었다. 지금은 일반적인 일이 되었지만 당시로서는 상당히 획기적인 도서관 인테리어였다. 그때까지 민간에서 운영하는 어린이도서관은 여건상 어린이들의 눈높이를 고려하여 세심하고 세련되게 인테리어 디자인을 하기가 쉽지 않았다. 푸른꿈 도서관은 임대가 아닌 자체 공간이었기 때문에 비용을 들여 인테리어 공사를 진행할 수 있었다. 바닥은 보일러를 깔아 한겨울에도 따뜻하게 지내도록 배려했다. 아이들은 편안한 자세로 책을 봤고,

바닥에 누워 잠을 자기도 했다. 책꽂이도 공간을 최대한 활용할 수 있도록 맞춤형으로 짜 넣어 좁은 공간을 효율적으로 사용했다. 도서관 안에 별도로 방을 만들어 다양한 활동을 했고, 방 옆에 만들어진 아늑한 공간은 '비밀의 방'이란 멋진 이름을 붙여 아이들의 사랑을 듬뿍 받았다. 건물이 곡선으로 만들어져 공간의 쓰임새가 모호했는데 곡선에 맞춰 책꽂이를 만들었고, 의자도 곡선으로 길게 만들어 아이들이 무척 좋아했다.

도서관의 가장 넓은 벽에는 도서관 회원이던 그림책 작가 정순희 선생님이 아이들과 같이 벽화 작업을 해서 멋진 벽으로 변신시켜주었다. 오랫동안 꿈꿔왔던 꿈의 공간이 이렇게 만들어졌다. 덕분에 푸른꿈도서관을 작업한 공방에서는 그 후에 다른 어린이도서관을 여러 곳 작업하기도 했다.

푸른꿈도서관에서는 도서관 운영에 열정을 가진 전문 사서와 이용자의 적극적인 참여로 민간 작은도서관으로서 괜찮은 운영 모델을 만들었다. 당시 나는 회사를 다녀야 했기에 도서관 운영은 사서에게 전담시켰는데, 사서가 아주 열심히 해주었다. 그 당시 사서는 사서 자격증이 없었는데, 이후에 사서 자격증도 취득하고 동화 전공으로 석·박사 과정도 밟아 지금은 대학교에서 강의를 하고 있다. 지금 우리 회사에서 일하는 직원 중 두 명이 이분의 제자이니 참 귀한 인연이란 생각이 든다. 모든 일은 사람이 하는 것인 만큼, 도서관도 좋은 사서를 뽑고 사서가 소신 있게 잘 운영할 수 있도록 여건을 만들어주는 것이 무척 중요하다. 이렇게 푸른꿈도서관의 경험은 사서의 중요성을 새삼 느끼게 해주었다. 관장으로서 나는 도서관의 지속 가능한 운영을 위해 운영비 마련에 역점을 두었다. 후원금 모금을 위해 동네 병원을 방문하기도 했다. 이때 도서관 앞에 있던 치과를 방문했는데, 원장님이 무척 환대해주셨고 기꺼이 후원도 해주셨다. 이렇게 인연을 맺은 김택수 원장님은 지금까지 행복한아침독서의 이사로 귀한 인연을 이어오고 있다. 이 시기에 고양시의 작은도서관들이 모임을 꾸준히 갖고 어린이날 행사를 대대적으로 진행하는 등 활발하게 활동했다.

푸른꿈도서관은 잘 운영되다가 2008년 공공도서관인 대화도서관이 가까운 곳에 개관하면서 회원들이 많이 줄었고, 공공도서관이 개관한 상황에서 무리하게 도서관을 운영할 필요성을 못 느꼈다. 그래서 그해 도서관을 정리하기로 하고, 사무실이 있던 파주출판도시로 옮겼다. 도서관 공간은 다행히 쉽게 매매되어 그동안 힘겨웠던 은행 융자를 갚을 수 있었다. 당시 상가 공간을 매매할 때 수천만 원의 권리금을 받는 게 일반적인 관행이었지만, 도서관을 닫으면서 권리금을 받고 싶지는 않았다. 아마도 권리금이 없었기에 쉽게 매매가 되지 않았나 싶다. 그동안 5년간 지불한 은행 이자를 감안하면 손해였지만, 융자를 갚을 수 있어서 다행이라고 생각하고 아쉬움을 뒤로한 채 넘겼다.

푸른꿈도서관을 닫을 때 몇몇 회원들이 편지와 선물을 주며 그

동안 고마웠다고 해줘서 가슴이 뭉클했고, 그동안의 노력이 헛되지 않았다는 생각이 들었다. 많은 아이들이 이 도서관을 드나들며 좋은 책을 만나고 꿈을 키웠다고 생각하니 흐뭇했다. 도서관을 하면서 가장 기억에 남은 것은 도서관을 이용하면서 사회를 보는 눈이 생기고 세계관이 변했다고 고마워했던 회원들이었다. 우리가 만들었던 도서관을 이용했던 아이들 중에서 나중에 이렇게 생각해줄 아이들이 더 많아질 것이라고 생각한다. 아이들에게 꿈을 심어주고 사회를 보는 눈을 키워주는 도서관 일은 그만큼 보람도 크고 의미도 있다. 지금까지 살아오면서 어린이도서관을 시작한 일이 내 삶에서 가장 잘한 일 중 하나라는 생각이 든다.

어린이도서관은 남자보다는 여자가 많이 운영한다. 그런 상황에서 경제적 이익이 나지 않고, 오히려 많은 비용을 부담해야 하는 어린이도서관을 남자가 오랫동안 운영하니 이런저런 오해를 받기도 했다. 집이 부자라는 오해를 받기도 했고, 나중에 출마하려는 목적이 있으리란 오해를 받은 적도 있다. 선거에 출마할지 모른다는 오해는 꽤 오랫동안 계속됐는데, 몇 차례 선거가 있어도 내가 전혀 움직이지 않자 자연스럽게 사그라졌다. 사회에 필요한 공익적인 일을 하는 데 다른 목적이 있을 거라는 선입견은 그간 우리 사회의 경험을 반영한 것이 아닌가 싶어 씁쓸했다. 정치는 중요한 부분이므로 늘 관심을 갖지만, 내가 잘할 수 있는 분야가 아님을 잘 알기에 정치가가 될 생각은 한 번도 해본 적이 없다.

파주출판단지에 문을 연 책마을도서관

푸른꿈도서관을 파주출판단지로 이전하여 2008년 12월에 책마을도서관으로 이름을 바꿔 새롭게 개관했다. 100평 가까운 공간을 빌리고 새로운 사서를 고용해 운영했는데, 파주출판단지에서 도서관을 이용할 만한 사람이 너무 적었다. 더군다나 파주출판단지 내에 이미 운영 중인 어린이도서관도 있었다. 편집자 도서관을 표방하며 편집자를 위한 강좌를 여는 등 이런저런 모색도 해보았지만, 의외로 편집자들의 이용이 활발하지 않았다. 파주출판단지에서 그리 멀지않은 곳에 잘 운영되는 큰 규모의 공공도서관도 있었다. 몇 년 후에 도서관 규모를 40여 평으로 줄여 이전했지만 상황은 여전했다.

주변 여건을 고려할 때 일반적인 형태의 작은도서관을 운영하는 것은 맞지 않다고 판단하고, 2014년부터 책마을도서관을 학급문고 단체 대출 전문 도서관으로 운영 중이다. 아침독서운동을 펼치는 행복한아침독서의 부설 기관으로서 아침독서운동을 지원하는 역할을 담당하는 편이 더 효율적이라고 판단한 것이다. 지금 책마을도서관은 전국의 초·중·고등학교 담임교사들의 신청을 받아 한 반에 40여 권씩 무료로 대출해주는데, 교사들에게 좋은 반응을 얻고 있다. 학급문고 단체 대출 서비스는 작은도서관이 시행해볼 만한 프로그램이라는 생각이 든다.

독서운동단체로서 작은도서관운동에 도움을 줄 만한 일을 고민하다가, 가장 잘할 수 있는 일이 관련 정보지를 내는 일이라는 생각이 들어 2011년 12월에 〈작은도서관신문〉을 창간했다. 지방자치단체에서 운영하는 공립 작은도서관이 대거 설립되는 등 작은도서관에 대한 사회적 관심이 높아졌지만, 운영에 도움이 될 만한 정보를 찾기가 쉽지 않았다. 이런 상황에서 작은도서관 운영에 도움이 되는 정보를 모으고, 작은도서관 사람들이 소통하는 마당으로 신문을 창간한 것이다. 이를 통해 작은도서관 사람들의 역량을 키우고, 작은도서관 발전에 작은 도움이라도 주고 싶었다.

작은도서관과 관련된 정보를 제공하는 매체에 대한 요구는 많이 있지만, 실제로 발간하기란 쉬운 일은 아니다. 행복한아침독서가 기존에 세 개의 독서 정보지를 내고 있었기 때문에 추가로 많이 투자하지 않아도 되는 상황이어서 다행이었다. 매체를 새로 창간하여 지속적으로 발간하기란 만만한 일은 아니다. 그렇지만 다소 힘에 부치는 일이라도 독서운동가로서 고향과도 같은 작은도서관운동에 작은 도움이라도 줄 수 있기를 기대하며 열심히 〈작은도서관신문〉을 만들었다. 아무런 정보 없이 작은도서관을 시작했을 때 막막했던 경험을 떠올리며 〈작은도서관신문〉이 작은도서관 사람들에게 실질적인 정보를 제공할 수 있기를 바랐다.

〈작은도서관신문〉은 2016년 1월호로 50호를 맞았는데, 51호가 되는 2월호부터 제호를 〈동네책방동네도서관〉으로 바꾸었다.

자세한 이야기는 6장에서 다루려 한다.

전업 독서운동가의 길을 선택하다

어린이도서관을 통해 독서운동에 발을 딛게 된 것이 30대 중반
이었다. 도서관 일을 하는 것은 참 즐거웠고 적성에 딱 맞았다. 직
장을 다니며 틈틈이 도서관 일을 하다 보니 늘 시간이 부족했다.
회사 일도 재밌었지만 도서관 일이 더 신명이 났다. 계속 두 가지
일을 동시에 하는 것은 무리였고, 언젠가는 하나를 선택해야 할 때
가 오리라는 생각이 들었다. 그럴 때 어떤 선택을 할 것인가는 고
민스러운 일이 아닐 수 없다. 그때 선택의 기준은 "내가 좋아하는
가? 잘할 수 있는가? 그리고 사회에 도움이 되는 일인가?"여야 한
다고 생각했다.

단행본 출판사 편집자로 일하며 한참 재미있게 편집 일을 하다
가, 상황에 떠밀려 종신보험 컨설턴트로 일하던 중이었다. 편집자
에서 종신보험 컨설턴트로 이직하면서 시간적으로 다소 여유가
생긴 만큼 출판사 창업을 준비해야겠다고 생각했다. 어린이도서
관을 운영하면서 어린이책에 대한 관심이 높아졌기 때문에 어린
이책 전문 출판사를 차릴 계획이었다. 어린이책을 만든 경험은 없
지만, 어린이책 편집자 모임에 꾸준히 참여하면서 공부도 하고 인

적 네트워크도 만들어나갔다.

그런데 현실적으로 출판사를 창업하면 독서운동을 같이 하기가 쉽지 않다. 그래서 출판사 창업과 독서운동 중 하나를 선택해야 할 상황이었다. 당시 어린이책은 전성기를 구가했고, 어린이책 전문 출판사뿐 아니라 성인물을 내는 출판사들도 속속 어린이책 시장에 뛰어드는 상황이었다. 내가 아니더라도 어린이책을 내는 출판사는 차고 넘치는데, 독서운동 쪽은 사람이 많이 부족했다. 특히 독서운동과 출판계를 한꺼번에 이해하는 사람은 거의 전무한 상황이었다. 그래서 독서운동계와 출판계가 서로에 대한 이해가 많이 부족했고, 심지어 서로 원망하는 경우까지 있었다. 그래서 출판사에 근무하면서 어린이도서관을 운영한 경험이 있는 내가 독서운동계와 출판계를 잇는 가교 역할을 할 수 있겠다는 생각이 들었다.

2002년에 MBC의 오락 프로그램인 〈느낌표〉를 통해 기적의도서관이 만들어지고 어린이도서관에 대한 사회적 관심이 급등하던 시기였는데, 아쉽게도 도서관의 어린이 담당자들이 참고할 만한 책이 거의 없었다. 인터넷을 통해 확인해보니 외국에서는 도서관의 어린이와 청소년 담당자들을 위한 책이 다양하게 출간되어 있었다. 이런 책을 번역해서 소개하고 좋은 책을 내면, 사회적인 기여도 하고 생활도 꾸릴 수 있겠다는 판단이 들었다. 이런 생각을 갖고 남들이 많이 가는 레드오션이 아니라, 수익성은 높지 않더라도 사회적으로 기여하면서 틈새시장이 있는 블루오션을 선택하기로 결심했다.

2004년 2월, 40대가 되자마자 회사에 사표를 내고 1인 연구소인 어린이도서관연구소를 시작했다. 한 가정의 가장으로서 경제적 전망이 불투명한 전업 독서운동가가 된다는 것은 쉬운 결정이 아니었다. 가장 어려우리라 생각했던 것이 아내의 동의를 얻는 일이었다. 당시 큰아이가 초등학교 5학년이었고, 아내는 프리랜서 편집디자이너로 일하고 있었다. 다행히 집을 마련하면서 받은 은행 대출은 거의 갚았지만, 아내도 고정 수입이 없는 상황이라 자칫하면 경제적으로 어려운 상황에 놓일 수 있었다. 나는 하고 싶은 일이 있으면 꼭 해야 하는 성격이라 일을 추진했지만, 아내의 입장은 다를 수밖에 없었다. 그때는 당장 고정 수입이 없다면 새벽에 우유나 신문 배달이라도 할 각오였다. 그래도 아내가 적극적으로 반대한다면 일단 출판사에 취직하고 다음을 기약할 생각이었다. 그런데 아내는 의외로 선뜻 해보라고 동의해주었다. 한참 시간이 흐른 후 아내에게 어떻게 그리 쉽게 동의했는지 물어보니, 아내는 하고 싶은 일을 못하면 병이 나는 내 성격을 아는지라 산 입에 거미줄 치겠는가 하는 생각이었다고 대답했다. 그러면서 내가 신문 배달까지 각오한 줄 알았다면 반대했을 거라고 말한다. 가장 큰 장벽이었던 아내의 동의까지 받았으니, 이제는 물러설 곳도 없다고 생각하고 준비했다.

아내의 동의를 받고 새로운 일을 준비하던 중에 당혹스러운 일이 생겼다. 아내가 둘째를 임신한 것이다. 큰아이가 열두 살이라 둘째는 없나 보다 하고 살았는데, 갑자기 둘째가 생겼다. 아내는 아무런 주저 없이 경제적으로 불투명한 상황에서 우리한테 온 선물인 둘째를 낳겠다고 했고, 나는 기쁘면서도 부담감을 많이 느꼈다. 그해 9월, 딸아이가 세상에 나왔다. 그때부터 일이 순탄하게 풀렸으니 우리에게 둘째는 복덩어리였다는 생각이 든다. 그때를 돌이켜 보면 아내가 참 고맙고 대견하다. 딸아이를 키우면서 아들을 키울 때와는 다른 재미를 느꼈는데, 역시 아이 키우는 재미 면에서 딸과 아들은 비교가 안 된다. 딸아이를 키워본 아빠라면 누구나 공감할 것이다. 어느새 엄마보다 키가 클 정도로 자란 딸아이를 보니, 시간이 참 빠르구나 하는 생각이 절로 든다.

이렇게 나는 전업 독서운동가로 새 삶을 시작했다. 물려받은 재산도 없었고, 직장 생활을 하며 모아놓은 돈도 없었다. 이 일을 하면서 가장의 역할도 해야 했기에 그만큼 비장할 수밖에 없었다. 어렸을 때부터 경제적으로 무능했던 아버지 때문에 어머니가 고생하시는 모습을 지켜보았으므로, 가장의 책임이 얼마나 중요하고 무거운지 잘 알았다.

상황은 힘들어 보였지만, 나는 이 일을 꼭 해보고 싶었다. 남들이 가지 않은 길이었기에 전망도 불투명하고 아무 보장도 없었지만, 그만큼 사회적으로 가치가 있고 열심히 노력하면 성과를 낼 수 있을 거라는 믿음도 있었다. 이런 나를 믿어주는 아내의 성원도 큰 힘이 되었다.

연구소를 시작한 처음 몇 개월간은 푸른꿈도서관 한구석에서 일했는데, 여러모로 불편했다. 고정 수입이 없는 상황에서 사무실을 따로 얻어 정기적인 지출이 나가는 것은 큰 부담이었지만, 일을 제대로 하려면 사무실이 꼭 필요했다. 그래서 일산신도시에 있는 15평짜리 작은 오피스텔을 사무실로 얻었다. 어린이도서관연구소에서는 그해 경기문화재단에서 예산을 지원받아 '푸른꿈도서관학교'를 진행했고, 여기서 진행한 강의를 묶어 《어린이도서관 길잡이》를 출간했다. 이 책은 우리나라에서 어린이도서관과 관련해서 나온 최초의 단행본이었고, 독자가 한정된 전문서적치고는 많이 팔려서 연구소의 초기 운영 자금 마련에 큰 힘이 되었다.

'100만 권의 책 나눔, 100만 개의 희망'
《내 생애 단 한 번의 약속》 | 김수연 지음 | 254쪽 | 9,800원
| 문이당

　이 책은 ㈜작은도서관만드는사람들의 대표로 일하는 김수연 목
사의 산문집이다. 아직 한 번도 만난 적은 없지만 김수연 목사는
개인적으로 필자가 가장 존경하는 독서운동가다. 독서운동가라는
새로운 길을 내딛을 때 어떤 자세로 독서운동에 임해야 할지 온몸
으로 보여준 좋은 본보기였다.
　한국의 독서운동사에 한 획을 그은 저자의 삶은 개인적인 불행
을 딛고 일군 것이었다. 저자는 젊은 날 주식 투자로 파격적인 부
를 축적하고 세계적인 특종을 터트린 방송 기자, 소위 잘나가던 사
람이었다. '부자 되세요'란 말이 인사말이 되는 세상의 기준에서
보면 부러울 것이 없는 성공적인 삶을 살았던 것이다.
　그런 그에게 감당하기 힘든 불행이 찾아온다. 장모의 불행한 죽
음에 충격을 받은 아내가 종교에 빠져 가정을 소홀히 하고 저자도

회사 일로 바빠 집안일에 무관심하던 중, 혼자 집에 있던 일곱 살 난 어린 아들이 화재 사고로 목숨을 잃은 것이다. 어린 자식을 앞세운 부모의 삶은 제대로 된 삶이라고 할 수 없었을 것이다.

실의에 빠진 저자를 일으킨 것은 가슴에 묻은 아이와 한 약속이었다. 책을 좋아하던 아이에게 읽고 싶은 책은 얼마든지 사주겠다고 한 약속을 온전히 지키기 위해, 그는 세상에서 이룬 모든 성공을 내려놓고 독서운동이라는 새로운 길에 들어선다. 그렇게 해서 책을 접하기 힘든 아이들과 주민들을 위한 책 나누기 운동을 20여 년간 묵묵히 해왔다. 지금까지 그가 전국에 세운 작은도서관은 128개, 나눈 책은 무려 100만 권에 달한다. 그가 나눈 100만 권의 책은 100만 개의 희망이 되었으리라 생각한다.

저자는 아이들에게 책을 선물할 때 3대 원칙을 꼭 지킨다고 한다. 신간으로, 정성을 다해 좋은 책을 선별하여, 할 수 있는 한 많은 책을 준비한다는 것이다. 저자가 나눈 희망의 책을 보고 자란 아이들이 또 다른 희망을 나누어주리라 믿는다. 더불어 "올바른 독서교육은 책을 읽으라고 강요하는 것이 아니라 읽을 수 있는 환경을 만들어주는 것"이라는 저자의 주장에 공감하는 어른들이 많아지기를 기대한다.

도서관으로 더 나은 세상을 꿈꾸다

《이용자를 왕처럼 모시진 않겠습니다》 박영숙 지음 | 408쪽 | 19,500원 | 알마
《꿈꿀 권리》 | 박영숙 지음 | 324쪽 | 17,500원 | 알마

　　느티나무도서관의 박영숙 관장이 낸 두 권의 책을 여름휴가 내
내 읽었다.《꿈꿀 권리》는 저자가 도서관운동을 하면서 만난 사람
들과 도서관을 통해 이루려고 하는 꿈에 대한 이야기를 중심으로
쓴 에세이이며,《이용자를 왕처럼 모시진 않겠습니다》는 제목에서
도 연상할 수 있듯이 도서관 서비스에 대한 고민과 건물을 짓는 과
정, 도서관 문화 확산을 위해 벌여온 다양한 사업들에 대한 이야기
를 담았다.

　　느티나무도서관은 우리나라의 도서관운동에 신선한 충격을 주
고 많은 변화와 영향을 미쳤다. 필자도 비슷한 시기에 작은도서관
을 시작하면서 배운 것이 적지 않다. 필자가 느끼기에 박영숙 관장
이 가진 에너지는 불가사의할 정도다. 한 사람이 어떻게 저렇게 많
은 일들을 해낼 수 있나 하는 생각을 종종 하곤 했는데, 두 권의 책
을 정독하고 보니 그런 생각이 더 많이 들었다. 박영숙 관장은 우

리나라의 도서관과 독서운동에는 실로 선물과 같은 존재다. 가녀린 인상의 그녀가 느티나무도서관과 함께 살아온 지난 15년은 우리에게 선물과 같은 시간이었다. 이 책들을 꼼꼼하게 본 독자라면 필자의 평가가 결코 과찬이 아님을 공감할 것이다.

《이용자를 왕처럼 모시진 않겠습니다》는 공·사립을 막론하고 도서관에서 일하는 사람들에게 도움이 많이 되는 책이다. 도서관에서 이용자를 위한 서비스를 할 때 어떤 마음가짐으로 임해야 하는지부터 분류와 배가에 대한 고민과 실무적인 노하우까지 배울 수 있기 때문이다. 아파트 상가의 지하에서 시작된 도서관이 어엿한 독립 건물로 지어지기까지 겪었던 지난한 과정은 도서관 건축을 담당하는 공무원과 공공도서관 사서가 꼭 읽어야 할 부분이다. 도서관 건축을 바라보는 데 있어 새로운 영감을 줄 것이기 때문이다. 이를 통해 느티나무도서관처럼 "이곳에 머무는 것만으로 존중받는다는 느낌을 받는 도서관, 그래서 소소한 일상이 '문화적'으로 바뀌는 공간이 되길 바라며 지은 도서관"이 많아지기를 기대한다.

《꿈꿀 권리》에서 저자는 학력, 나이, 직업, 국적을 불문하고 누구나 예외 없이 마음껏 쉬고 뒹굴고 꿈꿀 수 있는 권리를 누리는 곳이 바로 도서관이라고 말한다. 그리고 도서관으로 더 나은 세상을 꿈꾸는 것은 참 가슴 설레는 일이고, 그것이 도서관운동을 이어가는 이유이자 힘이라고 힘주어 얘기한다.

박영숙 관장이 도서관을 통해 꿈꾸는 것은 무엇일지 궁금하다면 다음 글이 힌트가 될 것 같다.

"우리는 도서관을 만들면서 책이 두려움과 불안으로 딱딱해진 사람들의 생각과 감정을 흔들어놓기를 바랐다. 책을 펼쳐놓고 벌이는 대화와 사유와 토론의 시간이 출렁 물결을 일으켜 깊고 긴 울림을 남기기를 바랐다. 그래서 우리 모두 고여 있지 않고 끊임없이 새로운 것을 상상하며 각자 삶의 서사를 엮어가기를 바랐다."

도서관이 문득 눈에 들어오는 삶의 조각과 흐름을 느끼고 사유할 수 있는 '지극히 문화적인' 공간이라는 저자의 믿음에 공감할 이들이 많을 것 같다. 앞으로 두 권의 책이 우리나라 도서관계에 일으킬 반향과 변화가 무척 기대된다

새로운 일과 다르게 사는 삶 꿈꾸기
《적당히 벌고 잘 살기》 | 김진선 지음 | 284쪽 | 15,000원 |
슬로비

《적당히 벌고 잘 살기》는 페이스북에서 우연히 보고 제목에 끌려 구입한 책이다. "적당히 벌고 잘 살기"는 많은 사람이 꾸는 꿈일 테니 제목을 잘 지었다. 이 책은 제목과 '나와 그들의 새로운 일하기 실험'이라는 부제에서 알 수 있는 것처럼, 일반적인 이들과는 조금은 다른 방식으로 일과 삶을 꾸려가는 사람들을 소개한다.

저자는 새로운 삶의 방식을 연구하고 디자인하는 '십년후연구소'의 김진선 연구원이다. 저자는 계속 이대로 살고 싶지 않은 절박한 마음으로 10년간의 직장 생활을 접고 스스로 '인생전환학교'를 꾸려 2년 동안 공부와 쉼, 일의 균형을 맞추는 새로운 실험과 새로운 일하기 모델을 탐색한다. 그리고 지금은 뜻이 맞는 이들과 함께 안정적인 일자리와 지속 가능한 삶의 모델을 모색하는 중이다. 이 책에는 저자가 이러한 모색 과정에서 새로운 일과 삶의 실마리를 찾기 위해 만난 사람들의 이야기가 고스란히 담겼다.

스피노자를 좋아한다는 저자는 운명처럼 스피노자를 만났다고 고백한다. "스피노자는 이미 정해진 방식대로 존재하는 수동적인 삶이 아닌, 자신이 스스로 선택하고 행동하는 자유로운 삶을 강조한다. 그리고 오직 자유로운 사람만이 서로에게 진실로 유익하며 즐거운 우정의 관계를 맺을 수 있다고 한다."

이 책에 소개된 사람들은 스피노자의 말처럼 스스로 선택하고 행동하며 자유로운 삶을 살아가는 사람들이다. 대다수의 사람들이 성공과 돈을 위해 앞뒤 돌아보지 않고 내달릴 때 새로운 삶, 함께 사는 삶을 용기 있게 선택한 이들을 만나는 일은 참 즐거웠다.

책에 나온 이들은 하나같이 매력적이다. 혼자 자립하는 게 아니라 함께 자립하기를 꿈꾸는 우정의 공동체 협동조합 '십년후연구소', 비판적인 시선이 들어 있되 실용적인 정보를 놓치지 않는 자신들만의 색깔이 담긴 책을 꾸준히 내는 전자책출판공동체 '롤링다이스', 공부와 밥과 우정의 공동체를 표방하는 인문학공동체 '남산강학원+감이당', 도시 공간에 새로운 활력과 커뮤니티를 함께 만드는 시장이 가능함을 보여준 '마르쉐친구들', 이상을 추구하면서도 환상에 빠지지 않고 조금씩 현실로 만들어가는 사회적기업 '오르그닷'과 '바이맘', 함께 일하며 함께 사는 마을 공동체 '우리동네 사람들', 적게 벌어도 유유자적 살아가는 '어쩌면사무소'가 그 주인공이다.

책 내용이 기대보다 훨씬 좋아 손에서 놓을 수 없었고, 책을 다 읽고 나니 기분이 저절로 좋아졌다. 대학생인 아들에게도 읽어보라고 권하고, 내친김에 몇 권 더 사서 지인들에게 선물했다. 우리의 일은 이래야 한다. 우리 삶의 자존심을 지켜주고 보람을 주는 일터에서 즐겁게 일하며 생활을 꾸려가야 한다. 지하철 안전문을 고치다 무참히 스러져간 열아홉 살 젊은이의 죽음과 100채가 넘는 오피스텔을 보유했다고 알려진 전관 변호사의 탐욕이 우리를 슬프게 하는 요즈음이다. 많은 이들이 일과 삶의 균형을 맞추며 살아갈 수 있기를 바란다. 만약 지금 그렇지 못하다면 새로운 일과 다르게 사는 삶을 꿈꿨으면 좋겠다. 물론 그 일이 내가 하고 싶은 일만이 아니라 잘할 수 있는 일인지도 신중하게 생각해봐야 할 것이다.

현실에 안주하지 않고 더 나은 삶, 자신이 행복하면서 더불어 공동체가 행복한 삶을 지향하게끔 하는 멋진 이들을 알게 되어 즐거웠다. 이 책은 내게 새로운 영감과 자극을 주는 멋진 책이 될 것 같다. 독서의 즐거움에 이만한 것이 있겠는가?

나의 가슴을 뛰게 하는 일에 대해 생각해보기
《지도 밖으로 행군하라》 | 한비야 지음 | 306쪽 | 12,000원
| 푸른숲

　저자에 대한 이해를 돕기 위해 간단히 소개하면, 한비야는 어린
시절에 계획한 '걸어서 세계 일주'를 실현하기 위해 잘나가던 국제
홍보회사에 과감하게 사표를 던지고 여행길에 오른다. 무려 7년
동안 세계 오지 여행을 했는데 그 경험담이《바람의 딸, 걸어서 지
구 세 바퀴 반》에 오롯이 담겨 있다. 이후로도 세계 도보 여행의 마
무리를 우리 땅에서 해야 한다며 해남 땅끝마을에서 강원도 통일
전망대까지 걸어가며 쓴 여행기인《바람의 딸, 우리 땅에 서다》, 중
국의 경험이 담긴《한비야의 중국견문록》으로 많은 독자들에게
신선한 자극을 주었다. 지금은 국제 NGO인 월드비전에서 긴급구
호팀장으로 일하고 있고, 여기서 일하며 겪은 일들을 소개한 책이
바로《지도 밖으로 행군하라》다.
　한비야는 이 책에서 일상의 삶에 매여 사는 평범한 독자들의 마
음에 불을 지른다. "자기가 가진 능력과 가능성을 힘 있는 자에게
보태며 달콤하게 살다가 자연사할 것인지, 그것을 힘없는 자와 나
누며 세상의 불공평과 맞서 싸우다 장렬히 전사할 것인지. 혹은 평

생 새장 속에 살면서 안전과 먹이를 담보로 날 수 있는 능력을 스스로 포기할 것인지, 새장 밖의 위험을 감수하면서 가지고 있는 능력의 최대치를 발휘하며 창공으로 비상할 것인지" 선택하라고.

그는 새장 밖의 삶을 살아가는 사람으로서 새장 밖의 충만한 행복에 대해 말해주고 싶어한다. 새장 안에서는 도저히 느낄 수 없는, 견딜 수 없는 뜨거움 말이다. 그러면서 결정타를 날린다. "제발 단 한 번만이라도 자신의 가슴을 뛰게 하는 일이 무엇인지, 진지하게 생각해보라"고. 정말로 그런 새장 밖에 있는 충만한 행복이 궁금하지 않은가?

만약 한비야가 평범한 사람들이 선망하던 회사에서 고액 연봉을 받으며 안온한 삶을 살았다면 어떠했을까 하는 생각을 해본다. 적어도 나와 같은 필부에게 한비야란 이름이 알려지지 않았을 것은 분명하다. 젊은 시절 그의 선택이 탁월하면서도 현명한 결단이었다고 박수를 보내고 싶다.

이 글을 읽는 모든 이들에게 과연 내 가슴을 뛰게 하는 일이 무엇일까에 대해 생각해보는 계기가 되면 좋겠다. 아무리 생각해도 그런 일이 없다면 현재의 삶이 지극히 만족스러운 사람이거나, 꿈을 잃어버린 사람이 아닐까 싶다. 마음속 깊숙한 곳에 가슴을 뛰게 하는 일을 꼭꼭 숨겨놓은 사람이 있다면 이 기회에 한번 꺼내보라고 바람을 넣고 싶다. 청소년 자녀를 둔 독자라면 자녀들에게 꼭 한 번 읽어보라고 권해주면 좋을 것 같다.

3장

아침독서운동을
시작하다

아침독서운동에 관심을 가졌던 것은 민간 작은도서관을 운영하면서 한계를 느꼈기 때문이었다. 도서관이 없어 책을 못 읽은 어린 시절을 생각하며 만든 도서관이었기에 정말로 책이 필요한 아이들이 많이 이용하기를 기대했다. 그렇지만 작은 민간도서관을 이용하는 아이들은 상대적으로 독서교육에 관심이 많은 부모를 두었다. 정작 책이 꼭 필요한 아이들은 도서관에 오지 못했다. 민간도서관은 주로 부모들이 이용하는데, 가정 형편이 어려운 집에서는 도서관에 관심을 가질 만한 여유가 없었다.

이런 현실을 알게 되니 독서교육에 대한 부모의 관심과는 상관없이 학교에서 책 읽는 습관을 길러주는 독서교육이 꼭 필요하다는 결론에 자연스럽게 도달했다. 아이들이 어린 시절을 책과 함께 지내는 것은 인생에 새로운 가능성을 열어주는 일이라는 확신이 있었기에 가정 형편이 어려운 아이들에게 책을 만날 기회를 주고 싶었다.

독서교육 현장에서 일하는 선생님들을
위한 〈아침독서신문〉, 창간호

유아교육기관 선생님들을 위한 〈책둥이〉
가 101호부터 〈월간그림책〉으로 제호를 바
꿨다. 〈월간그림책〉은 모든 연령층이 즐기
는 새로운 그림책 문화를 지향한다.

아침독서 10분이 기적을 만든다

　학교 상황을 잘 모르는 평범한 학부모였기에 처음에는 아이들에게 학교에서 어떻게 책 읽는 습관을 길러주는 독서교육을 할 수 있을지 다소 막막했다. 그러다가 책과사회연구소의 백원근 소장이 〈출판저널〉 2001년 3월호에 기고한 글을 보고 아침독서운동에 대해 처음으로 알게 되었다. 이 기사를 보면서 느낌이 왔다. 오랫동안 고민하던 문제의 해답을 찾은 느낌이었다. 백 소장은 일본에 유학을 다녀와서 일본 사정을 잘 알기에 아침독서운동을 소개한 것 같다. 어떤 의도로 이 기사를 썼는지 모르지만, 결국 이 기사는 우리나라에 아침독서운동을 시작하는 계기를 만들어주었다.

　이 기사를 본 직후인 2001년 3월 4일, KBS TV의 〈TV 책을 말하다 제2편 책 읽기의 유혹〉이라는 다큐멘터리 프로그램에서 세계 여러 나라의 독서운동을 살펴보면서 일본의 아침독서운동을 소개하는 내용이 담겨 궁금증을 더했다. 일본에 가서 아침독서운동에 대해 자세히 알아봐야겠다는 생각이 들었다.

　2002년 겨울, 결혼 10주년을 기념하는 여행을 일본으로 가서 아침독서운동에 대한 책을 구입했다. 일본에서 아침독서운동을 추진하는 시민단체에서 만든 책이었는데, 완성도는 다소 떨어졌지만 아침독서운동을 이해하는 데 큰 도움이 되었다. 잡지사와 출판사를 다니며 일본 책 담당을 한 덕분에 일본어 독해를 어느 정도 할 수 있는 게 다행이었다. 책에는 아침독서운동에 대한 구체적인 실천 방법과 사례가 소개되어 있었고, 실제로 아이들에게 어떤 변화가 일어났는지 자세히 설명했다. 이렇게 아침독서운동에 대한 생생한 사례가 실린 소책자를 보면서 아침독서운동에 대한 확신을 가질 수 있었다. 오랫동안 고민하던 문제가 풀린 것이다.

　일본 여행을 통해 아침독서운동이 아이들에게 책 읽는 습관을 길러줄 수 있는 최적의 독서교육 방안임을 알게 되었다. 개인적으로도 의미가 있지만, 우리 사회의 미래를 위해서도 꼭 필요한 독서운동이라는 생각을 갖게 되었다. 이후 몇 년간 아침독서운동에 대해 관심을 갖고 정보를 수집했고, 아침독서운동에 대해 알수록 확신이 생겼다. 그렇지만 정작 학교 현장에서 아침독서운동이 본격적으로 진행된다는 소식은 들리지 않았다. 그러다 보니 출판 편집자로서 책을 내야겠다는 생각이 자연스럽게 들었다. 교사들에게 아침독서운동에 대한 좀더 구체적인 정보를 제공해야겠다는 생각이 들었기 때문이다. 그해에 전업 독서운동가로 살기로 마음먹고 회사를 그만둔 상황이라 새로운 일을 시작할 엄두를 낼 수 있었다. 책 출간을 염두에 두고 인터넷으로 일본에서 나온 아침독서운동 관련 책을 검색했는데, 마침 일본에서 아침독서운동을 시작한 하야시 히로시 선생이 새로 낸 책이 예전에 봤던 소책자와는 달리 내용도 풍성하고 완성도도 높아 번역해서 출간할 만하다는 생각이 들었다.

그때 나는 어린이책을 좋아하는 아빠들 몇 명과 '동화읽는아빠' 모임을 열심히 가졌다. 매주 모임을 가졌는데, 어린이책에 대한 얘기를 나누고 그 내용을 블로그에 올리는 모임이었다. 마침 모임에는 어린이책 출간을 준비하던 청어람미디어의 정종호 대표가 참여했다. 정 대표에게 아침독서운동 관련 책 출간을 제안하며 초벌 번역을 보여주었다. 판매 가능성보다는 이 책이 가진 가치에 주목한 정 대표의 호의 덕분에, 2005년 2월에《아침독서 10분이 기적을 만든다》라는 제목으로 출간되었다. 출판사에 다닐 때 일본 책을 다른 편집자와 공동으로 번역한 경험이 있었는데, 이 책은 내가 단독으로 번역한 첫 책이다.

염려와는 달리 출간되자마자 많은 독자들의 관심을 끌며 독서 교육 관련 책으로는 드물게 판매가 잘되었다. 지금까지 2만 권이 넘게 판매되어 출판사에도 효자책이 되었다. 지금도 수익성이 불투명한 책을 흔쾌히 내준 정 대표에게 고마운 마음을 갖고 있다. 청어람미디어는 인세와는 별도로 정가의 1퍼센트를 아침독서운동에 후원해주기도 했다. 이 책은 아침독서운동을 알리는 데 큰 역할을 했고, 번역 인세와 후원금은 〈아침독서신문〉의 창간 자금으로 요긴하게 사용되었다.

이 책은 1부에서 아침독서운동에 대한 다양한 궁금증을 풀어주고, 2부에서는 학교의 실천 사례, 3부에서는 학년별 실천 사례를 소개했다. 저자인 하야시 히로시 선생은 "아이들이 바뀌고 학교가 변한다"는 제목의 들어가는 글에서 아침독서운동의 효과를 확신에 찬 어조로 얘기한다.

> "아침독서는 '사람은 매일 정해진 시간에 적절한 양의 식사를 해야만 성장할 수 있고 생명을 유지할 수 있다'는 평범한 사실을 학교에 적용시킨 것입니다. 그 결과 당연히 아이들은 성장했고, 최소한의 생명을 유지할 수 있게 되었습니다. 이는 지극히 당연한 사실을 믿고 실천하여 얻은 당연한 결과에 불과합니다."

그러면서 아침독서의 대표적인 효과들을 몇 가지 소개한다. 가장 먼저 아침독서 덕분에 학교에서 오랫동안 사라졌던 정숙과 집중의 시간이 살아났다는 점을 꼽는다.

두 번째로, 아침독서시간이 아이들의 다른 행동에 긍정적인 파급 효과가 많다는 점을 얘기한다. "아침독서시간이 생기고 나서 학교 가는 게 즐거워졌다"는 반응도 있고, 아침에 혼자 일어나고 지각도 줄어들었다고 한다. 차분한 분위기가 1교시 수업으로 자연스럽게 이어져 수업 태도가 좋아지고, 아이들의 표정이 생기발랄해졌다는 교사들의 반응도 전한다.

세 번째로, 책을 읽을 수 없던 아이가 읽을 수 있게 되었다고 한다. 책을 읽고 싶어도 읽을 능력이 없던 아이, 교과서조차 제대로 못 읽던 아이가 매일 아침 10분 동안 책을 읽으면서 조금씩 책 읽는 힘을 기르게 된 것이다. 그리고 아침독서를 통해 독서 능력이 향상된 아이들이 일상생활에서도 차분하게 책을 읽을 수 있게 된 사실도 반갑게 소개한다.

네 번째로, 아이들이 꾸준히 책을 읽게 되면서 언어 능력이 좋아지고 그로 인해 학력이 향상되는 효과가 생겼다는 점도 당연하지만 반가운 소식이다.

다섯 번째로, 아이들의 일상생활에 긍정적인 변화가 나타난 점은 기대하지 않았던 효과다. 어머니들이 자주 하는 얘기가 "아침에 혼자서 일어난다" "아침밥을 잘 먹는다" "지각하지 않으려고 집에서 일찍 출발한다" "만화와 텔레비전을 보는 시간이 줄었다"와 같은 반응인데, 이는 대부분의 부모가 아이들에게 바라는 내용이기도 하다. 또한 도서관이나 서점에 가는 횟수도 늘었고, 용돈을 모아 책을 사는 아이들도 늘었다고 얘기한다.

여섯 번째로, 아침독서를 하면서 아이들의 마음이 더 풍성해지고 넓고 깊은 인간관계가 형성되었다는 보고가 일본 각지에서 나왔다고 한다. "다른 사람의 고통과 어려움에 대해 알게 되어 마음이 아팠다" "상대방의 기분을 생각하며 말하거나 행동하게 되었다" "모든 일에 시큰둥했는데 여러 가지 일에 감동을 받게 되었다"

고 느낀 아이들은 친구와 선생님에게 감동받은 책을 소개하기도 하고, 가정에 독서 붐을 일으키기도 했다.

일곱 번째, 아침독서에 참여하는 모든 아이들이 그 아이에 맞게 인간적으로 성장할 수 있다는 점을 꼽는다. 아이들은 책 속에서 사람들의 다양한 삶의 방식과 만나면서 조금씩 사람과 사회에 대해 알게 되고 느끼게 된다. 그러면서 "내 세계가 조금씩 넓어짐을 느낀다" "부모님과 선생님께 배우지 못했던 점을 책에서 배웠다" "내가 어떤 삶을 살아야 좋을지 배우게 되었다"와 같은 기특한 얘기들을 하게 된다.

마지막으로, 이러한 아이들의 변화가 교사들에게 미치는 긍정적인 영향에 대해 얘기한다. "아침독서를 하면서 처음으로 교육의 가능성에 믿음을 갖게 되었다"고 고백하는 교사의 이야기는 아침독서가 가진 힘을 여실히 보여준다. "교사가 된 후 처음으로 아이들의 힘을 믿게 되었고 자신감도 생겼다"는 교사도 있다. 실제로 아침독서를 꾸준히 하면서 긍정적으로 바뀌는 아이들을 본 교사들이 아침독서의 열렬한 전도사가 되는 경우는 우리나라에서도 숱하게 일어났다. 교사와 학생 간의 관계가 점점 어려워지는 현실을 생각할 때, 아침독서가 가져오는 이러한 효과에 주목할 필요가 있다.

이렇게 아침독서의 긍정적 효과가 가득 소개된 이 책은 교사들로 하여금 아침독서를 실천하고 싶은 욕구를 불러일으켰다.

아침독서운동, 언론의 관심을 받다

《아침독서 10분이 기적을 만든다》의 출간은 우리나라에서 본격적으로 아침독서운동을 시작하자는 사회적 제안이었다. 그렇지만 책 출간만으로는 한계가 있어서, 출간 시점에 맞춰 그동안 독서운동을 함께 해왔던 분들과 아침독서운동을 진행하는 비영리시민단체로 '아침독서추진본부'를 만들었다. 아침독서추진본부는 2007년 4월에 문화부로부터 사단법인 인증을 받아 사단법인 행복한아침독서로 발전했다.

솔직히 처음에는 새로 시작하는 이름 없는 시민단체에서 진행하는 생소한 독서운동에 교사들이 얼마나 관심을 갖고 참여할지 걱정도 많았다. 그렇지만 단 한 명의 교사라도 우리의 제안을 진지하게 받아들여 교실에서 아이들과 함께 아침독서를 진행한다면 이보다 더 큰 선물은 없다고 생각했다. 책과 덜 친했던 아이들이 아침독서시간을 통해 책과 친해진다면 분명 그 아이의 삶은 달라질 것이라는 확신이 있었다. 한 아이의 삶을 바꿀 수 있는 일이라면 남은 삶을 걸어볼 만한 일이라 여겨졌다.

그런데 막상 시작하고 보니 기다렸다는 듯이 전국의 많은 교사들이 관심을 가져주었고, 언론에서도 2005년에만 50여 차례나 관련 기사가 보도될 정도로 적극적으로 도와주었다. 〈경향신문〉에서는 책이 나오기도 전인 2005년 1월 13일 자로 아침독서운동을 준비하는 내용을 보도해주기도 했다.

"아침독서 10분으로 인생 바꿉시다"

이무경 기자

'어린이도서관연구소'. 손으로 쓴 보라색 문패가 웃는 낯으로 방문객을 반기는 일산의 작은 오피스텔. 한상수 소장(41)은 책꽂이와 책상 위에 꽂히고 쌓인 책 사이에서 컴퓨터를 켜놓고 일본어 책과 씨름 중이었다. 1988년부터 17년째 일본에서 벌어지고 있는 '아침독서운동'에 관한 책을 번역하는 그는 3월 초 개학에 맞춰 우리나라에서도 아침독서운동을 시작할 생각이라고 말했다.

"초·중·고 학생들이 학교 수업시작 직전에 좋아하는 책을 10분간 읽는 거예요. 이 운동엔 4대 원칙이 있어요. 매일 읽고, 전교생이 참여하고, 자기가 좋아하는 책을 교사의 간섭 없이 스스로 읽는다는 거예요. 10분 책 읽는 게 무슨 도움이 되겠냐고요? 천만에요. 매일 10분이 쌓이면 1년에 3,650분, 60시간이 넘어요. 한 해 60시간 책 읽는 것도 엄청나지만, 어려서부터 책 읽는 게 습관이 되면 한 사람의 일생이 얼마나 달라질지 짐작이 가요? 나중에 갑자기 보약을 먹는 것보다 어려서부터 꾸준히 운동하고 음식을 골고루 먹는 것이 평생의 건강을 좌우하는 것처럼 말이죠."

한 소장은 주섬주섬 일본어로 된 자료와 자신이 쓴 책을 챙겨서 보여주었다. 거기엔 한국과 일본의 독서량 통계가 나와 있었다. 일본 성인 독서량은 우리나라의 두 배인 연간 19.2권이고, 우리나라 초등학생의 독서량은 일본의 전반 수준인 한 해 2.3권 정도였다. 공부에 치이는 중·고등학생 때는 한국과 일본의 독서량이 별 차이가 없었지만, 어려서부터 독서교육을 받은 일본은 성인이 되면 독서 습관을 되찾았다.

내달부터 시작하게 될 아침독서운동의 권장도서 300권을 선정하는 문제가 당면 과제. 책이 선정되면 교사들을 상대로 아침독서운동을 홍보하고, 내년부터는 전국에 확산시킬 생각이다. 부인이 붙여준 '진지맨'이라는 별명답게 시종일관 이 운동에 대해 진지하게 설명을 하던 한 소장은 "넉 달 전 태어난 늦둥이 딸을 키우는 심정으로 이 운동을 펼쳐나가겠다"면서 모처럼 미소 지었다.

《아침독서 10분이 기적을 만든다》가 2005년 2월 말에 출간되자마자 3월 5일자 〈조선일보〉의 '편집자 레터' 꼭지에 박해현 기자가 책 출간 소식과 함께 아침독서운동에 대한 기대를 담은 기사를 써주었다.

[편집자레터] 아침독서

박해현 Books 팀장

일본 초·중·고교에서 아침독서운동이 활발하게 일어나고 있답니다. 지난 1988년 시작한 이 운동은 교사와 학생들이 매일 아침 10분 동안 각자 읽고 싶은 책을 조용히 읽으면서 학교생활을 시작하는 겁니다. 현재 1만 8,515개 학교에서 실시되고 있습니다. 조례 시간을 줄이고 10분 독서를 시작했더니 교실에서 정숙과 집중이 되살아났습니다. "아침독서가 있기 때문에 매일매일 학교에 가는 것이 즐겁다"는 학생들도 있습니다.

최근 출간된《아침독서 10분이 기적을 만든다》(하야시 히로시 지음, 한상수 옮김, 청어람미디어)는 이처럼 일본의 독서운동 사례를 상세하게 다루고 있습니다. 번역자 한상수 씨는 경기도 일산에서 어린이도서관을 운영하면서 한국판 아침독서운동을 추진 중입니다. 한 씨는 "500권의 추천 도서 목록을 만들어 교사들에게 나눠주고, 학급 단위로 먼저 시작하고, 점차 학교 차원에서 참여가 늘어나도록 할 계획"이라고 밝혔습니다.

한국판 아침독서운동에 드리워진 여명이 점점 더 밝아져 환하게 세상을 비추기를 바랍니다.

마침 이 기사를 본 대구교육청의 한원경 장학사가 그날로 전화를 걸어왔다. 아침독서운동의 취지에 완전히 공감한다며 대구교육청과 함께 추진해보자고 했다. 한 장학사는 "평소에 학생들이 책을 안 읽는 것도 문제이지만, 교사들이 책을 안 읽는 게 더 문제라는 생각을 갖고 있었다. 그런데 아침독서운동은 두 마리 토끼를 한꺼번에 잡을 수 있는 독서운동이라 꼭 해보고 싶다"고 열정적으로 얘기했다. 이때부터 한 장학사는 수년간 대구교육청에서 독서교육을 전담했는데, 아침독서운동을 비롯한 다양한 독서교육 프로그램을 이끌며 큰 변화를 가져왔다.

보통 교육청에서 독서교육 업무는 담당 장학사의 많은 업무 중 하나에 불과했고 그것도 순환 보직으로 6개월에서 1년 정도 돌아가며 맡는 게 관행이지만, 한 장학사는 아침독서운동을 대구에 안착시킨 공을 인정받아 독서교육 업무만 몇 년 동안 계속 맡아 좋은 성과를 낼 수 있었다. 그 덕분에 상대적으로 편한 교감 발령도 못 받고 장학관으로 승진한 뒤에도 교육청에서 독서교육 업무를 계속 맡아서 했고, 2012년에 경북대사범대부속중학교 교장으로 발령받았다. 대구교육청 사례에서 볼 수 있듯이, 독서교육 업무는 전문적인 영역이므로 교육청에서 담당 장학사를 순환 보직시키는 것보다는 오랫동안 관련 업무를 볼 수 있도록 하는 것이 바람직하다. 학교에서 독서교육과 학교도서관이 차지하는 중요성을 생각하면 다른 교육청에서도 이를 참고했으면 한다.

그해 3월 30일, 대구교육청에서 아침독서운동 관련 강의를 해달라고 요청해서 갔다가 깜짝 놀랐다. 강의장인 대구학생문화센터에 갔더니, 대구광역시 관내 405개교의 학교장, 독서교육 담당 교사, 학부모 대표 등 모두 1,360여 명이 가득 들어차 있었다. 그 전까지 대중 강연이라고는 한 번도 해본 적이 없는 나로서는 난감한 일이 아닐 수 없었다. 떨리는 가슴을 진정시키며 겨우 강연을 진행했던 기억이 지금도 생생하다. 대구교육청에서는 연수 전에 미리《아침독서 10분이 기적을 만든다》를 구입하여 교장선생님들에게 나눠주고 읽어 오도록 배려했다. 그 덕분에 강의에 대한 이해도 잘되고 관심도 높았다. 3월 21일에 창간한 〈아침독서신문〉도 초판 5만 부가 모두 나가 부랴부랴 2만 부를 더 찍어 대구교육청 연수장에서 학교별로 교사 수만큼 나눠주었다.

대구교육청은 이후에도 놀랄 만큼 체계적으로 아침독서운동을 추진했고, 덕분에 다른 시·도까지 아침독서운동이 확산되는 데 큰 역할을 담당했다. 대구시 학교에서도 교사 수만큼《아침독서 10분이 기적을 만든다》를 구입해서 그해에만 7,000권가량이 대구시에서 판매되었다.

신문을 만들어 아침독서운동을 소개하다

아침독서운동을 꾸준히 진행하려면 교사들에게 관련 내용을 소개하는 매체가 있으면 좋겠다는 생각이 들어 〈아침독서신문〉을 창간했다. 타블로이드 형태의 신문은 그전에도 몇 차례 만들어본 적이 있어서 익숙한 편이었다. 동녘작은도서관 개관 때도 〈동녘작은도서관신문〉을 만들어 홍보했고, 일산에서 '책과어린이문화'라는 모임을 진행하면서 비슷한 형태로 신문을 만든 경험이 있어 큰 고민 없이 신문 창간을 결정할 수 있었다. 다행히 아내가 편집디자이너였기 때문에 신문 제작에 큰 힘이 되었다.

　문제는 재원이었는데, 창간호 발간 비용은 《아침독서 10분이 기적을 만든다》 번역 인세와 청어람미디어의 후원금으로 충당했다. 2005년 3월 21일, 타블로이드 판형의 4면 전면 컬러로 인쇄한 〈아침독서신문〉 창간호가 나왔다. 초판은 5만 부를 찍었는데 인터넷을 통한 주문이 많아 금방 소진되었고, 대구교육청 행사용으로 2만 부를 추가로 찍어야 했다. 추가 제작비는 다음(Daum)에서 운영하던 아침독서운동 카페 회원들의 후원금으로 마련했다.

　나는 첫 직장인 잡지사에서 기자로 일한 덕분에 잡지 발간에 대한 경험이 있었고, 소식지를 기획하고 편집하는 일을 무척 좋아한다. 책을 내는 일도 재밌지만, 특정한 주제를 가지고 관련 매체를 내는 일은 무척 재미있고 독자들의 반응도 좋은 편이었다. 이 글을 쓰는 지금은 마침 〈아침독서신문〉 100호를 준비하는 중이다. 독서운동을 목적으로 비영리로 만든 매체가 100호까지 이어진 것은 지금 생각하면 기적과 같은 일이다. 많은 분의 관심과 성원이 있었기에 가능했다.

〈아침독서신문〉 창간호는 1면에 머리기사로 내가 아침독서운동에 대해 전반적으로 소개하고, 하단에 구례중앙초등학교 사례를 실었다. 2면과 3면에는 2005년 아침독서 추천도서 목록 684권을 게재했고, 4면에는《아침독서 10분이 기적을 만든다》책 소개와 아침독서운동에 대한 학부모와 학생의 글을 실었다. 〈아침독서신문〉 창간호는 주로 다음 카페에서 신청을 받아 보내주었고, 6월 초에 열린 서울국제도서전에 나가 일반인에게 나눠주기도 했다. 창간호는 4면짜리 소박한 소식지였지만 아침독서운동을 알리는 데 톡톡히 역할을 했고, 실제로 이 신문을 보고 아침독서운동을 알게 되어 시작하게 되었다는 교사들이 많았다.

다음은 창간호 머리기사의 일부다.

아이들의 삶을 바꾸는 아침독서

요즘 아이들은 정말 책과 먼 생활을 하고 있는데, 이는 책보다 훨씬 재미있는 일들이 많기 때문이다. 가끔 책을 본다고 해도 대부분 만화를 벗어나지 못하고 있다. 이러한 현상은 중·고등학교로 올라가면 더 심화된다. 아이들이 책을 읽지 않는 현상은 국가적으로 볼 때 큰 재앙이 아닐 수 없다.

이는 여러 가지 원인들이 있겠지만 기본적으로 아이들이 책 읽는 습관을 기르지 못해 책 읽기가 생활화되지 못했기 때문이라고 생각한다. 그래서 소박하게라도 아침독서운동에 대해 소개하고 우리나라에서도 실천해보자고 사회적 제안을 하고 싶어 일본에서 이 운동을 제창한 하야시 히로시 선생님의 책을 번역하게 되었다.

일본의 아침독서운동 현황

아침독서운동은 학교에서 아침에 10분 동안 선생님과 아이들이 함께 책을 보면서 책 읽는 습관을 길러주는 독서운동이다. 매일 아침 단 10분간 학생과 교사가 함께 자신이 고른 책을 읽는 아주 간단한 이 운동은 현재 일본에서 상당한 성과를 거두고 있다.

아침독서운동의 효과가 확인되면서 일본에서는 사회적인 차원에서 이 운동을 후원하고 있다. NHK를 필두로 한 방송사, 〈아사히신문〉을 비롯한 신문사, 교육기관, 공공도서관, 출판유통회사, 서점 등이 전폭적인 지원을 아끼지 않고 있다. 국회에서도 몇 차례나 아침독서운동과 관련한 질의를 했을 정도다. 이러한 현상은 아침독서운동이 일본의 미래를 위해 꼭 필요한 독서운동이라는 인식이 사회적인 공감대를 형성했기 때문이라고 생각된다.

초·중·고 시절 12년간 매일 책을 읽은 일본의 학생들과 우리나라 학생들이 주역이 되어 경쟁할 미래를 생각하면 등골이 오싹해진다. 그런 측면에서 아침독서는 나라의 미래를 위해 시급히 전개해야 할 일이라 생각한다. 우리나라도 아침독서운동에 대해 인식을 새롭게 하고 사회적인 지원을 아끼지 말아야 할 것이다.

책 읽는 아이가 행복하다

아이들의 책 읽기에서 가장 중요한 것이 습관이라 했을 때, 아침 독서운동은 가장 효과적인 독서운동이라 할 수 있다. 아침독서 운동의 가장 큰 목적은 아이들이 책을 꾸준하게 읽음으로써 책이 참 재미있고 삶을 살아가는 데 꼭 함께해야 하는 동반자라는 사실을 저절로 깨닫게 하는 것이다.

컴퓨터 게임이나 텔레비전의 영향을 받은 아이들은 집중력이 많이 떨어지게 된다. 이러한 아이들이 대부분인 학교 현장에서는 선생님들이 정상적인 수업을 진행하기 어려울 정도로 아이들이 정서가 산만하고 집중하지 못한다. 그런데 아침독서운동의 성과를 보면 이러한 문제들이 대부분 해결되고 있다. 이런 측면에서 볼 때 아침독서운동은 단순히 아이들에게 책을 읽히자는 운동이 아니라 한 아이의 삶을 근본적으로 바꿔주는 생활 혁명적인 성격을 가진다. 더 바람직한 것은 이 운동을 펼치는 데 아무런 사회적 비용이 들지 않는다는 사실이다.

아름다운 실천에 함께하기를

가정에서도 비슷한 방식으로 적용할 수 있다. 아침에 조금 일찍 일어나서 아침밥을 먹고 학교에 가기 전에 엄마(아빠도 할 수 있다면 같이)와 아이가 함께 책을 읽는 시간을 가지면 된다. 시간은 최소한 10분 이상이면 되는데, 이 짧은 시간에 의외로 꽤 많은 책을 볼 수 있다. 한 달만 해보면 그 효과에 놀라게 될 것이다.

아이들의 미래, 그리고 국가의 미래에 대해 진지하게 고민하는 많은 분들과 함께 이 아름다운 일을 함께 하고 싶은 마음이 간절하다.

〈아침독서신문〉 2호는 재정 관계로 3개월 후인 6월 24일에 발간했다. 초기 재원이 바닥난 상태였기 때문에 신문 제작비를 어떻게 마련할까 고민하다가 큰 기대를 하지 않고 카페 게시판에 후원을 요청하는 글을 올렸는데, 놀랍게도 다음 날부터 후원금이 답지했다. 전혀 모르는 카페 회원들이 아침독서운동에 공감한다며 신문 제작비를 보내준 것이다. 며칠 만에 필요한 제작비가 모두 모여무사히 2호를 낼 수 있었다. 그때 후원금을 보내준 카페 회원들에게 고마운 마음을 잊을 수가 없다. 하고 싶은 일은 참 많았고, 성과도 노력한 만큼 눈에 보이는 시절이었다. 문제는 재원이 너무 부족하다는 것이었는데, 그때마다 기적처럼 부족한 재원이 딱 필요한만큼 채워지곤 했다.

2호도 4면으로 제작했는데, 대구교육청의 아침독서운동 추진내용을 한원경 장학사가 썼고, 그동안의 진행 일지와 4원칙에 대한 소개, 학급문고 살리기에 대한 제안과 대구동원중학교 사례를 게재했다.

〈아침독서신문〉 3호는 4개월 후인 10월 15일에 발간했는데, 이

때부터 중요한 변화가 있었다. 3호부터는 신문을 〈초등아침독서〉
와 〈중등아침독서〉로 분리해서 발간했고, 하단에 출판사 광고를
실었다. 신문을 만들다 보니 초등학교용과 중·고등학교용은 사례
가 달라 구분해주는 것이 좋겠다는 생각이 들었다. 광고를 게재하
기로 한 것은 매호 신문을 낼 때마다 모금에 의존해서는 지속적으
로 발간하기가 어렵겠다는 생각이 들어서다. 최소한 인쇄비와 발
송비는 자체 수익금으로 마련하는 게 좋겠다는 생각이 들어 몇몇
출판사에 타진했더니, 긍정적인 반응을 보였다. 출판사 입장에서
도 전국의 학교도서관에 홍보할 필요가 있는데, 〈아침독서신문〉
이 전국의 모든 학교도서관에 발송되는 만큼 홍보 효과가 있으리
라 판단한 것이다. 물론 홍보 효과를 따지기 이전에 아침독서운동
에 대한 성원의 의미가 더 컸다고 생각한다. 이후로도 출판사 광고
는 계속되었고, 이는 〈아침독서신문〉을 꾸준히 발간하는 데 큰 힘
이 되었다.

〈아침독서신문〉은 2006년부터 월간 발행 체제가 되어 방학 때
인 1월과 8월을 제외하고 연 10회 발간한다. 〈아침독서신문〉을 창
간한 지 만 10년이 된 2015년 6월에 100호를 발간했다. 처음 〈아
침독서신문〉을 만들 때는 100호를 낼 수 있으리란 생각은 하지 못
했다. 아침독서운동을 시작하며 다급한 마음에 뭐라도 해야 할 것
같아서 시작한 일이었다. 그 후로 10년의 시간이 흘러 많은 분의
관심과 성원 덕분에 100호를 발간하게 되니 감회가 남달랐다.

돌이켜 보면 이 모든 과정이 실로 기적 같은 일이었다. 독서운동이라는 공익적인 목적을 갖고 제작되는 비영리 매체가 10년의 세월을 거치며 매월 꾸준히 나왔다는 것은 분명히 기적이다. 〈아침독서신문〉에 애정을 갖고 구독해준 독자들과 기꺼이 좋은 글을 기고해준 필자들, 운영비 마련에 실질적인 도움을 준 출판사들과 후원자들의 관심과 참여가 있었기에 가능한 일이었다. 물론 좋은 신문을 만들기 위해 애쓴 기자들과 인쇄와 제본, 발송을 맡아준 협력사 직원들의 노고도 큰 몫을 했다. 모두의 선한 마음이 모였기에 〈아침독서신문〉이 지난 10년 동안 중단되지 않고 꾸준히 발간되어 독자들과 만날 수 있었다. 〈아침독서신문〉에 관심을 갖고 사랑을 쏟아준 모든 분들에게 진심으로 감사드린다.

계간으로 발간되던 4면의 〈아침독서신문〉은 차근차근 보폭을 넓히며 독자 대상을 구분하여 〈월간그림책〉〈초등아침독서〉〈중고등아침독서〉〈동네책방동네도서관〉의 네 개 매체로 늘어났고, 면수도 매월 40면씩으로 늘었다. 〈아침독서신문〉은 전국의 공공도서관과 초·중·고등학교도서관에 한 부씩 무료로 보내는데, 이렇게 한 기관에 한 부씩 보내는 한계를 극복하기 위해 2014년 7월에 스마트폰으로 볼 수 있는 앱을 개발했다. 이제 '행복한독서' 앱을 설치하면 언제, 어디서나 편하게 ㈜행복한아침독서가 발간하는 4종의 독서 정보지를 창간호부터 최신호까지 무료로 볼 수 있다. '행복한독서' 앱은 국내뿐만 아니라 외국에서도 이용할 수 있는데, 실제로 외국에서 이용하는 경우도 조금씩 늘고 있다.

앞으로 〈아침독서신문〉에 게재되었던 좋은 기사들을 다양한 형식으로 가공해 독자들과 활발히 만나려 한다. 먼저 연재물과 게재 기사를 묶은 단행본 출간을 적극적으로 진행할 계획이다. 이런 단행본은 학교의 독서교육을 지원하고 책 읽는 사회를 만드는 데 도움이 될 것으로 기대한다. 또한 스마트폰을 기반으로 한 소셜미디어를 활용하여 기사를 적극적으로 소개할 예정이다. 이렇게 단행본, 스마트폰 앱, 소셜미디어 등을 통해 신문 형식의 종이 매체가 가진 한계를 뛰어넘으려 한다.

신문을 만드는 일은 참 재미있다. 신문에 들어갈 내용을 기획하고, 필자를 섭외하고, 원고를 다듬고, 원고에 맞는 이미지를 찾고, 제목을 고민하는 과정은 무척 즐거운 일이다. 그리고 신문을 기다리는 과정은 연애할 때 애인을 기다릴 때처럼 설렌다. 이런 과정을 거쳐 나온 신문을 만나면 행복하고 뿌듯했다. 이런 시간을 지난 12년 동안 100번 이상 누렸으니, 내가 얼마나 행복한 사람인지 새삼 깨닫는다. 앞으로 이 신문을 얼마나 더 낼 수 있을지 모르겠지만, 지금까지 낸 것만으로도 충분히 만족스럽다. 부디 행복한아침독서의 후배들이 이 신문을 오래도록 이어갔으면 하는 바람이다.

초·중·고등학교를 대상으로 아침독서운동을 하다 보니, 초등학교에 입학하기 전 아이들에 대한 독서교육도 중요하다는 사실을 새삼 깨달았다. 개인의 습관이 형성되기 전인 영·유아 시기에 책 읽는 문화를 즐겁게 접하는 것은 삶에 결정적인 영향을 끼치게 마련이다. 이러한 생각을 바탕으로 아침독서운동을 유아교육기관으로도 확대해야겠다고 마음먹었다. 방법을 고민하다가 유아교육기관 선생님들에게 아침독서운동을 비롯하여 독서교육에 대한 체계적인 정보를 제공하는 신문을 내기로 하고, 2008년 8월에 〈책둥이〉를 창간하여 전국의 모든 유치원에 무료로 보내주었다.

〈책둥이〉 창간사에서, 아이들이 일상에서 책을 즐기는 삶을 살아갈 수 있도록 도와주고, 가정과 영·유아교육기관에서 좋은 독서 환경을 갖추고 바람직한 독서 문화를 만드는 일에 앞장서겠다는 의지를 피력했다. 유아교육기관으로 아침독서운동을 확대하면서 잘 이루어질까 걱정이 많았지만, 기우였다. 많은 유아교육기관에서 원장님과 선생님이 아침독서운동을 적극적으로 받아들였고, 아이들과 즐겁게 이 시간을 진행했다. 매월 〈책둥이〉를 통해 유아교육기관의 독서교육 사례를 소개했고, 아침독서운동 사례 공모전도 실시하여 좋은 사례를 많이 발굴했다. 독서교육을 잘 진행하는 유치원 사례를 소개하는 단행본을 내기도 했다.

아침독서운동과 더불어 유치원에 그림책도서관을 만들고, 단행본 그림책을 적극적으로 구입하도록 권했다. 유치원에서는 학교처럼 도서관을 의무적으로 설치하지 않기 때문에 제대로 된 도서관이 없는 경우가 많다. 유치원도 교육기관인 만큼 양질의 그림책이 있는 도서관이 꼭 필요하다며 기회가 날 때마다 강조했고, 이에 공감한 유치원에서 도서관 시설을 새롭게 만들거나 확충하기도 했다. 그림책도 전집이나 유치원용으로 저렴하게 공급하는 수준 낮은 것이 주로 많았는데, 아이들을 위해 정성껏 만든 단행본 그림책을 구입하도록 열심히 권했다. 단행본 그림책에 대한 유아교육 기관 교사의 인식이 발전한 것은 큰 보람이다.

그림책 문화를 꿈꾸는 신문을 만들다

2016년 11월로 〈책둥이〉가 8년 4개월 만에 100호가 되었다. 〈책둥이〉100호를 낸 후 101호부터는 새롭게 펼쳐지는 그림책 문화에 주목하며 신문의 제호를 〈월간그림책〉으로 바꿔 발행 중이다. 8년의 시간이 지나면서 그림책은 아이들뿐만 아니라 모든 연령층이 즐길 수 있는 책이라는 인식이 폭넓게 확산되었다. 이렇게 새로운 그림책 문화가 조금씩 움트는 사회적 분위기가 조성되는 현상을 주목하며 또 한 번 변신을 꾀한 것이다. 2016년 6월에 그림책 작가, 연구자, 출판인 등 그림책 분야의 사람들이 함께 모여 그림책협회를 발족했다. 여러 세대를 아우를 수 있는 다양한 그림책이 출간되고, 청소년이나 성인을 대상으로 한 그림책도 새롭게 시도하는 중이다. 또한 그림책 카페, 그림책 전문 서점, 그림책방, 그림책 식당 등 그림책을 즐길 수 있는 다양한 공간도 속속 생겨나 그림책 독자를 설레게 한다.

아이에게 읽어주기 위해 그림책을 처음 만났던 독자들이 아이가 다 자란 후에도 그림책이 주는 즐거움을 계속 누리면서 독자층이 넓어지는 현상도 반가운 일이다. 또한 어렸을 때부터 그림책을 본 아이들이 어른이 되어서도 여전히 그림책을 즐겨 읽는 독자로 남는 경우도 늘어났다. 실제로 그림책 문화가 발전한 외국의 서점에는 어른을 위한 그림책 코너가 따로 존재할 정도로 그림책을 즐기는 독자층이 넓다.

〈월간그림책〉은 소수의 전문가들을 위한 그림책 전문지가 아니며, 누구라도 삶 속에서 자연스럽게 그림책과 만나기를 바란다. 한마디로 그림책 문화의 일상화를 추구하는 매체로서 많은 독자들이 일상생활에서 그림책을 통해 위로받고 행복하기를 소망하는 것이다.

기존에 자리 잡은 매체의 제호를 바꾸는 일은 많은 부담이 따르는 일이지만, 즐거운 변화라고 생각한다. 다행히 〈월간그림책〉을 만드는 과정은 즐거웠고, 독자들의 반응도 무척 좋아 힘이 났다.

학급문고 살리기

아침독서운동을 시작하면서 지금까지 꾸준하게 진행한 사업이 학급문고 살리기 활동이다. 아침독서운동을 준비하면서 평소에 알던 선후배 교사들에게 자문을 많이 받았다. 자문에 응해준 많은 교사들이 이구동성으로 얘기하는 것이 학급문고였다. 교사들은 아침독서운동의 취지가 참 좋아서 함께 하고 싶은데, 막상 시작하면 두 가지 어려움이 예상된다고 말했다. 첫 번째는 학교의 아침 시간이 무척 분주해서 매일 10분의 시간을 안정적으로 확보하는 게 쉽지 않다는 점이었고, 두 번째는 아침독서운동이 꾸준히 잘 진행되어 아이들이 날마다 책을 읽다 보면 책을 많이 볼 텐데 현재 교실에 있는 학급문고가 부실해서 아이들이 금방 싫증을 내지 않을까 하는 염려였다.

일리가 있다는 생각이 들어서, 당시 초등학교 5학년이던 큰아이 교실을 찾아가 학급문고를 살펴보았다. 교육적으로 다소 괜찮은 환경으로 여겨지는 일산신도시에 있는 학교였지만 학급문고 실태는 충격적이었다. 200여 권의 책이 있었는데 그중에서 아이들에게 권할 만한 책이 거의 없었다. 학년에 맞지 않는 책, 발간된 지 너무 오래된 책, 낡아서 보고 싶은 마음이 들지 않을 것 같은 책이 대부분이었다. 이런 현실을 보고 아침독서운동을 시작하면 학급문고 살리기를 꼭 병행해야겠다고 다짐했다.

학급문고 살리기는 아침독서운동의 지향점과도 일치한다. 아침독서운동에서 주목하는 아이들은 가정의 독서 환경이 상대적으로 열악한 아이들이다. 어렸을 때부터 부모가 아이들의 독서교육에 관심을 갖지 못한 가정에서 자란 아이들은 좋은 책과 만날 기회가 별로 없다. 이런 아이들은 집에도 좋은 책이 없고, 학교에서도 특별히 독서교육에 열정을 가진 담임교사를 만나지 못하면 책과 친해질 기회를 갖기가 어렵다. 평소에 책 읽는 즐거움을 경험하지 못한 아이들이 학교도서관을 이용하기도 쉽지 않은 일이다. 이런 아이들은 아침독서시간에 책을 미리 준비하지 않고 학급문고에 있는 책을 고를 가능성이 높다. 그렇기에 학급문고가 중요한 것이다. 학급문고에 아이들이 읽고 싶은 마음이 드는 좋은 책이 있으면 책과 아직 덜 친한 아이들도 좋은 책을 접하게 된다. 책이 재미있으면 아이들은 조금씩 책과 친해지게 마련이다. 교실은 아이들이 집 다음으로 많은 시간을 보내는 곳이므로, 좋은 책을 놓아두는 것은 교육적으로 꼭 필요한 일이다. 그러므로 가정에 좋은 책이 별로 없는 아이들에게는 학급문고가 무척 중요하다.

학급문고 살리기 사업을 아침독서운동과 병행해서 진행하기로 하고, 가장 먼저 아침독서운동에 참여하는 교사들에게 좋은 책을 모아서 보내주기로 했다. 전국의 모든 교사들에게 책을 보낼 수는 없지만, 새로 시작하는 독서운동에 참여할 만큼 열정을 가진 교사들에게 힘을 실어주면서 학급문고의 중요성을 알리는 게 좋겠다고 생각했다. 연구소가 보유한 어린이책과 청소년책 중에서 학급문고로 보낼 만한 책을 선별했다. 다행히 〈아침독서신문〉 창간호를 준비하면서 함께 진행한 '아침독서 추천도서' 선정 작업에 많은 출판사들이 책을 보내주어 어느 정도 책이 확보된 상태였다. 학급문고 보내기 첫 행사용으로 1,000권의 책을 선별하고 3월 7일 아침독서운동 카페에 공지했다. 새 학기에 아침독서를 실시하려고 하는데 학급문고가 부실해서 어려움을 겪는 교사들에게 한 학급당 40권씩의 책을 무료로 보낸다는 내용이었다.

신청서에는 아침독서운동에 대한 생각을 적어달라고 요청했다. 열흘 정도 신청을 받았는데 30명의 교사가 신청서를 보냈다. 학급문고 보내기의 첫 행사이고 생소한 아침독서운동에 참여하겠다는 교사들을 격려하는 의미에서, 신청한 교사 모두에게 40권씩 1,200권을 보내주었다. 처음 들어보는 단체에서 무료로 학급문고를 보내준다는 얘기에 긴가민가하던 교사들은 막상 도착한 책을 보고 좋은 책이 많아 깜짝 놀랐다고 한다. 학교의 다른 교사들도 관심을 보이면서, 다음번에도 행사가 있으면 신청해야겠다고 기대하더란다. 이런 반응을 보면서 2차 행사를 가급적 빨리 해야겠다는 생각이 들었다.

4월 초에 1차 학급문고 보내기 행사를 모두 끝내고 나서 부지런히 책을 모았다. 이때 출판사 대표들과 영업자들을 많이 만났다. 솔직히 말해 출판사에 다닐 때는 책을 보내달라는 요청이 많아서 짜증이 나곤 했다. 이상하게도 우리나라는 출판사에 책을 보내달라는 요청이 많이 온다. 교도소 재소자들에게서 가장 많이 오고, 재정적으로 어려운 기관에서도 많이 요청한다. 심지어는 공공도서관에서 공문 형식으로 요청하는 황당한 경우도 있다. 도서관을 개관했는데 도서 구입비를 확보하지 못해 책이 부족하니 책을 기증해달라는 것이다. 지금은 이런 황당한 일은 없으리라 믿는다.

이런 상황을 누구보다 잘 알기에 출판사에 책 기증을 요청하는 일은 무척 조심스러웠다. 그렇지만 새로운 독서운동을 시작하는 상황에서 독서운동이 학교 현장에 자리를 잡는 데 학급문고 살리기는 꼭 필요한 일이었기에 출판사에 도움을 요청할 수밖에 없었다. 출판사 관계자들에게 아침독서운동을 설명하면서, 독서운동이 성공적으로 진행되면 학급문고나 학교도서관의 도서 구입이 확대될 것이라고 얘기했다. 또한 아침독서운동을 통해 아이들에게 책 읽는 습관을 길러주면 아이들이 좋은 독서가로 자라 책을 많이 사게 될 테니, 장기적으로 보면 출판사에 도움이 될 수 있다고 설득했다. 지금 책을 기증하는 일이 당장은 출판사에 손해가 되겠지만 장기적으로는 도움이 되고, 우리 사회의 미래를 위해서도 필요한 일이니 함께 해달라고 호소했다.

대부분의 출판인들은 꼭 돈을 벌기 위해 출판을 하는 것은 아니다. 책을 좋아하고, 자신이 책을 좋아하는 만큼 다른 사람들도 책을 많이 읽었으면 하는 마음에 책을 만드는 사람도 많다. 특히 어린이책과 청소년책을 내는 출판인은 우리의 미래인 아이들이 좋은 책을 읽고 행복하게 살아갔으면 하는 선한 마음을 갖고 일한다. 이렇게 선한 마음을 가진 출판인들이 기꺼이 생명과도 같은 책을 학급문고용으로 기증해주었다. 이때 많은 출판사 대표들이 도움을 주었는데, 그중에서 푸른숲의 김혜경 대표와 보림출판사의 권종택 대표가 큰 힘을 실어주었다. 푸른숲의 김혜경 대표는 당시 단행본 출판사의 연합단체인 한국출판인회의의 회장이었는데, 아침독서운동에 큰 관심을 갖고 적극적으로 도와주었다. 보림출판사의 권종택 대표는 어린이도서관연구소 시절부터 많은 도움을 준 고마운 분이다. 그 밖에도 많은 출판사에서 호의를 갖고 귀한 책을 기꺼이 기증해주어 2005년 학급문고 보내기 행사를 원활하게 진행할 수 있었다.

2005년 2차 학급문고 보내기 행사는 5월에 진행하여 75개 학급에 3,080권의 학급문고를 보냈고, 3차 행사는 개별 학급뿐만 아니라 학교를 선정하여 지원했다. 아침독서운동 실천 사례를 학급뿐만 아니라 학교 차원에서 발굴하는 것도 필요했기 때문이다. 3차 행사는 학교까지 지원 대상을 넓혔기 때문에 발송 규모도 대폭 늘어났다. 학급은 초등학교 81학급, 중학교 48학급, 고등학교 10학급 등 139학급을 지원했고, 학교는 초등학교 27교, 중학교 21교, 고등학교 12교 등 60개 학교를 지원했다. 지원한 책은 무려 1만 4,000여 권에 달했다.

학급문고 보내기 행사가 알려지고 아침독서운동도 많이 확산되었기 때문에, 예상보다 많은 학교와 학급에서 신청해 책 마련에 애를 먹었다. 사무실에 있던 책을 모두 보내고도 여러 출판사에 부탁

해야 했다. 책을 싸서 보내는 일도 만만치 않았다. 지금은 학급문고 보내기 행사를 할 때 법인 로고가 새겨진 전용 박스를 제작해서 보내지만, 그때는 그럴 형편이 안 되었기 때문에 근처에 있는 대형 할인점에서 빈 박스를 가져와 책을 싸야 했다. 책 싸는 일도 상근 직원이 없었기 때문에 대부분 혼자 했다. 출판사에서 기증한 책을 학년별로 선별하여 책꽂이에 꽂고 박스에 책을 싸는 일은 결코 쉽지 않았지만, 책을 읽을 아이들을 생각하며 즐거운 마음으로 작업했다. 15평 작은 사무실에 책 놓을 공간이 도저히 없어서, 학급문고를 보내는 기간에는 임시로 오피스텔 한 칸을 더 빌려야 할 정도였다. 지금 돌이켜 보면 2005년 한 해 동안 2만 권에 가까운 책을 발송했다는 게 믿어지지 않는다. 열정이 넘치던 시기였으니 가능한 일이었다.

2005년 한 해 동안 학급문고 보내기 행사를 세 차례나 진행하면서 많은 경험을 쌓을 수 있었다. 또한 학급문고 행사를 통해 아침독서운동의 좋은 실천 사례들을 많이 발굴할 수 있었다. 이렇게 확보한 아침독서 실천 사례는 그해 겨울에 정리해서 2006년 2월에 《대한민국 희망 1교시 아침독서 10분 - 초등학교 편》《대한민국 희망 1교시 아침독서 10분 - 중고등학교 편》으로 출간했다. 아침독서운동 시행 1년 만에 우리나라만의 실천 사례집을 두 권이나 내게 되니 무척 기뻤다. 솔직히 외국에서 진행된 독서운동을 벤치마킹한 상황이라 과연 우리나라에서도 이 운동이 잘 진행될 수 있을지 반신반의하는 마음이 있었다. 그런데 막상 시작해보니 일본보다 훨씬 좋은 사례가 많았고, 아침독서운동의 성공에 대한 확신을 가질 수 있었다.

학급문고를 좋은 책들로 채우려면

아침독서운동이 제대로 성과를 거두려면 가장 선결되어야 할 과제가 학급문고를 좋은 책들로 채우는 일이다. 이를 위해 여러 교육 주체가 힘을 합해야 한다.

교육청

학급문고를 살리는 가장 바람직하고 쉬운 방법은 교육청에서 학급문고용 예산을 책정해서 지원하는 것이다. 실제로 교육청에서 학급문고용 예산을 책정하여 지원한 사례가 있다. 다른 시도교육청에서도 이를 참조하여 학급문고용 예산을 책정해서 지원할 수 있기를 기대한다.

학부모

학급문고를 교육청의 지원금이나 학교 예산으로만 마련할 수는 없다. 현재 학급문고가 부실한 것은 학부모들이 학교에서 학급문고용 책을 가져오라고 하면 집에서 가장 오래되고 버려도 좋은 책을 보내기 때문이다. 내가 좋은 책을 보내야 다른 사람도 좋은 책을 보낸다. 모든 학부모가 추천도서 목록 등을 참고하여 좋은 책을 보낸다면 학급문고는 금방 좋은 책들로 가득 찰 것이고, 아이들이 그 책들을 즐겁게 보게 될 것이다. 학기 초나 스승의 날 혹은 자녀 생일 때 학급에 선물하고 싶다면 책을 보내면 좋겠다. 정성껏 고른 책 몇 권을 들고 자녀의 교실로 향하는 사회적 분위기가 이루어지길 고대한다. 그리고 이렇게 조성한 책이 모자란다면 한 달을 주기로 옆 반과 바꿔 보는 것도 괜찮은 방법이다.

최근에 김영란법이 시행되면서 학교에 책을 기증하는 게 다소 부담스러워졌다. 이 경우 학부모가 책을 기증하는 형식이 아니라 학기 중에 책을 교실에 맡기는 형식으로 하면 될 것 같다. 학기가 끝나면 맡겨놓은 책을 집으로 가져오는 것이다. 좋은 취지의 김영란법이 엉뚱하게 아이들에게 피해를 입혀서는 곤란하다.

출판사와 서점

학급문고 살리기에 이해관계가 있는 출판사와 서점이 깊은 관심을 갖고 참여하길 기대한다. 학교 선생님이나 학부모와 얘기를 나눠보면 책 구입에 대한 부담이 컸다. 이러한 부담을 줄여주기 위해 출판사에서 학급문고용으로 별도의 보급판을 내면 좋을 것 같다. 표지 형태를 바꾸거나 종이 질을 낮추는 방식으로 제작 원가를 낮춰 학급문고를 겨냥한 보급판을 내면 교사나 학부모에게 좋은 반응을 얻으리라 생각한다. 서점에서는 이렇게 만들어진 학급문고용 책을 별도로 전시해서 학부모가 학급에 기증할 학급문고를 편하게 구입할 수 있도록 배려하면 좋겠다. 특히 신학기에는 학급문고용 매대를 특별히 만들어서 학급문고로 좋은 책을 보내는 사회적 분위기가 조성되기를 바란다.

모교에 학급문고 보내기

꼭 자녀의 학급이 아니더라도 본인이 졸업한 학교에 학급문고를 보내는 사회적인 운동도 병행해서 이루어지면 좋겠다. 어렸을 때 책이 없어서 제대로 된 독서를 하지 못한 것이 안타까운 어른들이 있다면 후배들에게 좋은 책을 보내줄 수도 있다. 무엇보다도 의미 있는 선물이 될 것이다. 이런 일에 성공한 기업가나 사회 지도층 인사들이 앞장서면 좋겠다. 언론에서도 적극적으로 관심을 갖고 함께 추진한다면, 많은 사람이 참여하게 될 것이다.

공공도서관

공공도서관에서는 관내에 있는 학교를 대상으로 단체 대출을 적극적으로 시행하기를 바란다. 일본의 경우에는 공공도서관의 단체 대출이 일상적으로 이루어져 많은 학교에서 혜택을 보고 있다. 도서관 담당자들의 관심과 성원을 기대한다.

이와 같이 학급문고를 살리는 운동에 사회의 각계각층이 관심을 갖고 참여할 때, 학교의 아침이 바뀌고 책을 통해 행복을 느끼는 아이들이 많아지리라 확신한다.

학급문고 살리기, 기업과 협력하다

출판사의 호의와 적극적인 협조 덕분에 2005년에 학급문고 살리기 사업은 성공적으로 진행되었다. 그렇지만 언제까지 출판사에 부담을 주는 방식으로 학급문고 사업을 진행할 수는 없었다. 아침독서운동을 시작할 때부터 이 운동이 출판계에도 도움을 주어야 한다고 생각했다. 처음에는 어쩔 수 없이 출판계의 도움을 받는다고 해도, 장기적으로는 출판계에 도움을 주는 방식으로 진행해야 바람직하다.

출판계에 도움을 주는 방식으로 학급문고 살리기 사업을 하려면 외부에서 재원을 끌어오는 게 좋겠다는 생각이 들었다. 외부 재원이라면 공공부문이나 기업을 생각할 수 있는데, 현실적으로 공공 예산을 따오는 일은 학급문고 살리기의 성격상 어렵다고 보고 기업에서 재원을 마련하는 방안을 다각도로 찾아보았다.

아는 인맥을 총동원해 기업의 사회공헌팀과 접촉을 추진하던 중에 의외로 쉽게 일이 풀렸다. 당시 포털사이트인 네이버에서 출판계와 협력 사업을 진행하면서 일정 기금을 독서운동에 지원할 계획을 갖고 있었다. 출판계에서 네이버와 접촉하는 창구를 맡은 당시 대한출판문화협회와 한국출판인회의의 담당자들이 아침독서운동에 이 기금을 후원하도록 연결시켜주었다. 그 덕분에 2006년에 네이버에서 학급문고 살리기 사업의 재원으로 2억 원을 후원받을 수 있었다. 네이버와의 제휴는 큰 규모의 기금 지원도 도움이 되었지만, 영향력이 막대한 포털사이트에서 홍보할 수 있는 기회가 되었기에 아침독서운동이 널리 알려지는 데 큰 도움이 되었다. 네이버가 후원한 학급문고 지원 행사는 두 차례에 걸쳐 진행되어 모두 415개 학급에 2만 750권의 책과 예쁜 초록색 책꽂이를 보내주었다.

그해 6월 26일에는 〈국민일보〉, 대한출판문화협회와 아침독서운동의 성공을 위해 서로 협력할 것을 합의하는 '아침독서운동 추진 협약식'을 열었다. 이 협약에 따라 〈국민일보〉는 아침독서운동 기획 기사를 15차례에 걸쳐 전면 기사 형식으로 게재하여 아침독서운동을 다각도로 조명했다. 그리고 학급문고 보내기 모금도 진행하여 약 1억 원을 모금했다. 이 기금으로 178개 학급에 학급문고 60권씩과 책꽂이를 보내주었다. 2006년 한 해에만 공식적으로 3만 1,430권의 학급문고를 보내주었고, 선정에서 탈락한 학급에는 행복한아침독서가 보유한 책을 따로 보내주었다. 〈국민일보〉의 적극적인 협력은 당시 문화부의 김남중 기자가 열정을 갖고 추진한 덕분에 이뤄질 수 있었다. 이후로도 김남중 기자는 기회가 날 때마다 관심을 갖고 아침독서운동에 관한 기사를 실어주었다. 그래서 늘 고마운 마음을 갖고 있다.

이렇게 2006년에 포털사이트와 일간지에서 연속으로 아침독서운동과 학급문고 보내기 캠페인을 진행하면서 학교 현장에 상당한 파급력을 가져왔고, 일반 국민에게도 많이 알려졌다. 특히 학급문고의 중요성에 대한 인식을 환기시킨 것이 큰 의미가 있었다. 이렇게 전국적으로 600여 학급에 엄선된 학급문고와 예쁜 책꽂이가 전달되면서 해당 학교마다 반향을 일으켰다.

이후로도 학급문고 살리기 사업은 기업의 후원이 있을 때는 후원금으로, 후원이 없을 때는 자체적으로 보유한 책을 보내주며 꾸준히 진행했다. 12년 동안 보낸 책을 합해보니 17만 권 정도다. 많은 아이들이 교실에서 즐겁게 책을 읽었을 것이라 생각하니 흐뭇하다. 더불어 교원복지비나 성과급, 학급운영비 등을 사용해 학급문고를 구입하는 교사들도 많이 늘었다. 물론 자비로 학급문고를 채우는 교사들도 많다. 아침독서운동 초창기와 비교할 때 학급문고에 대한 인식이 높아진 것 같아 큰 보람을 느낀다.

2011년에 KB국민은행의 후원으로 학급문고 보내기 행사를 진행했는데, 이때 지원받은 거제경남산업고 장은경 선생님과 반 아이들의 글을 소개한다. 이 글을 통해 학급문고 보내기 행사의 가치에 대해 공감하길 기대한다.

책 부자 반으로 유명해진 콧대 높은 우리 반 아이들

장은경_거제경남산업고 1학년 7반 담임교사

전문계고 아이들에게 처음으로 독서를 시작하자고 제안했을 때 아이들 표정이 생각납니다. 우리 아이들은 독서의 두 글자만 들어도 벌써 저를 고리타분한 사람으로 생각합니다. 그리고 대부분 가정이 어렵고 편부모 가정에서 자라거나 조부모 아래에서 자라서 도덕성도, 자신감도, 자존감도 떨어집니다. 맞춤법과 띄어쓰기도 잘 안 되는 아이들에게 아침독서를 하자고 하니 아이들은 머리에서 쥐가 났겠죠.

하지만 1개월의 설득 끝에 억지로 아이들에게 허락을 받아냈습니다. 아이들은 일단 책상에 앉아 있는 것도 제대로 연습이 안 돼 처음에는 제 눈치를 보며 읽다가 나중에는 책을 베고 잠들었습니다. 하지만 저는 하루도 빠지지 않고, 하물며 출장이 있을 때도 다 같이 아침독서를 하고 출장을 다녀왔습니다. 그러면서 아이들이 서서히 책을 읽기 시작했습니다.

어느 정도 아침독서를 하는 아이가 늘어갈 때쯤 행복한아침독서에서 도서지원행사를 한다는 소식을 알게 되었습니다. 저는 무척 기뻐서 다음 날 아침 조례에 들어가 아이들에게 이 소식을 전했습니다. 하지만 자신감이 부족한 우리 반 아이들은 "샘, 그거 해도 당첨 안 될걸요. 귀찮게 그냥 하지 마세요"라고 시큰둥하게 대답했습니다. 저는 정말 세상이 노력해도 안 되는지 너희들에게 보여주겠다며 큰소리치고는 준비를 시작했습니다. 사실 큰소리를 쳤지만 저도 크게 기대는 하지 않았습니다. 하지만 우리 반 아이들의 예상과는 달리 행복한아침독서는 제 편이 되어 주었습니다.

2학기에 개학하여 아이들은 이 소식에 놀랐고, 반에 책과 책꽂이가 들어오는 순간 아이들은 저를 만나고 처음으로 손뼉을 치며 좋아했습니다. 그리고 서로 새 책에 스티커를 붙이고 책을 구경하느라 난리가 났습니다. 우리 아이들은 평소 누군가에게 사랑도 받지 못하고, 행운도 따르지 않는 아이들이었다고 스스로 생각합니다. 하지만 100권의 책과 책꽂이가 도착한 날 조금은 생각이 달라진 것 같습니다. 또한 우리 반에는 새 책이 많다며 자랑하고 다녔습니다. 누군가가 책이 많다고 칭찬하면 엄청난 자신감과 자부심을 보였습니다.

저는 이러한 분위기를 몰아 먼저 학급문고의 책을 하루에 한 권 정도 읽고 아이들에게 조례시간에 매일 광고했습니다. 이야기를 하다가 결과를 알려주지 않으면 아이들은 궁금해서 미치려고 합니다. 특히 몇 권의 재미있는 동화책은 읽지 않은 아이들이 없습니다. 그리고 제가 아침독서시간에 읽는 책에 관심이 많아서, 제가 읽고 나서 반납한 책은 곧바로 누군가가 대출을 해 갑니다. 우리 반은 독서를 시작하면서 엄청나게 아침시간이 조용해졌습니다. 그리고 진지한 분위기에서 1교시 수업을 맞이하게 되었습니다.

처음에 수업 분위기나 성적이 꼴찌였습니다. 하지만 2학기 중간고사부터는 태도가 달라졌고, 덩달아 제 잔소리도 줄었습니다. 성적도 달라졌습니다. 교과 담당 선생님들과 순회 지도를 하시는 교장선생님께서 저희 반의 조례시간을 보고 놀라시곤 했습니다. 이렇게 우리 반의 아침독서운동은 자리를 잡아가고 있습니다. 학교로 우리 반의 이야기가 실린 〈아침독서신문〉이 도착했을 때, 27개 학급에 돌리며 자랑하고 아침독서운동을 권해드렸습니다. 많이 설득하지는 못했지만, 지금 저희 옆반이랑 조리과 한 반이 늦게라도 아침독서를 시작했습니다.

사실 우리 학교는 아이들이 지각을 많이 하는 편입니다. 아침에 깨워주고 보듬어줄 부모님이 곁에 계시지 않기 때문입니다. 그러면 저는 지각한 아이들을 지각한 만큼 남겨서 독서를 시킵니다. 하지만 12월 현재 우리 반은 지각하는 학생이 거의 없습니다. 요즘은 우리 반은 작은도서관이라는 자부심과 함께 연말 독서왕이 되기 위해서 아주 열심히 책을 읽고 독서노트를 정리하고 있습니다. 뭐든지 해도 안 된다던 아이들이 당연히 우리 반이 독서왕이 될 거라며 큰소리치고, 교장선생님께 상 받을 준비를 하고 있습니다.

아침독서는 소중한 아침 시간에 우리를 하나로 만들어주었습니다. 우리 반은 독서를 하면서 자연스럽게 학습을 하는 분위기가 조성되었고, 성적이 올라가면서 뭐든지 할 수 있다는 자신감이 생겼습니다. 세상에서 가장 부정적이고 적극적이지 못한 아이들이 매사에 최선을 다하려고 노력하는 아이들로 변한 것이 너무나 신기합니다. 제가 유달리 다른 처방을 한 것은 없지만, 학급문고 운영 하나는 정말 잘한 일 같습니다. 모든 학교의 선생님들께 추천해드리고 싶습니다.

행복한학급문고는 내 인생의 전환점

최다진 학생

2학기가 시작되고 우리 반에 책 100권이 들어왔다. 선생님이 행복한아침독서에 우리의 아침독서 사연을 보내 아침독서 우수사례에 뽑혀 행복한학급문고를 받았고, 우리 이야기도 책에 실리게 되었다.

아침 시간에 책 읽기는 1학기 때부터 했지만, 반에 책이 많이 없어서 잘 읽게 되지 않았다. 하지만 행복한학급문고가 들어오면서 아침에 선생님이 들어오시지도 않았는데 자연스럽게 독서를 시작하게 된다. 내가 여태껏 읽어보지 못했던 다양하고 재미있는 책이 100권이나 있으니 책 읽기에 별로 관심이 없던 나도 학급문고의 새 책을 만지고 싶어서 독서에 흥미를 가지게 되었다. 책을 한 권씩 읽을 때마다 그 책을 읽고 느낀 점이나 나에게 주는 교훈을 생각하면서 독후감을 쓰게 되니 글을 쓰는 어휘력도 향상되는 느낌이다. 책을 읽을 때마다 내가 몰랐던 사실이나 새로운 지식이 점점 쌓여가는 것 같아서 너무나 기분이 좋고, 책을 더 많이 읽고 싶다는 욕심이 생긴다.

책 읽기는 성적 향상에도 정말 좋은 영향을 미치는 것 같다. 성적과 책 읽기가 무슨 관련이 있나 싶지만, 평소 집중력이 좋지 않던 나도 책을 자주 읽기 시작하면서 끈기와 집중력이 좋아진 것 같다. 집중력이 좋아지다 보니 저절로 공부에도 집중해서 끈기를 가지고 할 수 있게 되었다. 나는 1학기 때부터 점점 성적이 향상되어 이제 우리 반에서 3등까지 한다. 이처럼 책은 내게 많은 것들을 선물해주었다. 행복한학급문고가 우리 반에 들어와서 정말 나의 학교생활이 보람되고 행복하다.

모든 교실이 도서관이 되는 그날까지

교사들을 대상으로 연수를 진행할 때마다 강조하는 게 두 가지인데, 책 읽는 교사가 되어달라는 것과 학급문고 운영이다. 아침독서 활동이 잘되는 데 가장 중요한 것이 열정을 가진 교사의 꾸준한 실천이라면, 이를 뒷받침하는 가장 중요한 환경은 좋은 책으로 꾸려진 학급문고라 할 수 있다. 우리 반의 학급문고를 아이들 입장에서 객관적으로 살펴보고, 부족하다고 느껴진다면 학급문고 리모

델링을 추진하면 좋겠다.

아침독서운동을 처음 시작했을 때와 비교하면 학급문고에 대한 인식이 많이 개선되었고, 실제로 학급문고의 질도 월등하게 좋아졌다. 요즘에는 학급문고의 중요성을 인식한 학교에서 학교 예산으로 학급문고를 지원하는 경우도 많이 늘어났다. 또한 학교도서관이 각 학급에 도서관 책을 단체 대출하는 경우도 많다고 하니 반가운 일이 아닐 수 없다.

무엇보다 학기 초에 아이들이 집에서 가져온 책으로 대충 만드는 게 학급문고의 전부라고 생각하던 인식이 개선된 것은 큰 발전이다. 3월에 학급문고를 만들어놓고 1년 내내 변화가 없던 문화도 많이 바뀌어, 꾸준히 학급문고용 책을 구입하는 교사도 많다. 급여의 1퍼센트는 아이들을 위해 책을 산다는 교사도 있고, 성과급이나 복지카드를 학급문고 구입에 활용하는 교사도 있다. 촌지가 사라진 학교 문화에서 기꺼이 즐거운 마음으로 책을 선물하는 학부모도 늘었다. 책은 학부모가 선물하기에도 좋고 교사가 받기에도 좋은, 두루두루 행복한 촌지다. 물론 그 혜택은 온전히 아이들에게 돌아간다.

이제 학급문고는 업그레이드를 고민할 시점이다. 학급문고가 교실에 소박하게 비치하는 책 몇 권이라는 인식에서 벗어나야 한다. 이제는 교육과정에 실질적인 도움을 주고, 아이들의 삶을 변화시키는 교실 도서관이라는 새로운 목표를 가지면 좋겠다. 담임교사가 아이들을 위해 정성껏 마련한 학급문고는 아이들을 즐겁게 만들고 성장시키는 거름이 될 것으로 믿는다.

매월 한두 번 쉬는 주말에 동네에 있는 책방이나 시내 큰 책방에 가서 평소에 만들어두었던 목록에 있는 책을 실컷 보고 그중에서 몇 권의 책을 구입하는 일은 아주 즐거운 나들이다. 때로는 아이들과 함께 가도 좋다. 담임교사가 학급문고에 넣을 책에 대한 첫 독자가 되고, 교사가 읽은 책을 아이들에게 소개하며 학급문고를 한 권 한 권 채워가는 일은 교사가 누릴 수 있는 큰 즐거움 중 하나가 될 거라고 믿는다.

오래전부터 이 땅의 모든 교실이 도서관이 되면 참 좋겠다는 꿈을 품어왔다. 도서관 같은 교실에서 아이들이 생활하는 꿈을 꾸는 일은 언제나 즐겁다. 책의 향기가 가득한 도서관과 같은 교실에서 많은 시간을 보낸 아이들은 자연스럽게 책과 친해질 것이다. 초·중·고등학교 12년 동안 도서관 같은 교실에서 자란 아이들이 좋은 독서가로 성장하는 일은 아주 자연스러운 일이다. 많은 교사들은 교실에 책이 많으면 아이들이 한결 차분해지고, 항상 책과 가까이하는 분위기가 형성된다고 말한다. 그런 멋진 교실에서 자란 아이들은 인성적으로도 좋은 아이들로 클 것으로 확신한다.

학급문고를 좋은 책으로 채우는 일은 우리 아이들을 위한 가장 확실한 투자다. 교실에 있는 몇 권의 책이 아이들을 평생 독자로 이끄는 계기가 되고 삶을 바꿀 수도 있으니, 많은 교사들이 학급문고에 관심을 갖고 좋은 책으로 꾸리기를 기대한다. 전국의 모든 교실이 작은도서관이 될 수 있다면 우리 교육의 어두운 부분은 상당 부분 희망으로 바뀔 것으로 확신한다. 도서관 같은 교실을 만드는 일에 많은 이들이 관심을 가지기를 기대한다.

학급문고, 어떻게 만들까?

학교에서 독서교육을 잘한다고 소문난 교사들을 많이 만났는데, 이들의 공통점은 하나같이 책을 좋아하고 '나만의 학급문고'를 가지고 있다는 점이었다. '나만의 학급문고'는 학급문고의 책을 담임교사가 꼼꼼하게 골라서 만든 것이다. 외부의 지원이나 학부모의 도움을 받을 수도 있겠지만 이러한 도움은 부차적인 것이고, '나만의 학급문고'의 중심은 담임교사가 직접 선택한 책들이다. 우리 반 아이들이 읽었으면 하는 책을 담임교사가 정성껏 골라 한 권한 권 마련한 학급문고가 있는 교실에서 독서교육은 다 이뤄진 것이나 다름없지 않을까 싶다.

이렇게 '나만의 학급문고'를 만들려면 교사들이 부지런해야 한다. 《하루 30분 혼자 읽기의 힘》의 저자인 낸시 앳웰은 학급문고가 아이들의 다양한 기호를 충족시켜주려면 한 아이당 적어도 20권이상의 책이 필요하다고 말한다. 낸시 앳웰은 아무리 일이 많아도 학급문고를 잘 꾸리기 위해 많은 시간을 할애한다. 그녀는 매달 두세 번은 어린이·청소년책 목록을 잔뜩 들고 서점에 간다. 서점에 가서는 구석구석 돌아다니며 아이들이 즐겁게 읽을 만한 책을 살펴본다. 반 아이들 한 명 한 명의 취향과 기호를 생각하면서 책을 고른다. 그녀는 이렇게 서점에 가서 직접 책을 보고 학급문고를 고르지만, 서점에 가기 전에 어린이·청소년책을 소개하는 잡지나 신문기사, 공공도서관의 추천도서 목록을 꼼꼼하게 살피는 수고를 아끼지 않는다.

모든 교사가 낸시 앳웰처럼 할 수는 없겠지만, 좋은 학급문고를 만들기 위해 들이는 그녀의 노력은 참고할 만한 가치가 있다. 좋은 책에 대한 정보는 약간의 노력만 기울이면 얻을 수 있다.

어린이·청소년책을 가려 읽고 나름대로의 기준에 맞는 추천도서를 선정하여 발표하는 독서운동단체들이 있다. 이런 독서운동단체에서 추천하는 추천도서들은 상업적인 목적이 아닌 독서운동차원에서 추천하는 목록이므로 가장 먼저 참고할 만하다. 추천도서를 발표하는 독서운동단체 중 대표적인 단체는 다음과 같다.

- (사)행복한아침독서 www.morningreading.org
- (사)어린이도서연구회 www.childbook.org
- (사)책으로따뜻한세상만드는교사들 www.readread.or.kr

이 중에서 ㈜행복한아침독서는 어린이책과 청소년책을 골고루 추천하고, ㈜어린이도서연구회는 어린이책이 중심이며, 중고등학교 교사들로 구성된 ㈜책으로따뜻한세상만드는교사들은 청소년책을 추천한다.

그리고 어린이·청소년책에 대한 다양한 정보를 담은 정기간행물은 신간 도서를 주로 다루므로 최근에 나온 책 정보를 얻기에 유용하다. 신문마다 매주 한 번씩 책 소개 꼭지가 실리니 이를 참조해도 좋다. 신문에 실린 책 소개 기사는 굳이 신문을 찾아보지 않아도 인터넷으로 확인할 수 있으니 편리하다. ㈜행복한아침독서가 매월 발간하는 독서 정보지 4종은 스마트폰 앱인 '행복한독서'를 통해 과월호부터 최신호까지 무료로 볼 수 있다. 더불어 여러 인터넷 서점에서도 책 분류를 잘 해놓고 있으니 활용하면 도움을 받을 수 있다.

- 〈초등아침독서〉〈중고등아침독서〉(어린이/청소년 독서 정보지, ㈜행복한아침독서 발행, 월간)
- 〈월간 그림책〉(그림책 독서 정보지, ㈜행복한아침독서 발행, 월간)
- 〈동네책방동네도서관〉(동네 책방과 도서관을 다루는 독서운동 정보지, ㈜행복한아침독서 발행, 월간)
- 〈학교도서관저널〉(학교도서관 관련 전문지, 월간, 유료)
- 〈열린어린이〉(어린이책 서평지, 월간, 유료)

- 〈창비어린이〉(창비 발행, 계간, 유료)
- 〈동화 읽는 어른〉(어린이도서연구회 발행, 월간, 유료)
- 〈도서관 이야기〉(국립어린이청소년도서관 발행, 월간, 무가지)
- 〈책&〉(한국출판문화산업진흥원 발행, 월간, 무가지)
- 〈출판저널〉(피알엔코리아 발행, 월간, 유료)

현직 교사들이 쓴 서평집에 소개된 책을 참고해도 좋다. 서평집은 많이 있지만, 현직 교사들이 직접 쓴 책은 독서교육과 연계되어 있으므로 실질적인 길잡이 역할을 해준다. 책을 잘 모를 경우, 이처럼 독서교육에 내공이 깊은 선배 교사들을 벤치마킹하여 따라가다 보면 어느새 눈도 트이고 길도 만들어진다.

초등학교용
- 《그림책을 읽자 아이들을 읽자》, 최은희 지음 / 15,800원 / 에듀니티
- 《그림책 읽는 즐거운 교실 1, 2》, 전국초등국어교과모임 지음 / 1권 17,000원, 2권 23,000원 / 휴머니스트
- 《그림책에서 찾은 책 읽기의 즐거움 1, 2》, 강승숙 외 지음 / 각 권 10,000원 / 휴머니스트
- 《꿈에 날개를 달아주는 진로독서》, 전국학교도서관담당교사 경남모임 지음 / 14,000원 / 대원사
- 《나를 불편하게 하는 그림책》, 최은희 지음 / 13,500원 / 낮은산

- 《동화로 여는 국어 수업, 동화로 크는 아이들》, 최은경 지음 / 16,000원 / 상상의힘
- 《마음으로 떠나는 그림책 여행》, 김용찬 · 김숙영 공저 / 15,000원 / 학지사
- 《마음으로 떠나는 그림책 여행 2》, 김용찬 지음 / 17,000원 / 학지사
- 《선생님, 우리 그림책 읽어요》, 강승숙 지음 / 15,000원 / 보리
- 《선생님과 함께하는 우리 반 독서치료》, 경기초등상담연구회 지음 / 12,000원 / 학지사
- 《아이 스스로 즐기는 책벌레 만들기》, 김서영 지음 / 11,000원 / 국민출판
- 《읽어주며 키우며》, 강백향 지음 / 11,000원 / 교보문고
- 《이야기 넘치는 교실 온작품 읽기》, 신수경·이유진·조연수·진현 지음 / 16,000원 / 북멘토
- 《초등 공부에 날개를 단다》, 강백향 지음 / 14,000원 / 한봄
- 《학교로 간 그림책》, 최은희 지음 / 16,000원 / 상상의힘
- 《행복한 독서토론》, 권일한 지음 / 15,000원 / ㈜행복한아침독서

중고등학교용

- 《10대 마음 10大 공감》, 김미경 · 이수정 · 지현남 지음 / 12,000원 / 찰리북
- 《가치 있는 책 읽기 같이 있는 책 읽기》, 조영수 지음 / 12,000원 / 찰리북

- 《교실 밖 아이들 책으로 만나다》, 고정원 지음 / 12,000원 / 리더스가이드
- 《국어 샘과 진로 샘이 함께 만든 진로독서》, 김영찬 외 지음 / 14,000원 / 우리학교
- 《국어 샘과 도덕 샘이 함께 만든 인성 독서》, 구본희 · 김대경 지음 / 13,000원 / 우리학교
- 《너희가 책이다》, 허병두 지음 / 13,000원 / 청어람미디어
- 《서툰 청춘을 위한 다독다독》, 허병두 지음 / 16,000원 / 청어람미디어
- 《선생님의 책꽂이》, 청양교사독서모임 간서치 지음 / 17,000원 / 작은숲
- 《성장을 위한 책 읽기》, 안광복 지음 / 14,000원 / 학교도서관저널
- 《책따세와 함께하는 독서교육》, 책으로따뜻한세상만드는교사들 지음 / 13,000원 / 청어람미디어
- 《책으로 크는 아이들》, 백화현 지음 / 13,000원 / 우리교육
- 《처음 시작하는 독서동아리》, 김은하 지음 / 14,000원 / 학교도서관저널
- 《책숲에서 길을 찾다》, 류대성 지음 / 13,000원 / 휴머니스트
- 《청소년을 위한 북 내비게이션》, 류대성 지음 / 15,000원 / 휴머니스트
- 《푸른 영혼을 위한 책 읽기 교육》, 허병두 지음 / 13,000원 / 청어람미디어

이처럼 어린이·청소년책에 대한 정보를 얻는 방법은 다양하지만, 가장 좋은 것은 담임교사가 직접 책을 보고 구입하는 것이다. 여러 매체를 통해 검토할 만한 목록을 만들고 한 달에 한두 번 정

도 정기적으로 서점에 가서 직접 책 내용을 확인하면 좋겠다.

학급문고에 대한 글을 쓰다 보니 생각나는 선생님이 있다. 〈아침독서신문〉 2호에 학급문고에 대한 기고 글을 보내주신 당시 서울신북초등학교 정승미 선생님이다. 정 선생님은 아침독서운동에 처음부터 관심을 보였고, 2005년 신학기부터 아침독서시간을 운영했다. 학급문고에도 적극적인 관심을 갖고 학부모와 함께 좋은 학급문고를 꾸리는 모범 사례를 만들었고, 그 내용을 정리해서 글로 보내주었다. 정 선생님께서 학급문고 만들기와 관련해서 반 학부모에게 보낸 학부모 통신도 아침독서운동 카페에 공개하여 다른 교사들이 많이 참조했다. 그 후로도 선생님은 아침독서운동에 적극적으로 참여하시고 때때로 후원금을 보내주며 격려해주었다. 그런데 안타깝게도 몇 년 후 지병이 악화되어 젊은 나이에 돌아가시고 말았다. 정승미 선생님을 추모하며 선생님께서 〈아침독서신문〉에 학급문고에 대해 기고하신 글을 소개한다.

학부모와 함께 만드는 학급문고

정승미_서울신북초 교사

교사 생활을 할수록 교육은 교사 혼자의 힘만으로 이루어지지 않으며 학부모의 올바른 관심과 참여가 있을 때 더 큰 효과가 있음을 절감합니다. 학급문고도 학기 초 학급에 필요한 것을 준비해주시려는 열의 있는 학부모의 도움으로도 가능하지만, 올해는 많은 학부모들의 관심과 참여 속에 시작하고 싶어 독서 교육의 첫 단추를 좋은 학급문고 만들기로 시작했습니다.

새 학년이 되어 교실에 와보니 책 권수는 많았지만 아이들에게 권하고 싶은 책들은 별로 없었습니다. 그래서 과감하게 오래된 책, 너무 낡거나 지저분한 책, 흥미 위주의 책을 골라냈습니다. 그러고 나니 책이 몇 권 남지 않았습니다. 집에 있는 책 중에서 아이들에게 읽히기에 적당한 책을 가져와서, 3월부터 아침 10분 책 읽기와 책 읽어주기를 시작했습니다.

3월 중순에 열린 학부모 총회 때 올 한 해 가장 중점을 두어서 지도할 부분이 독서교육임을 이야기하고, 10분 책 읽기, 독서 릴레이 등의 방법을 학급문고의 활용과 함께 구체적으로 안내했습니다. 효과적인 독서 교육을 위해서 엄선된 학급문고가 필요하다는 사실을 강조하고 어떤 방법으로 학급문고를 모을 것인지에 대해 자세하게 안내했습니다.

독서 교육은 책을 읽는 것만이 중요한 게 아니라, 좋은 책을 왜 읽어야 하며 좋은 책이란 무엇인지에 대해서도 함께 이야기했습니다. 대부분의 아이들이 흥미 위주의 책과 좋은 책을 함께 두고 선택하게 되는 경우에 흥미 위주의 책을 찾게 되는 실태를 예로 들면서 엄선된 학급문고의 필요성을 강조했습니다.

강제적이 아닌 자발적 참여를 위해 집에 있는 책을 보낼 때는 아이들에게 꼭 읽히고 싶은 책으로 선별해서 보내도록 하고, 새 책을 사서 보낼 분은 기증 권수를 적어주면 책이 중복되지 않도록 미리 조정해서 좋은 책 목록을 보내겠다고 이야기했습니다.

4월 초에 "학급문고를 보내주세요"라는 학부모 통신을 보냈습니다. 한 아이당 세 권이라고 제한했지만 몇몇 학부모들께서는 새 책으로 많은 책을 보내주었고, 3분의 2 정도의 학부모는 신간 도서를 기증하겠다는 참여 의사를 밝혀주었습니다. 저는 미리 좋은 책 목록을 선별하여 겹치지 않도록 책 제목을 아이들에게 적어주었습니다. 집에 있는 책 중에서 가져온 경우도 모두 좋은 책으로 선별하여 가져왔기 때문에 학급문고의 질이 한층 높아졌습니다. 학부모들의 참여로 150권, 아침독서추진본부에서 보내주신 40권의 책과 함께 총 300권 정도의 엄선된 학급문고를 갖추게 되었습니다.

아침에 오면 학급문고에 있는 책으로 아침 10분 책 읽기를 하며, 매주 독서 릴레이를 통해 두 권씩 대출해서 가정에서 부모님과 함께 책을 읽고 느낌을 나눌 수 있도록 안내합니다. 3월부터 꾸준하게 아침 10분 책 읽기를 해오고 있는데, 지금은 하루 중 가장 행복하고 조용한 시간이 되었습니다. 처음에는 집중하지 못하던 아이들도 이제 점점 책에 빠져들면서 책 읽기가 일상이 되어가고 있어요. 학교도서관을 찾는 아이들이 많아지고 자투리 시간에 책 읽으라고 말하기 전에 책을 읽는 아이들이 점점 늘어나고 있답니다. 일주일에 두세 번은 학급문고에 있는 책 중에서 책 읽어주기를 하는데, 제가 읽어준 책을 읽는 아이들을 볼 때면 참 행복해지고 학급문고가 중요하다는 사실을 다시 한 번 깨닫게 됩니다. 10분 책 읽기, 독서 릴레이, 책 읽어주기 등으로 저희 반은 날마다 좋은 책과 함께하는 행복을 맛보고 있습니다.

왜 아침독서운동인가?

그렇다면 나는 왜 아침독서운동에 주목하고 이를 시작했을까? 아침독서운동이 시작된 시기와 달리 스마트폰이 일상이 된 사회에서 아침독서운동은 여전히 유효한지, 질문을 던질 필요가 있다.

독서운동가로 살아가기로 결심하면서 아침독서운동에 주목한 것은 독서운동이 일회성 행사 위주로 진행되어서는 제대로 된 성과를 거두기 힘들다는 생각 때문이다. 우리 사회에서 독서운동은 다양한 형태로 진행되지만, 보여주기 식이나 자족적인 형태가 적지 않다. 독서가 일상이 되고 습관이 되는 게 중요한데, 이런 운동 방식이 효과적이지 않다는 건 자명한 사실이다.

아침독서운동은 아이들에게 학교에서 친구들과 선생님과 함께 매일 책 읽는 시간을 선물한다. 이렇게 독서가 일상이 되는 것이다. 아이들에게 날마다 책 읽을 시간을 만들어주는 것은 아이들의 삶을 바꾸는 작은 혁명이다. 이렇게 매일 아침 좋은 책을 통해 행복을 만끽하며 하루를 시작하는 여유를 아이들에게 선물하고 싶었다.

아침독서운동에 주목한 또 하나의 이유는 아이들을 대상으로 하는 독서운동이라는 점이다. 성인들은 판단 능력도 충분히 있고, 선택할 여지도 많다. 그렇지만 아이들을 둘러싼 환경은 본인들의 선택이라기보다는 주어지는 경우가 대부분이다. 한 아이가 어떤 집에서 태어나 자라는가 하는 것은 그 아이의 노력과는 아무런 상관이 없다. 단지 우연일 뿐이다. 어떤 아이는 운이 좋았고, 또 어떤 아이는 운이 나빴을 뿐이다. 그런데 문제는 우리 사회가 우연에 의해 결정된 환경이 그 아이의 삶을 결정할 가능성이 높은 사회가 되었다는 사실이다. 이것은 큰 문제라는 생각이 들었다. 한 아이가 어떤 가정에서 태어나고 어떤 학교를 다녔는가에 따라 인생의 질이 결정되는 사회는 결코 건강한 사회가 아니기 때문이다.

아이의 삶을 모두 바꿀 수는 없지만, 적어도 책을 읽을 수 있는 능력을 키워준다면 아이들이 자기 삶을 주체적으로 살아가는 데 큰 힘이 될 것이라고 믿는다. 아침독서운동을 진행하면서 성인을 대상으로 운동을 확대하라는 권유가 많았지만 그렇게 하지 않은 것은, 부족한 우리의 역량 탓도 있지만 아이들에게 더 나은 삶을 살아갈 수 있는 기회를 제공하고 싶었기 때문이다. 어린 시절 만난 책 한 권이 삶을 바꿀 수도 있고, 미래에 대한 새로운 꿈을 꾸게 할 수 있다. 삶의 순간순간마다 책 읽는 습관이 큰 힘이 되고 더 나은 삶으로 이끌어줄 것으로 믿는다.

생각이 없는 아이들, 질문하지 않는 아이들이 머지않은 미래에 우리 사회의 주역이 된다고 생각하면 끔찍하다. 학교에서 아이들로 하여금 책을 읽게 하고 질문하고 토론할 수 있는 기회를 제공하는 일은 아이들 개인뿐만 아니라 우리 공동체의 미래를 위해서도 꼭 이루어져야 할 시급한 일이다.

이제 학교의 독서교육은 아이들이 생각하게 하고, 질문하게 하고, 친구들과 토론하면서 자신의 생각을 가다듬고 때로는 바꿀 수 있도록 해야 한다. 학교의 독서교육이 제대로 이뤄져야만 아이들의 미래도 행복하고, 더불어 우리 사회의 미래도 희망을 가질 수 있다. 학교의 독서교육이 갖는 의미가 참으로 크다.

독서운동가로 살아가면서 늘 가슴에 새기는 말이 있다. "모든 아이는 책 읽을 권리가 있다"는 주장이다. 이 땅의 모든 아이들이 그 아이가 처한 환경에 상관없이 좋은 책을 마음껏 읽으며 책이 주는 행복을 충분히 누릴 수 있는 세상을 만들고 싶다는 생각을 한다. 책 읽을 권리는 아이들이 마땅히 누려야 할 천부의 권리라 믿는다.

책 읽는 즐거움을 깨닫다

아침독서운동 시행 10주년과 〈아침독서신문〉 100호 발간을 기

넘하여 '2015 아침독서운동 독서교육 사례 공모전'을 진행했다.
이 행사에 참여한 선생님들은 아침독서운동이 추구하는 바와 가
야 할 방향을 잘 알고 있었다.

> "아이들에게 책 읽는 즐거움을 알게 하고, 매일 밥을 먹듯이 책
> 을 읽고 싶게 하는 것. 그것이 내가 아침독서운동을 시작하게 된
> 목표이며 지금까지 지치지 않고 꾸준히 실행하는 까닭이다."
>
> -서울수리초 한혜선 선생님

> "책 읽는 활동을 습관으로 만들어 책 속의 짜릿한 재미와 풍부한
> 지혜를 듬뿍 느끼도록 안내해주는 것, 그 한 가지 목표를 위하여
> 아침독서 활동을 시작하게 되었다."
>
> -음성수봉초 박수현 선생님

선생님들뿐만 아니라 아이들도 아침독서의 가치와 지향점을 정
확히 짚고 있었다. 아래의 소감은 초등학교 3, 4학년 아이들이 아
침독서에 대해 쓴 글이다.

> "아침독서는 놀이다. 왜냐하면 책이 재미있기 때문이다."
> "아침독서는 기쁨이다. 왜냐하면 책의 재미를 알아서다."
> "아침독서는 행복한 시간이다. 왜냐하면 책을 읽으며 새롭거나

재미있는 것을 알게 되니까."

"아침독서시간은 소중한 기회이자 아이들의 보물이라고 생각한다. 계속 학교가 아침독서를 지켜나갈 수 있었으면 좋겠다. 아침독서는 희망이다."

이처럼 열정을 다해 아침독서시간을 꾸리는 선생님과 함께한 아이들의 반응을 보며 우리가 왜 아침독서를 계속해야 하는지 새삼 깨닫게 된다. 이런 반응도 있다.

"아침독서는 내게 하나밖에 없는 소중한 시간이다. 왜냐하면 독서할 시간이 다른 때는 없기 때문이다."

"나에게 아침독서시간은 유일하게 글을 읽는 시간이다."

첫 번째 문장은 초등학교 3학년 아이의 글이고, 두 번째 문장은 중학교 2학년 학생의 글이다. 이처럼 어떤 아이들에게는 아침독서시간이 하루 중 유일하게 책 읽는 시간이 되기도 한다. 안타깝기도 하지만 우리들이 아침독서시간을 지속해야 하는 또 하나의 이유다. 이처럼 책 읽는 즐거움을 스스로 알게 된 아이들은 자연스레 좋은 독자가 되고 행복한 삶을 살게 되리라 믿는다.

"시간이 지나면서 아이들은 아침독서를 자발적으로 즐기고 숨

쉬기처럼 자연스럽고 일상적인 일이라는 걸 몸소 느끼고 있는
듯했다. 무엇보다 아이들이 책 읽는 기쁨 그 자체를 알게 되어
가장 기쁘다."

-고양장촌초 주선경 선생님

"해마다 맡은 반에서 아침독서를 하는데, 내가 꾸준히 할 수 있
었던 힘은 무엇보다 이 시간을 아이들이 참 좋아한다는 점이다."

-경기광주광수중 최가진 선생님

아이들이 책 읽는 기쁨을 알아가는 모습을 지켜보는 일은 교사
로서 참으로 흐뭇한 일이다. 많은 선생님들은 아침독서를 계속하
게 하는 힘이 아이들에게서 나온다고 말한다. 아이들이 아침독서
시간을 참 좋아하고, 그러면서 변화하고 성장하는 모습을 보여주
기 때문이다. 아침독서를 열심히 실천하는 춘천석사초등학교의
조병국 선생님은 이런 소망을 피력한다.

"이제 이런 활동이 조금씩 번져나갔으면 좋겠다. 나에게서 옆 반
으로, 우리 학교에서 우리 관내 학교로, 그러다 보면 대한민국으
로 번져나가지 않을까? 독서는 힘이다. 그 힘은 내가 살아왔고
앞으로 살아나가야 하는 대한민국의 힘이 될 것이다. 우리 아이
들이 짊어지고 나갈 미래의 대한민국이 이런 작은 촛불과도 같

은 아침독서를 통해 밝혀지면 좋겠다.”

　나도 같은 꿈을 꾼다. 이런 꿈을 아침독서를 실천하는 모든 선생님들과 함께 꾸기를 기대한다. 아침독서를 통해 아이들이 행복하고, 우리 아이들이 살아갈 우리나라가 행복해지는 꿈. 그 꿈은 꼭 이루어질 것이다. 아침독서에는 분명 그런 힘이 있다고 믿는다.

책 읽는 아이가 희망이다

　서울대, 고려대 등 소위 명문대로 불리는 대학의 재학생들이 카카오톡 단체 채팅방에서 여성들을 성적으로 비하하며 물의를 일으킨 성희롱 사건이나 대다수 국민을 개·돼지로 취급하며 평등할 수 없는 현실을 인정해야 한다고 거리낌 없이 말하는 교육부 고위 관리의 망언을 지켜보며 우리 사회 엘리트들의 수준이 무척 천박하다는 사실을 알게 되었다.

　사회적 물의를 일으킨 두 사건은 우리 사회의 민낯을 그대로 드러냈다. 이 사건들의 근저에 깔린 문제들을 해결하지 않으면 이런 일은 앞으로도 계속해서 일어나리라 생각한다. 이렇게 치열한 승자독식의 경쟁 구조가 괴물들을 양산하는 절망적인 시스템에서 살아가는 것은 슬픈 일이다.

이 사건들을 접하며 한 방송 프로그램에서 서울 강남의 초등학생들을 인터뷰한 장면을 보고 놀랐던 기억이 새삼 떠올랐다. 초등학교 5학년 아이들이 매일 밤 10시가 넘도록 학원에서 공부하는 장면은 거의 아동학대 수준이었다. 그런데 더 놀라운 일은 여기에 나온 아이들이 자신들의 부모들처럼 풍요로운 삶을 살아가려면 이런 생활이 필요하다고 인정하는 점이었다.

이렇게 어렸을 때부터 세상을 알아버린 아이들이 좋은 대학에 들어가고 국가고시에 합격하여 우리 사회의 지배 엘리트가 되는 현실이 무척 염려된다. 사회의 다른 구성원과 공존하기보다는 오로지 나와 우리 가족의 부귀영화를 위해 어렸을 때부터 매진하는 아이들, 그 아이들이 자라 운영할 우리 사회의 미래는 결코 희망적이지 못하다. 미래만 걱정할 일이 아니다. 지금도 그런 암울한 일이 비근하게 일어난다. 기업에서 거액의 뇌물을 받아 구속된 현직 검사장 사건도 우리 사회의 비정상성을 보여주는 한 사례다.

우리나라의 경제 수준이 과거와 비교할 때 놀라울 정도로 높아졌지만, 국민들의 행복지수는 그만큼 높아지지 않았다. 오히려 자신이 불행하다고 생각하는 이들이 훨씬 많아진 것 같아 안타깝다. 아이들은 비인간적인 교육제도 속에서 신음하며 그들이 마땅히 누려야 할 행복을 저당 잡힌 채 힘겨운 학창 생활을 보내고 있다. 3포 세대를 넘어 5포 세대로 불리는 청년들은 결혼도 미루고, 결혼한 젊은 부부들은 아이 낳기를 주저한다. 내 집 마련에 대한 꿈을 포기한 지는 오래다. 청년들이 학교를 졸업하고 정규직 일자리를 구하기란 하늘의 별 따기가 되었고, 어렵게 구한 직장도 그리 오래 다니지 못한다. 한편 직장에서 밀려난 중장년 세대는 적당한 일자리를 찾지 못한 채 길어진 노후를 걱정하며 계층 하락을 속수무책으로 바라만 보는 형편이다. 충분히 준비하지 못하고 노후를 맞아, 그동안 열심히 살았지만 경제적으로는 불안정한 생활을 살 수밖에 없는 게 우리의 슬픈 현실이다.

이렇게 우리 사회는 모든 세대를 불행하게 만든 괴물 같은 사회가 되었다. 도대체 무엇이 문제일까? 파이는 커졌지만 그 커진 파이를 어떻게 나누면 모든 사회 구성원이 행복할지에 대한 사회적 고민도, 정책적 고려도 부족하다. 여러 가지 원인이 있겠지만, 국가의 주요 정책을 결정하는 이들이 일반 국민이나 사회적 약자의 입장보다는 기득권층의 입장에서 정책을 결정하기 때문이 아닌가 하는 생각이 든다. 자신의 생각과 다르면 모두 공산당이라고 주장하는 검사 출신 고위층 인사의 언행은 상식을 가진 많은 국민을 슬프게 만든다. 학창 시절에 도서관과 서점을 다니며 다양한 책을 접하기보다는 참고서와 고시용 책만 파고들면서 암담한 사회현실은 애서 외면했던 이들이 국가의 주요 정책을 결정하는 자리에 있는 것은 우리 사회의 불행이다. 학창 시절에 도서관과 동네책방을 꾸준히 다니며, 더불어 사는 사회를 얘기하는 책을 읽고 다양한 가치관을 이해하고 존중하는 사고가 몸에 밴 아이들이 우리 사회의 주역이 된다면 우리 사회가 지금보다는 훨씬 따뜻하고 행복한 사회가 될 것이라고 믿는다. 그래서 나는 독서운동이 우리 사회의 미래를 위한 운동이라는 믿음을 갖고 있다.

진화학자이자 과학철학자인 장대익 서울대 자유전공학부 교수는 〈머니투데이〉 2014년 7월 25일 자 기사에서 "책 안 읽는 시대가 어떤 결과를 초래할지 암울하다"고 말하며, 책 안 읽는 우리 사회가 "생각하지 않는 인간, 태도가 없는 인간"을 만들고 있다고 우려한다. 이처럼 가정과 학교, 사회에서 아이들로 하여금 책을 읽게 하고 질문하고 토론할 수 있는 기회를 제공하는 일은 아이들 개인뿐만 아니라 우리 공동체의 미래를 위해서도 꼭 이루어져야 할 중요한 일이다.

《서점은 죽지 않는다》(시대의창)라는 책에서 인상적인 구절을 만났다. 바로 "후세의 현명함을 기대한다"는 말이다. 작가, 출판사, 도서관, 서점 등 책과 관련된 일을 하는 사람들이 사양 산업이라고 홀대받는 이 일에 포기하지 않고 매달리는 것은 바로 후세의 현명함에 작은 도움이라도 주고 싶다는 소박한 바람이 있기 때문이다. 우리의 다음 세대들이 혼자 살기보다는 더불어 살아가려는 따뜻한 마음을 간직하며 지혜롭게 더 나은 세상을 만들며 살아가기를 간절히 바란다. 책 읽는 문화를 만들려는 다양한 노력이 그런 아름다운 세상을 만들어줄 것이라 믿는다.

아침독서 4원칙

　아침독서운동은 독서교육의 중요성을 새롭게 인식한 당시 학교 현장의 분위기와 언론의 관심 덕분에 선풍적인 바람을 일으켰다. 아침독서운동을 소개하고 진행했던 행복한아침독서로서는 운이 좋았다고 할 수 있다. 아침독서운동은 10년이 넘는 시간이 흐르면서 다양한 모습으로 학교 현장에 자리를 잡고 있다. 교육청 차원에서 일사불란하고 적극적으로 추진하는 방식은 많이 줄어들었지만, 아침독서운동을 맛본 교사들이 소신을 갖고 소박하게 자신의 교실에서 매일 아침 아이들과 책을 읽으며 변화를 이끌고 있다.

　이는 아침독서운동이 제 모습을 찾아가는 것이다. 아침독서운동은 요란한 구호가 아니라 소박한 책 읽기로 아이들의 삶을 바꾸는 조용한 혁명이기 때문이다. 이런저런 이유로 책을 멀리하던 아이들이 담임선생님의 열정과 친구들이 책 읽는 모습에 영향을 받아 조금씩 책과 친해지고, 차츰차츰 책 읽는 재미를 알게 되면서 좋은 독서가로 자라고, 그만큼 행복한 삶을 영위하도록 만들어주는 것이 아침독서운동이 꾸는 꿈이다. 우공이산(愚公移山)의 고사처럼 우직하게 하루하루 아침독서를 실천하다 보면 어느새 부쩍 자란 아이들이 보일 것이다. 그렇게 변한 아이들을 본 교사들은 아침독서운동이 가진 힘을 알게 되고, 그 기억은 아침독서를 꾸준히 실천하는 동력이 될 것으로 믿는다.

아침독서운동이 아이들에게 가져온 변화는 더 이상 언급할 필요도 없을 것 같다. 행복한아침독서가 펴낸 아침독서운동 사례집이 네 권이나 되고, 2005년에 창간되어 매월 나오는 〈아침독서신문〉에 소개한 사례도 적지 않다. 이제 중요한 것은 사례가 아니라 교사들이 직접 경험하는 일이다. 아침독서운동에 대한 믿음을 갖고 한 달만이라도 4원칙을 지켜가며 실천해보라고 호소하고 싶다. 그러면 분명 아이들에게 변화가 찾아올 것이고, 그 변화를 직접 지켜본 교사라면 흔들리지 않고 지속적으로 아침독서를 할 수 있을 것으로 믿는다.

교사들을 만날 때마다 강조하는 첫 번째는 책 읽는 교사가 되어달라는 것이다. 아이들에게만 읽으라고 하지 말고, 교사가 함께 읽는 게 무척 중요하다. 이왕 읽을 거면 아이들이 읽는 책이면 좋겠다. 요즘 나오는 어린이책과 청소년책은 수준이 아주 높아서 어른들이 봐도 참 좋다. 교사가 어린이책과 청소년책을 읽으면 좋은 점이 많다. 요즘 아이들의 정서를 이해할 수 있고, 우리 반 아이들이 읽으면 좋은 책을 소개할 수도 있다. 선생님이 소개한 책은 아이들에게 관심의 대상이 되기 마련이다. 할 수 있다면 아이들에게 읽어줘도 좋을 것이다. 무엇보다 중요한 것은 책을 좋아하는 교사가 독서교육을 꾸준히 하고, 잘할 수 있다는 사실이다.

아침독서운동은 지금까지 학교에서 이루어진 어떤 독서교육 방안보다 교사들에게 뜨거운 호응을 받았다. 이는 학교의 독서교육이 관성적으로 가졌던 고정관념에 대해 발상의 전환을 요구한 네 가지 실천 원칙의 공이라고 생각한다. 별다른 준비 없이 누구나 쉽게 실천할 수 있으면서도 학교의 독서교육에서 간과했던 부분을 명쾌하게 극복할 수 있는 분명한 대안을 제시했기 때문이다.

바람직한 독서교육에 대해 고민하던 교사들에게 '아침독서 4원칙'은 신선하게 다가왔고, 이 원칙들은 여전히 유효하다. 아침독서의 4원칙이 가진 의미를 생각하며, 우리 반의 아침독서를 다시금 돌아보면 좋겠다.

1원칙 : 모두 읽어요

4원칙 중에서 가장 중요한 원칙으로 교사들도 함께 읽자는 제안이다. 아이들은 "얘들아, 우리 같이 책 읽자"라고 말하는 교사를 친근하게 느끼게 마련이다. 교사들이 아이들에게 좋은 역할 모델이 되는 게 중요하다. 책 읽는 교사는 우리 교육의 희망이다. 그리고 이왕이면 이 시간에 초등학교 교사라면 어린이책을 읽고, 중·고등학교 교사라면 청소년책을 읽으면 좋겠다.

2원칙 : 날마다 읽어요

매일 꾸준히 책 읽는 시간을 가져야만 '책 읽는 습관'을 길러줄 수 있다. 짧은 이 시간이 우리 아이들을 평생 독자로 만들어주리라는 믿음을 갖고, 되도록이면 예외를 두지 말고 아침독서시간을 운영하자. 아침독서시간을 확보하기 위해 일본의 교사들은 전차 시간까지 조정하는 열성을 보였다. 우리나라에서도 지방의 한 교사는 소풍날이나 운동회날도 아침독서시간을 가진다고 말한다. 매일 아침 10분의 시간이 갖는 마법을 경험했기 때문이다. 하루 10분의 실천이 한 달의 실천으로 이어지고, 1년의 실천을 가능하게 한다. 아이들의 행복을 생각하며 오늘 하루 10분의 아침독서시간을 즐겁게 누리길 바란다.

3원칙 : 좋아하는 책을 읽어요

자기가 좋아하고 원하는 책을 읽게 하자는 원칙이다. 읽고 싶은 책을 읽어야 독서가 즐겁지 않을까? 아침독서가 아이들에게 환영받는 이유는 스스로 책을 선택할 수 있기 때문이다. 물론 교육적으로 안 좋은 책을 읽으려는 아이들에게는 교사의 지도가 필요하고, 교실에 좋은 책을 많이 마련하는 노력이 함께 이루어져야 한다.

4원칙 : 그냥 읽기만 해요

독후 활동 중심의 독서교육이 아니라, 아이들이 책과 가까워지면서 자연스럽게 책이 주는 재미를 마음껏 느낄 수 있도록 하자는 제안이다. 독후 활동에 대한 부담이 없을 때 아이들은 책이 주는 즐거움에 온전히 빠질 수 있다. 이 원칙은 우리가 책을 읽는 가장 중요한 목적이 즐거움임을 새삼 깨닫게 한다. 책 읽는 재미를 아이들이 스스로 느껴야만 독서가 계속 이어질 수 있다. 책이 주는 즐거움을 아이들에게 깨닫게 하는 일은 학교의 독서교육이 최우선으로 가져야 할 목표다.

교사들이 아침독서운동이 지향하는 바에 공감하여 아이들과 함께 즐거운 아침독서시간을 많이 가지기를 소망한다.

2014년에 경기도교육청에서 시작된 9시 등교제를 시행하는 학교가 점차 늘어나는 추세다. 9시 등교제는 학생들의 수면권을 보장하는 등 장점이 많고 취지도 좋은 제도라 생각한다. 그런데 9시 등교제를 시행하게 되면 아침독서시간을 확보하기 어렵다는 문제가 있다. 학생들의 여가 시간을 스마트폰이 잠식하면서 독서시간이 점점 더 줄고 있다. 이러한 스마트폰 시대에 아침독서운동은 더 필요하고 유효하지만, 시간을 마련하기가 어려워 고민스럽다. 지혜와 열정이 필요한 시점이다.

학생들에게 학교에서 차분하게 좋은 책을 읽을 수 있는 시간을 만들어주는 일은 절대적으로 필요하다. 이에 대해 공감한다면 방법은 찾을 수 있다고 본다. 8시 50분까지 등교하게 해서 아침독서시간을 갖는 교사들도 있다. 수업시간이나 점심시간을 활용하는 적극적인 노력도 필요하다. 초등학교라면 1교시 수업시간을 활용할 수 있고, 중·고등학교라면 창의적체험활동 시간이나 국어 시간을 활용하면 좋겠다. 또한 2017년부터 시행되는 '한 학기 한 권 읽기' 교육과정이 학교의 독서교육에 활력을 불어넣을 것 같아 기대가 크다.

9시 등교제와 아침독서가 공존하는 가장 바람직한 방법은 수업 시작 시간을 9시 20분으로 늦추는 것이다. 9시까지 학생들이 등교하면 9시부터 9시 10분까지 아침독서시간을 갖고, 9시 10분부터 20분까지 조례 등 수업 준비를 하고 9시 20분부터 수업을 시작하면 된다. 많은 교사들은 이렇게 일과 시간을 조정해도 아무런 문제가 없다고 얘기한다.

독서교육은 모든 교육의 기본 중의 기본이다. 책을 읽지 않고 책 내용을 이해하지 못하는 학생들에게 다른 어떤 교육도 불가능하기 때문이다. 책을 읽고 이해할 수 있는 능력을 학교에서 길러주는 것은 학생들의 삶에 절대적인 영향을 미친다. 학교의 제도는 다양하게 바뀔 수 있지만 학생들과 책을 이어주려는 교사의 열정을 가로막을 수는 없다고 믿는다.

아침독서, 10년의 기적

아침독서운동은 학교의 독서교육에서 신선한 반향을 일으키며 학교에 책 읽는 문화를 만드는 데 일정한 역할을 했다.

《책벌레 선생님의 행복한 책 이야기》의 저자인 권일한 선생님은 아침독서운동에 대해 다음과 같이 얘기한다.

> "우리나라 독서 환경에서 '아침독서'만큼 크게 영향을 준 운동은
> 드뭅니다. 다독왕을 뽑고 독서퀴즈대회를 하고 독서감상문 대
> 회를 오래도록 해도 변화가 없던 독서 환경을 단번에 바꾸었습
> 니다. 공부 잘하는 몇 명만 참가하던 독서 퀴즈, 줄거리를 잔뜩
> 늘어놓는 독서감상문 쓰기가 주지 못한 즐거움을 아침독서가
> 주었습니다. 아이들은 그냥 읽고, 즐거워하고, 책을 좋아합니다.
> 아침독서는 학교 독서 환경의 이슬입니다. 아침마다 아이들 마
> 음을 촉촉하게 적셔줍니다."

이러한 평가는 교사들이 "얘들아, 책 읽어라"가 아니라 "우리 함
께 책 읽자"라고 얘기하면서 아이들과 함께 책을 읽고, 독후 활동
중심의 독서교육에서 아이들이 책 읽는 재미를 스스로 느끼게 하
자는 식으로 발상이 전환된 결과라 생각한다. 물론 이 과정에서 독
서교육에 열정을 가진 많은 교사들의 헌신과 인내가 있었기에 가
능한 일이었다.

소풍과 운동회, 심지어 시험 보는 날까지 아침독서시간을 갖는
교사, 아침독서를 못한 날은 1교시 시작 10분을 아침독서시간으
로 할애하는 교사, 적은 월급을 쪼개 매월 아이들 책을 사서 학급
문고를 채우는 교사가 있다. 지난 10여 년은 이런 교사들을 만나

며 우리 교육에 대한 희망을 발견하는 시간이었기에 개인적으로 무척 행복한 시간이었다.

〈조선일보〉 2016일 4월 5일 자 신문에 반가운 기사가 실렸다. 2005년 대구교육청과 함께 아침독서운동을 같이하면서 10년 정도 꾸준히 계속하면 대구 아이들이 어떻게 변할지 궁금했는데, 생각대로 좋은 결과가 나왔다. 아침독서운동이 가진 가치를 그대로 보여주는 좋은 기사라 소개한다.

아침독서 10분씩 10년… 대구, 학력 낙오생 사라졌다
◇ 대구 아침독서운동 10년의 기적

우리나라에도 지난 10년간 학생들 책 읽히기에 꾸준히 공을 들인 도시가 있다. 지난달 30일 오전 8시 10분, 대구 대진초교에 "지금부터 아침독서시간입니다"라는 교내 방송이 나오자 어수선했던 학교가 조용해졌다. 전교생 750명이 조용히 각자 읽고 싶은 책을 한 권씩 펴들고 20분간 집중해 읽기 시작했다. 한 권을 다 읽을 때마다 독서다짐장에 책 제목과 느낀 점을 딱 한 줄만 쓴다. "재미없었다"고 써도 괜찮다. 과학, 철학, 문학 등 다양한 분야의 책을 읽을수록 독서 급수가 올라간다. 일주일에 한 번은 학부모가 찾아와 책을 읽어주는 시간을 갖는다.

대구 시내 초·중·고교 453곳에서는 매일 아침 전교생이 책을 읽는 것으로 하루를 시작한다. 2005년 대구교육청이 수업 시작전 10분간 책을 읽는 '아침독서 10분 운동'을 시작했다. 기본 원칙은 네 가지다. ▲모두가 읽는다 ▲매일 읽는다 ▲좋아하는 책을 읽는다 ▲읽기만 한다는 것이다. 많은 학생이 독후감 쓰기가 싫어 책을 기피한다는 설문 조사 결과에 따라, 독후 활동의 부담감을 없애고 책에 흥미를 붙일 수 있도록 했다.

대구교육청의 독서 실험은 성공적으로 자리 잡았다. 매년 치르는 국가 학업성취도 평가에서 대구의 기초 학력 미달 학생 비율은 전국 최저 수준이다. 지난해 기초 학력 미달 학생 비율은 전국 3.9퍼센트였는데, 대구는 1.7퍼센트였다. 전국 평균 학업 중단율이 5.79퍼센트인 데 반해 대구는 0.5퍼센트다. 인터넷 과다 사용 학생 비율 역시 전국 평균(7.44퍼센트)의 4분의 1(1.82퍼센트) 수준이다. 지난 한 해 동안 대구 초등학생들은 학교도서관에서만 1인당 79.7권을 빌려 봤다. 우리나라 어른 10명 중 3.5명은 1년에 책을 한 권도 읽지 않는다. 우동기 대구교육감은 "저학년 때부터 책 읽는 습관을 기른 지금, 대구 학생들은 공부도 잘하고 글쓰기나 토론 등에도 적극적으로 참여한다"고 말했다. 아침독서 10분 운동은 경북·경남 등 다른 시·도 교육청으로도 퍼져 나가고 있다.

사실 이러한 결과는 어쩌면 당연한 일이다. 아침마다 몇 년 동안 꾸준히 책을 읽으니 당연히 책에 대한 이해력이 높아져 기초 학력 미달 학생이 줄어들고, 책에 대한 재미를 알게 되니 인터넷에 대한 관심이나 의존도 줄어든 것이다. 어렸을 때부터 책 읽는 습관을 키운 아이들이 글쓰기나 토론 능력이 올라가고 모든 일에 주체적으로 참여하는 일도 지극히 당연하다. 지금 우리기 당면한 교육의 많은 문제들은 아이들에게 책 읽는 습관만 제대로 길러주면 상당 부분 해결될 수 있다고 본다. 책 읽는 습관을 키워주는 가장 확실하고 탁월한 방법이 바로 아침독서운동이다.

'선생님 서포터즈'를 자처하다

지금까지 행복한아침독서가 해온 활동의 핵심은 교사에 대한 지원이다. 이는 아침독서운동을 제대로 실천하는 교사 한 명이 수십 년 동안 교직에 있으면서 많은 아이들에게 책을 만나기 전과는 전혀 다른 삶을 살도록 할 수 있기 때문이다. 아무도 시키지 않았지만 우리는 스스로 '선생님 서포터즈'가 되기로 했다. 국가대표 축구팀의 열성적인 서포터즈인 붉은악마처럼, 우리도 자발적으로 즐겁게 선생님들의 서포터즈를 자임한 것이다. 앞으로도 '선생님의 친구들'이 되어 독서교육을 열심히 실천하는 이 땅의 아름다운 선생님들에게 작은 힘이라도 되어주고 싶다. 많은 학생들의 삶을 바꿀 수 있는 교사들이 학교에서 독서교육을 제대로 할 수 있도록,

최선을 다해 뒤에서 밀어주고 성원하려 한다.

　대학 전공을 사학과로 정하면서 나는 좋은 교사가 되고 싶었다. 그렇지만 이런저런 사정으로 교사가 되지 못했다. 가지 못한 길에 대한 아쉬움은 누구에게나 있을 것이다. 하지만 냉정하게 말하면 내가 좋은 교사가 될 자질이 많이 부족한 것을 누구보다 잘 안다. 그래서 아이들을 직접 만나는 교사는 되지 못했지만, 멋진 교사들을 지원하는 역할만은 잘하고 싶다. 아이들과 책을 사랑하는 교사들에게 우리가 할 수 있는 일은 최선을 다해 돕고 싶다.

　새로 시작하는 이름 없는 시민단체에서 제안한 아침독서운동을 진정성을 갖고 열심히 함께한 교사들이 있어 ㈔행복한아침독서가 지금까지 유지될 수 있었다. 그 과정에서 만난 멋진 선생님들과의 만남은 내 삶을 풍요롭게 하고 교육에 대한 희망을 갖게 해주었다. 책과 아이들을 사랑하는 멋진 선생님들과 같은 꿈을 꾸고 그 꿈을 현실로 만들면서 함께 길을 만들고 싶다. 정성을 다해 심은 작은 씨앗이 아름드리 나무로 자라 풍성한 열매를 맺을 수 있기를 간절히 바란다. 돌이켜 보면 아침독서운동을 펼쳐온 지난 시간들은 참으로 행복한 시간이었다. 앞으로 내가 일할 수 있는 시간이 얼마나 될지 모르지만 설레는 마음으로 그 시간들을 보내고 싶다.

책 읽는 즐거움, 교사의 보람

《하루 30분 혼자 읽기의 힘》 | 낸시 앳웰 지음 | 이지현 그림 | 최지현 옮김 | 240쪽 | 12,000원 | 북라인

이 책의 저자인 낸시 앳웰은 1973년부터 아이들과 함께한 교사다. 그는 1990년에 독서학교인 CTL(Center for Teaching and Learning)을 설립했고, 현재 이 학교에서 영어와 역사를 가르치고 있다. CTL은 80명의 학생과 7명의 교사가 전부인 작은 시골 학교이지만, 다른 어떤 곳에서도 볼 수 없는 다양한 시도와 실험으로 교육계의 주목을 받고 있다.

원서의 제목이 'The Reading Zone'인 이 책에는 그가 이곳에서 20년의 독서교육 경험을 통해 깨달은 주옥같은 내용들이 담겨 있다. 열정을 가진 교사가 오랜 시간 경험한 내용을 한 권의 책으로 만나고 배울 수 있으니 참 고마운 일이 아닐 수 없다. 이것이 바로 독서가 우리에게 주는 큰 선물일 것이다.

저자는 교육의 진정한 목적은 아이를 독서가로 키우는 것이고,

교사라는 직업이 가진 최고의 소명은 아이에게 독서의 기쁨을 알게 해주는 것이라고 말한다. 책에는 이처럼 오랜 경험을 통해 체득한 독서에 대한 저자의 철학이 담겨 있으며, 더불어 실제적인 독서지도의 노하우가 잘 정리되어 있다.

사실 저자가 얘기하는 내용은 그다지 새로운 것이 아니다. 우리가 평소에 잘 아는 지극히 상식적인 얘기들이다. 예를 들면 교사가 먼저 한 사람의 독서인으로 아이들에게 좋은 모습 보여주기, 좋은 책이 가득한 교실 만들기, 학급문고에 재미있는 신간을 계속해서 보충하기, 시간이 날 때마다 서점에 가서 책 고르기, 하루 30분 이상 집에서 책을 읽는 숙제 내주기, 독서를 힘들어하는 아이들에게 수준에 맞는 책을 제시함으로써 독서의 쾌감을 맛보게 안내하는 일 등이다. 문제는 이러한 상식을 얼마나 꾸준히 실천하는가일 것이다.

책에는 주목할 내용이 적지 않다. 저자는 학급문고를 꾸리는 일에 많은 공을 들이는데, 이는 학생들의 기호를 충족시킬 수 있는 다양한 종류의 책이 충분히 있어야 하기 때문이다. 이를 위해 적어도 한 아이당 20권 이상의 책이 필요하다고 말한다. 우리의 현실을 생각하면 결코 만만치 않은 일이지만, 실제로 교실에서 의미 있는 독서교육이 진행되려면 이 정도 환경은 갖춰야 하지 않을까? 더불어 아침독서운동이 제시하는 네 가지 원칙들이 실제 독서교육에서 얼마나 중요하고 필요한 원칙인지 다시 한 번 공감할 수 있었다. 자세한 내용은 독자들이 직접 책을 읽으며 공감하면 좋겠다.

러시아의 언어심리학자 L. S. 비갓스키는 "아이들의 지적 삶은 주변 어른들이 결정한다"고 말했다. 교실에 재미있는 책과 함께 읽을 친구들이 있고, 책을 좋아하고 잘 아는 멋진 선생님이 있다면 학창 시절이 참 행복하지 않을까 하는 생각을 해본다. 좋은 독서가로 자란 아이라면 책이 주는 기쁨을 알려주고 풍요로운 책의 세계로 이끌어준 선생님을 가슴속에 기억할 것이다. 많은 선생님이 그런 멋진 선생님이 되었으면 좋겠다.

낸시 앳웰은 책이 자신의 인생에 해줄 일과 제자들의 인생에 해줄 일에 감사하면서 날마다 예술 활동을 펼친다는 신념으로 독서 수업을 계획한다고 한다. 그저 의무적인 시간이 아니라 자신만의 예술 활동이라 생각하며 준비하고 진행하는 수업은 분명 다를 것이다. 그 시간은 아이들을 좋은 독서가로 키우려는 꿈이 현실이 되는 순간이리라. 읽기조차 어려워하던 아이들을 좋은 독서인으로 만드는 일, 아이들을 능숙하고 열정적이며 습관적이고 비판적인 독서가로 키우는 일은 참 멋진 일이다. 한번 도전해볼 만하지 않은가!

내 안에 깊숙이 숨어 있는
열정을 끄집어내게 하는 책
《프리덤 라이터스 다이어리》| 에린 그루웰 지음 | 600쪽 |
15,000원 | 알에이치코리아(RHK)

한 초임교사가 있다. 첫 발령을 받고 맡은 반은 교사들이 가르치기를 포기한 학생들이 모여 있는 불량 학생들의 집합소다. 이 반에는 흑인, 백인, 아시아계, 남미계 등 크레파스 색깔처럼 다양한 색깔을 가진 아이들이 모여 있다. 보호관찰 대상인 아이, 마약 중독인 아이, 낙태한 아이, 총을 갖고 다니는 아이, 학교와 가정에서의 일상적인 폭력, 인종차별과 편견에 멍든 아이들. 우리가 상상하기조차 힘든 절망만이 가득 차 있고 희망을 찾기란 불가능해 보이는 이 교실에서 햇병아리 교사가 할 수 있는 일이 과연 있을까?

우리의 영웅 에린 그루웰 선생님의 선택은 '독서와 글쓰기'. 이를 통해 아이들이 절망 속에서도 희망을 품을 수 있도록 열정을 다해 자신이 할 수 있는 최선의 노력을 다한다. 그래서 이 책의 부제는 '절망을 이기는 용기를 가르쳐준 감동과 희망의 글쓰기 수업'이다. 인내는 쓰지만 열매는 달콤한 법. 스스로를 '자유의 작가들'로 명명한 기특한 이 아이들은 1998년에 150명 전원이 대학에 진학했고, '자유의 작가 재단(Freedom Writers Foundation)'을 설립하여 미국 전역에 자유의 글쓰기 운동을 퍼뜨리고 있다. 에린 그루웰과 자유의 작가들의 기적 같은 국어 수업은 지금 미국의 많은 학교들에서 이어지고 있다. 에린 그루웰은 우수 교사로 선정되어 캘리포니아 주립대의 교수로 임명되었고 교사가 될 학생들을 가르치고 있다. 이 감동적인 이야기는 2007년에 힐러리 스웽크 주연의 영화로 만들어져 많은 이들에게 감동을 선사하고 있다.

　이 책을 보면서 가장 먼저 생각난 말은 "사람만이 희망이다"란 말이었다. 다소 식상할 수 있는 말이지만, 사람과 세상을 바꾸는 것은 역시 사람의 열정일 수밖에 없다는 생각을 절로 하게 만든다. 삶이 힘들고 희망이 보이지 않을 때마다 저명한 인류학자인 마거릿 미드 여사가 한 말을 떠올리곤 한다. "사려 깊고 헌신적인 사람들의 작은 집단이 세상을 바꿀 수 있음을 의심하지 마십시오. 지금까지 바로 이런 사람들이 세상을 바꿔왔습니다."

'수업 시간에 책 읽기' 어떠세요?
《수업 중 15분 행복한 책 읽기》| 도날린 밀러 지음 | 정수안
옮김 | 352쪽 | 17,000원 | 다른

《수업 중 15분 행복한 책 읽기》는 미국 교사가 쓴 독서교육 책
이다. 저자 도날린 밀러는 현재 미국의 트리니티 메도우즈 중등학
교에서 6학년(우리나라의 경우 초등학교 6학년) 영어와 사회 과목을 담
당하는 교사다. 그녀는 미국 교육계에 '북 위스퍼러 운동(The book
whisperer movement)'을 전개하고 있다.

북 위스퍼러는 책 읽기를 좋아해 많은 책을 읽어온 덕에 다른 사
람을 독서에의 향연으로 초대할 수 있는 능력을 가진 사람을 뜻하
는 말로, 밀러가 만든 말이다. 교사가 북 위스퍼러가 되어 학생들
에게 책에 대한 사랑을 가르치고, 아이의 관심과 성향을 고려해 각
자에게 맞는 책을 소개해주자는 게 운동의 취지라고 한다.

독서가 단순히 학교 수업을 따라가기 위한 기술의 집합체가 아
니라 평생 추구해야 할 가치 있는 일이란 확신을 가진 저자는 아이
들은 모두 책을 좋아한다고 말한다. 이렇게 아이들 내면에 숨겨진
독서 본능을 끄집어내려면 읽을 책을 아이들이 직접 고르게 하고,
매일 수업 시간에 책 읽을 시간을 주면 된다고 주장한다.

이 책은 학교 교육에서 무엇이 아이들을 책과 멀어지게 하는지 통렬하게 고발한다. 비록 미국 사례이지만 우리나라 현실과 다를 게 없어 보인다. 예를 들어 교과용 소설 읽기, 독후감 쓰기, 독서 기록, 독해 시험, 독서 관리 프로그램 등과 같은 전형적인 교육과 평가 방법 때문에 아이들은 독서를 싫어하게 된다. 저자는 이러한 전형적인 교육과 평가 방법은 아이들이 책과 친해지는 데 아무런 도움이 되지 못할 뿐 아니라 오히려 책과 멀어지게 만든다고 주장한다.

저자는 비판에 그치지 않고 이러한 현실을 극복할 구체적인 대안들을 제시한다. 교육 현실은 우리나라나 미국이나 별반 다르지 않지만, 녹록치 않은 현실 속에서도 교사가 열정을 갖고 독서 교육에 진력할 때 많은 아이들을 행복한 독서가로 만들 수 있음을 여실히 보여준다. 교사들이 아이들과 함께 효율적으로 독서 교육을 할 수 있는 실제적인 사례들을 많이 제공하는 것도 이 책의 큰 장점이다.

한 예로 저자가 새로운 반 아이들에게 가장 먼저 하는 일은 설문지 작성이다. 아이들 개개인에 맞는 맞춤형 독서 교육을 위해 실시하는 설문은 독서에 대한 선호도와 일반적인 선호도 두 가지가 있다. 독서에 대한 선호도뿐만 아니라 일반적인 선호도까지 조사하는 것은 아이들의 취향을 알아야 그에 맞는 책을 추천할 수 있기 때문이다.

또한 학급문고 이야기도 솔깃하다. 저자가 운영하는 학급문고의 장서 수는 무려 2,000권이 넘는다고 한다. 마치 도서관 같은 교실에서, 아이들이 얼마나 즐겁게 책을 읽으며 1년을 보내는지 보면서 많은 교사들이 학급문고에 좀 더 관심을 갖기를 기대한다.

이 책은 독서교육에 관심이 있는 교사들에게 도움이 많이 되는 책이다. 아이의 담임선생님에게 선물해도 좋겠다. 많은 교사들이 이 책을 읽으며 좋은 자극을 받기를 바란다.

4장

책을 나누다, 희망을 나누다

㈜행복한아침독서는 아이들의 책 읽을 권리를 제한하는 사회적 장애를 없애는 일을 가장 중요하게 여기고 활동했다. 아침독서운동도 이런 취지로 진행했고, 더불어 독서 환경이 열악한 아이들을 직접 지원하는 활동도 병행한다. 가정 형편이 어렵거나 지역의 독서 환경이 열악한 아이들에게 개별적으로 책을 보내주는 '희망의 책 나눔' 사업과 지역아동센터나 그룹홈 등 아동복지시설에 작은 규모의 도서관을 만들어주는 '희망도서관' 사업이 그렇다.

책을 지원받은 한 선생님은 '희망의 책 나눔'에 대해 이렇게 얘기한다. "희망의 책 나눔 운동은 단순히 책을 나누는 행사가 아니라 아이들에게 미래에 대한 꿈을 심어주고 삶의 용기를 북돋우며 세상을 바라보는 지혜의 눈을 갖게 해주는 길잡이가 될 것입니다."

'희망듬뿍' 책 발송 작업

희망의 책 나눔 사업

㈜행복한아침독서는 책이 필요한 아이들에게 책을 보내주는 책 나눔 사업을 2009년부터 진행했다. 이 운동을 시작하게 된 것은 개인적인 경험이 크게 작용했다. 독서 환경이 열악한 시골에서 자라면서 책 구경을 하기가 무척 힘들었다. 가끔 친척집에 놀러 갔을 때 서가에 있는 책을 보면서 집에 책이 있는 친척 아이가 무척 부러웠던 기억이 났다. 친구 중에 집에서 문구점을 운영했던 친구가 있었는데, 그 친구 집에도 책이 많았다. 고등학교 입시를 마치고 시간이 많았을 때 책을 읽고 싶었는데 집에 읽을 책이 없어 친구 집에서 빌려 읽은 기억도 난다. 크리스마스가 되면 "산타 할아버지가 나한테 책 선물을 해주면 얼마나 좋을까?" 하고 생각한 적도 있었다. 그렇지만 자라면서 나는 한 번도 책 선물을 받지 못했다. 독서운동을 하면서 지금도 이런 아이들이 있을 거란 생각이 들었고, 그 아이들이 '나만의 책'을 가질 수 있도록 책을 선물하고 싶었다.

미국의 '퍼스트북(www.firstbook.org)'이라는 단체는 저소득 가정 아이들에게 새 책을 보내주는 사업을 활발하게 진행한다. 여론조사 회사 '루이스 해리스 앤 어소시에이츠(Louis Harris &

Associates)'가 조사한 내용을 살펴보면 '퍼스트북'이 가난한 아이들을 위해 봉사하는 지역 조직과 함께 새 책 보내주기 사업을 펼친 이래 읽기에 관심이 낮은 아이의 수가 43퍼센트에서 15퍼센트로 현격히 낮아졌고, 읽기에 관심이 높은 아이는 26퍼센트에서 55퍼센트로 두 배 이상 상승했음을 알 수 있다.

또한 책을 받은 아이들 중 92퍼센트는 '나만의 책'을 받는 것에 대해 "매우 좋아요"라고 응답했고, 80퍼센트는 "헌 책이 아니라 새 책을 받아서 더 좋아요"라고 응답했다. 이 조사에서 가장 주목할 만한 내용은 아이들의 69퍼센트가 읽기에 대한 흥미가 눈에 띄게 높아졌다는 사실이다. 이들 중 63퍼센트는 "책 읽기 때문에 놀 시간이 줄어들어도 싫지 않아요"라고 대답했고, 80퍼센트는 "스스로 책을 읽는 게 정말 좋아요"라고 답변했다.

외국 사례이지만 이러한 조사 결과는 책 나눔 사업이 지닌 가치와 가능성을 충분히 보여주는 것이라 생각한다. 재원도 없고 후원할 기업도 찾지 못했지만, 일단 우리가 할 수 있는 범위 내에서 시작하기로 했다. 추천 자격은 전국의 초·중·고등학교 교사들과 지역아동센터, 그룹홈, 보육원, 사회복지관 등 아동복지시설 교사들로 한정했다. 이 교사들이 아이들을 가장 잘 알고, 보내준 책을 활용하여 독서교육을 할 수 있기 때문이다.

아래 글은 책 나눔 사업을 시작하며 〈아침독서신문〉 2009년 4월호에 게재한 글이다.

'희망의 책 나눔' 운동

책이 필요한 아이들에게 꿈이 담긴 책을 보내요

㈜행복한아침독서는 2009년 책이 필요한 아이들에게 책을 보내는 '희망의 책 나눔' 운동을 진행한다. 책 나눔은 독서 환경이 열악한 저소득층이나 농·산·어촌, 도서 벽지 아이에게 책을 지원하는 독서운동이다. 이 아이들은 자신의 독서 수준에 맞는 '자기만의 책'을 충분히 갖고 있지 못하다. 미국에서 진행되는 '퍼스트북' 자료에 따르면 저소득층 가정의 60퍼센트가 아이들 연령에 맞는 책이 집에 거의 없다고 한다. 우리나라 사정도 이와 비슷하리라 생각한다.

책 나눔은 취약 계층 아이들이 책을 가까이해 삶에 자신을 갖고, 미래에 대한 꿈을 새롭게 꿀 수 있는 계기를 만들어줄 것이다. 지원 대상 학생은 전국의 유치원, 초등학교, 중학교 교사들과 지역아동센터 교사들의 추천을 받아 선정하며, 선정된 학생에게는 최소 1년간 매월 한 권 이상의 새 책을 보내줄 계획이다.

정부나 기업의 예산 지원이 확보되지 않았지만 일단 가능한 수준이라도 시작하려고 한다. 현재 가장 크게 기대하는 것은 책나눔 사업의 취지에 공감해 책과 함께 미래에 대한 꿈까지 보내려는 개인들의 후원이다.

월 1만 원이면 한 아이에게 희망이 될 책을 후원할 수 있으며, 후원자가 원할 경우 지원 대상 아이와 자매결연을 맺을 수도 있다.

독자들의 적극적인 참여와 관심을 기대한다.

책 나눔 사업에 대한 공고가 나가자 많은 독자들이 관심을 나타냈다. 전국의 유치원과 초·중·고등학교 교사들의 신청이 이어졌고, 어떤 식으로든 이 사업에 도움을 주고 싶다는 출판사와 시민의 참여 의사도 많아졌다. 접수된 다양한 사연들을 보면서 결손가정 아동과 다문화 가정 아동 등, 책이 꼭 필요한 아이들이 우리 사회에 참 많다는 사실을 실감했다.

아이들은 무한한 가능성을 가지고 있다. 이런 아이들이 그 가능성을 활짝 꽃피우려면 어린 시절에 좋은 책을 많이 읽고 미래에 대한 꿈을 키워나가야 한다. 이를 위해 어른들은 아이들이 편안하게 독서할 수 있는 환경을 마련해주어야 한다. 어려운 가정 형편 때문에 아이의 가능성을 제대로 꽃피우지 못한다면 개인적으로 불행한 일이고 국가적으로도 큰 손실이 아닐 수 없다. 책이 넘쳐나는 이 세상 어딘가에는 읽을 책이 없어 독서의 즐거움을 마음껏 누리지 못하는 아이들이 있다. 이 아이들이 책과 더불어 멋진 꿈을 꾸며 살아갈 수 있도록 우리 사회가 더 많은 관심을 가지고 배려해야 한다고 생각한다.

1차 책 나눔 사업에 행복한아침독서 이사진, 아침독서운동 홍보대사인 여희숙 선생님, 진주동명중학교 교직원, 〈아침독서신문〉 명예기자인 황정원 선생님 등이 모금에 참여하여 500만 원이 모였다. 그리고 개암나무, 끌레마, 보림, 봄봄, 샘터, 영교출판, 책으로 여는세상, 청어람주니어, 파란자전거 등 9개 출판사가 책을 보내 주었다. 이렇게 많은 정성들이 모여 1차 지원 학생 130명을 선정 하여 한 명당 스무 권씩 모두 2,600권의 책을 보내줄 수 있었다.

신청서를 제출한 교사들은 책 나눔 사업의 의의를 충분히 살릴 수 있는 학생을 선정하느라 고심했다. 다양한 사연이 담긴 신청서 를 보면서 책 나눔 사업이 더 많이 확산되어야 한다는 생각이 들었 다. 선생님들이 추천한 아이들 중에는 다문화 가정이나 결손가정 아이들이 많았고, 장애로 어려움을 겪는 아이들도 있었다. 하지만 대부분의 아이들이 어려운 환경 속에서도 밝게 생활하며 책을 가 까이하려고 애쓰고 있어서, 관심만 기울여준다면 큰 힘이 될 것이 라는 믿음도 갖게 되었다.

한 초등학교 6학년 학생은 "흙구덩이 진흙탕에서 아름다운 진 주를 발견한 것처럼 즐거웠다"며 책 나눔 사업을 처음 알게 된 느 낌을 밝혔다. 또 많은 교사들이 이구동성으로 한 달에 한두 권의 책이라도 어렵게 살아가는 학생들과 부모들에게는 큰 힘이 될 것 이라고 말했다

〈아침독서신문〉 2009년 6월호에 게재했던 교사 추천글과 학생 신청글을 소개한다.

추천글_동생들에게 책 읽어주는 것을 제일 좋아하는 아이

박미선(가명)_지역아동센터 교사

지희는 어머니, 남동생과 함께 사는 한부모 가정의 아이다. 지희 어머니는 지희가 네 살, 남동생이 두 살일 때 남편을 잃었다. 어머니는 아침 일찍부터 밤늦게까지 일을 하지만 가정 형편은 그리 넉넉지 않다.

지희는 공부뿐만 아니라 컴퓨터, 종이접기 등 못하는 게 없는 아이다. 친구들을 좋아하고 남을 도와주며 즐거워한다. 자기가 아는 것을 친구들에게 가르쳐주는 모습도 자주 볼 수 있다. 아이들을 좋아하는 지희는 나중에 크면 선생님이 되고 싶다고 입버릇처럼 말한다.

또 지희는 책을 좋아해서 센터에 오면 선생님들에게 자기가 읽은 책을 이야기해주고 다른 아이들에게도 권할 때가 많다. 동생들을 모아서 동화책을 읽어주는 모습도 종종 볼 수 있다. 독서기록장을 늘 기록하고 자투리 시간이면 손에서 책이 떠나지 않는다. 문학소녀답게 소설을 좋아하지만 문학에만 치우치는 건 아니어서 때론 자기 학년에 맞지 않게 다양한 장르의 책들도 읽는 편이다.

'희망의 책 나눔' 운동이 지희 같은 아이들에게 좋은 기회가 되리라 믿는다. 이 운동이 더욱 확대돼 우리 아이들에게 밝은 미래를 보여줄 수 있다면 좋겠다.

신청글_역사 교수가 될래요

저는 책을 별로 좋아하지 않았습니다. 그런데 역사책을 읽으면서 책이 좋아지기 시작했습니다. 우리가 살아보지 않은 옛날에 이런 사람이 있었고, 훌륭한 사람들이 살아온 이야기를 읽다 보면 제가 그 나라 사람이 된 것 같은 느낌이 듭니다.

6학년이 되어서 사회 시간에 제가 읽은 책 내용이 나오길래 열심히 대답했더니 선생님께서 칭찬해주셨습니다. 그래서 제 별명이 '역사 박사님'이 되었습니다. 좀 쑥스럽긴 하지만 정말 기분이 좋았습니다.

저는 나중에 크면 역사 교수님이 되고 싶습니다. 우리나라의 역사에 대해서 열심히 공부하고 다른 사람들에게 우리나라의 역사를 잘 설명해주는 그런 사람 말입니다. 지금부터라도 역사를 어려워하는 친구들에게 친절히 가르쳐주는 연습을 해야 할 것 같습니다.

저는 동생이 세 명이나 있습니다. 동생들이 크면 큰형이 열심히, 그리고 멋지게 공부하는 모습을 꼭 보여주고 싶습니다. 그리고 고생하시는 부모님께 효도하는 큰아들이 되겠습니다.

신청글_책은 미래를 여는 발판

엄미현_인제중 3학년

저는 중학교에 입학하기 전에는 여건이 좋지 않아 많은 책을 읽지 못했습니다. 지금도 친구들에 비해 독서를 많이 하는 것 같지는 않습니다. 하지만 아침독서시간과 학급문고 덕분에 매일 짧긴 하지만 책 읽는 시간이 생겼고, 또 선생님께서도 독서를 많이 강조하시기 때문에 독서량이 조금씩 늘고 있습니다. 읽은 책이 많아진다는 것은 무척 기쁜 일입니다. 알게 모르게 지식도 쌓이는 것 같고, 독서를 하면서 글 솜씨가 점점 나아지고 있는 듯한 생각도 드니까요. 저는 아직 판타지나 연애소설 등을 읽으며 글쓰는 걸 취미로 가진 정도입니다. 하지만 우리 반 교실 뒤편 벽에 붙어 있는 "잠은 꿈을 꾸게 해주지만, 책은 꿈을 이루게 해준다"는 글귀처럼 제게 있어 독서란 꿈을 이루기 위한 방법입니다. 책을 많이 읽고 싶지만, 제게는 책을 살 수 있는 여유가 없습니다. 도서관에서 빌리거나 학급문고를 통해서 읽는 것뿐이지요. 제가 흥미 있게 읽은 책들을 몇 번이고 다시 읽고 싶은데 빌리는 책은 그렇게 하기 어렵다는 단점이 있습니다. 제 수준에 맞는 저만의 책을 선물해주신다면 열심히 읽고 또 읽으면서 꿈을 향해 나아가겠습니다.

2009년 1차 '희망의 책 나눔'에서는 학교 단위로는 유일하게 강원도 삼척에 있는 근덕초등학교 동막분교장 전교생에게 책을 지원했다. 동막분교는 삼척 시내에서 버스로 40분 정도 가야 하는 작은 시골 마을에 있다. 서점이나 공공도서관에 가려면 버스를 타고 시내로 나가야 해서 아이들이 책을 읽기가 어려운 형편이다. 이렇게 책 나눔에서는 가정 형편이 어려운 아이들뿐만 아니라 독서환경이 열악한 지역에 있는 학교의 학생들에 대한 지원도 함께 진행했다. 아래는 책을 지원받은 동막분교장 교사와 학생, 학부모의 글이다.

미래에 대한 꿈을 심어주는 책 나눔

김초정_삼척근덕초 동막분교장 교사

이곳 아이들은 대부분 넉넉지 않은 형편 때문에 온전히 자신만의 책을 갖기 힘듭니다. 새 책을 기다리던 지은이에게 이번 책 선물은 여태껏 받은 추석 선물 중에서 가장 큰 선물이 아닐까 싶습니다.

동막분교에는 지은이를 비롯하여 모두 일곱 명의 어린이가 함께 공부하고 있습니다. 요즘 대부분의 농촌이 그렇듯이 젊은이들은 모두 도시로 떠나고 할머니, 할아버지만 남은 시골 마을이지요.

아름다운 자연과 벗하며 즐겁게 생활하는 동막분교 어린이들에게 한 가지 아쉬운 점이 있다면 책을 마음껏 읽을 수 없다는 것입니다. 책을 살 수 있는 서점도, 책을 빌릴 수 있는 공공도서관도 이곳에는 없고, 다들 형편이 넉넉지 않아 원하는 만큼 책을 사기가 힘듭니다.

아이들이 책을 만날 수 있는 유일한 장소는 학교 도서실입니다. 교실 절반 크기의 학교 도서실은 도시의 학교도서관과 비교할 수 없을 만큼 작고 열악하지만, 이곳에서 아침 시간과 쉬는 시간마다 책을 읽는 것이 동막분교 어린이들에겐 큰 즐거움입니다.

'희망의 책 나눔'은 동막분교 어린이들에게 큰 희망을 주었습니다. 전보다 더 열심히 책을 읽게 되었고, 자신의 책이 생겼다는 기쁨과 함께 다 읽은 책을 언니, 동생과 돌려 보는 좋은 습관도 갖게 되었습니다.

이 책들은 동막분교 어린이들에게 지금의 어려움과 가난을 이겨내는 힘이 될 것이고, 사춘기를 지혜롭게 넘기는 방법을 알려줄 것이며, 넓은 세상으로 나가는 문을 열어주겠지요. 또한 부모님의 빈자리를 채워줄 수 있을 것이고, 알지 못하는 누군가가 자신들을 위해 책을 보내주었다는 사실을 통해 함께 살아가는 세상에 대한 고마움도 갖게 될 것입니다. '희망의 책 나눔' 운동은 단순히 책을 나누는 행사가 아니라 아이들에게 미래에 대한 꿈을 심어주고 삶의 용기를 북돋우며 세상을 바라보는 지혜의 눈을 갖게 해주는 길잡이가 될 것입니다.

'희망의 책 나눔'이 앞으로 더욱 확대되어 책을 마음껏 접하기 어려운 도서 벽지의 어린이들이나 가정 형편이 어려운 어린이들에게 희망의 빛이 되기를 소망합니다.

다음에는 어떤 책이 올까 기대돼요

박지은_동막분교 4학년

책을 받아서 기분이 좋았다. 우리 집에는 책이 별로 없어서 읽을 게 없는데 읽을 책이 생겨서 좋았다. 책들도 재미있었다. 국어사전을 찾을 때 글씨가 크고, 깨끗하고, 그림도 있어서 좋았다. 다음에는 또 어떤 책이 올까 기대가 된다. 책을 보내주는 사람들이 고맙다. 나도 어른이 되면 나한테 책을 보내주는 사람들처럼 다른 어린이들에게 책을 보내주고 싶다. 앞으로도 책이 더 많이 왔으면 좋겠다.

책 처음 받은 날

이다정_동막분교 6학년

처음 책이 왔을 때 정말 다 재미있어 보여 고르기가 어려웠다. 한참을 고민한 끝에 《헨쇼 선생님께》와 《열두 살 적 엄마에게로》 두 권을 골랐다. 마음 같아서는 모두 갖고 싶었는데 두 권만 골라야 해서 아쉬웠다. 아이들이 책을 다 고른 후 남은 책은 학교 도서실에 두었다. 졸업하기 전에 내가 고르지 않은 책도 다 읽어야겠다는 생각이 들었다. 책을 집으로 가지고 가서 엄마한

테 보여드리자 "좋은 책들 많이 받아 왔네" 하면서 고마워했다. 시골이라서 서점에 가기가 어려웠는데 책이 생겨서 나도 무척 고마웠다. 책을 받을 때마다 '다음에는 어떤 책이 올까?' 하고 기대하게 된다. 이제 졸업하면 책을 못 받을 텐데 좀 아쉽다.

감사 편지_날개를 얻어 하늘을 나는 듯한 느낌
이현미_김도희(서울화계초 4학년) 학생 엄마

올해 4학년인 도희는 네 살 때 청각장애를 앓아 다른 아이들에 비해 발달이 늦습니다. 일곱 살 때 도희를 데리고 교회 예배에 참석한 적이 있는데, 예배를 마치고 나와보니 아이들 틈에서 도희가 보이지 않았습니다. 한참을 찾아 헤매다 사무실의 작은 책꽂이 앞에서 혼자 책을 보는 아이를 발견했지요.

놀란 마음을 달래며 "도희야, 너 여기서 뭐 해?" 하고 물으니 "엄마, 나 똑똑해져야 돼. 그래서 책 많이 봐야 돼" 하는 겁니다. 아이를 안아주며 책의 고마움과 책을 읽어야 하는 이유에 대해 다시 한 번 천천히 말해주었습니다. 지금도 생각하면 가슴 아픈 기억입니다만, 그 후 도희는 '책 좋아하는 아이'로 커갔습니다.

초등학교에 입학한 후, 책을 좋아하는 도희는 시험 기간에도 공부를 하기보다는 학교도서관에서 책을 읽다가 집에 늦게 돌아와 저를 걱정시키곤 한답니다. 지금은 또래 아이들과 의사소통하는 데 어려움이 없고, 토론 수업에서도 뒤떨어지지 않는 아이가 되었습니다. 이제 도희의 꿈은 동화작가가 되는 것이랍니다.

도희와 같이 사연을 지닌 아이들이 책을 선물받는 그 기쁨을 어떻게 표현할 수 있을까요? 저와 딸아이는 날개를 얻어 하늘을 나는 듯한 느낌이었습니다.

딸아이가 담임선생님께 감사 편지를 보냈다고 합니다. 벌써 동화작가가 된 듯 "동화작가가 되면 선생님께 특별 할인을 해드릴 테니 한 권 사서 보세요"라고 썼다더군요. 책이 주는 행복과 기쁨을 잊지 않도록 지도하겠습니다. 추천해주신 담임선생님께도 깊은 감사를 드립니다.

생활이 어려워 힘들고 괴롭지만 또 다른 행복도 있다는 걸 이번 기회에 알았습니다. 행복한아침독서의 후원에 다시 한 번 감사드립니다.

감사 편지_주신 사랑을 간직하고 나누겠습니다

안우미_창곡여중 3학년 감사 편지

안녕하세요.

저는 이번 '희망의 책 나눔'으로 책을 받은 학생입니다. 저에게 기회를 주신 (사)행복한아침독서의 여러분께 감사 인사를 드리고 싶어서 이렇게 글을 씁니다. 감사드립니다. 또 저를 비롯해 어렵거나 힘든 학생들을 늘 걱정하고 챙겨주시는 선생님께도 감사드려요.

보내주신 책 중에 저는 가장 먼저 《살아온 기적 살아갈 기적》을 읽었습니다. 처음엔 마음을 편안하게 하는 그림의 느낌이 좋아서 읽기 시작했는데, 읽다 보니 재미있는 사실 하나를 발견할 수 있었습니다. 글쓴이와 제가 어떤 부분에서 참 비슷하다는 것이었습니다. 그건 바로 미루는 습관이지요. 이 책의 저자인 장영희 교수님도 〈샘터〉에 글을 연재하실 때 항상 원고 마감 날짜를 어겼다고 하시더군요. 어딜 가든 항상 지각한다는 점도 저와 비슷했습니다. 그런데 이 책을 보며 얼마나 많이 반성했는지 모릅니다. 그 후로 숙제도, 정리도 되도록 그날그날 하고, 특히 '지각하는 습관'을 많이 고칠 수 있었습니다.

책을 읽으면서 생각도 깊어지고 위로가 되며 성숙해지는 제 자신을 발견하게 됩니다. 제게도 있었던 비슷한 고통에 대한 일화를 읽고 앞으로는 어떻게 어려움을 이겨내야 할지, 앞으로 내게 문제가 생긴다면 어떻게 해결해나갈지, 나에게 부족한 마음가짐이 무엇인지 생각해보게 되었습니다. 이미 고인이 되셨지만 마음으로나마 장영희 교수님께도 감사드리고 싶습니다.

'희망의 책 나눔' 운동으로 보내주신 사랑, 장영희 선생님께 배운 교훈, 그리고 우리 사서 선생님께서 나눠주신 관심과 기회 등 이 모든 사랑을 앞으로 다른 친구들과도 나누고 싶습니다.

후원 기업과 함께 책 나눔 사업을 진행하다

책 나눔 사업에 필요한 재원을 모금하고 부족한 책을 모으고 싸서 보내는 일은 다소 힘겨울 때도 있었지만 책을 받고 기뻐할 아이들을 생각하며 즐겁게 일했다. 이렇게 책을 받고 보내준 편지를 받을 때면 책 나눔 사업을 더 키워 더 많은 아이들이 혜택을 볼 수 있도록 해야겠다는 다짐을 하곤 했다.

독서운동을 하면서 새롭게 시작하고 싶은 사업이 있으면 일단 우리가 할 수 있는 범위에서 먼저 시작했다. 후원 기업이 확보되거나 다른 재원이 확보된 다음에 시작하면 좋겠지만, 후원 기업을 찾기가 쉽지 않으니 안정적인 재원을 확보한 다음에 시작하면 언제 하게 될지 알 수가 없다. 그래서 그 사업이 꼭 필요하다고 생각되면 일단 시작했는데, 많은 경우 나중에 재원 확보 방안이 나오곤 했다.

2009년에 시작한 책 나눔 사업은 2012년까지 4년 동안 행복한아침독서 자체 동력으로 진행하다가 2013년부터 이 사업의 취지에 공감한 미래에셋박현주재단과 함께 '미래에셋 희망듬뿍 도서지원' 사업이란 이름으로 진행 중이다. 미래에셋박현주재단은 2011년부터 행복한아침독서와 지역아동센터를 지원하는 사업을 협력하여 진행하고 있었다. 이 재단은 열악한 환경에 있는 아이들에게 책이 얼마나 큰 희망이 될 수 있는지 잘 알고 있었고, 아이들에게 꿈을 키워주는 책을 지원하고 싶어했다. 책 나눔 사업이 지닌 가치에 공감한 미래에셋박현주재단과 행복한아침독서는 2016년까지 4년간 매년 1,400여 명의 학생들을 선정해 맞춤형으로 열 권씩(2016년에는 열두 권) 지원했다. 미래에셋박현주재단은 사업을 진행하면서 꾸준히 지원 예산을 늘려갔다. 이렇게 책 나눔 사업은 기업에서 설립한 재단과 독서운동단체가 진정성을 갖고 선한 마음으로 결합하여 시너지를 발휘하며 많은 아이들에게 희망의 책을 선물한다. 이 책들이 아이들에게 큰 힘이 되고, 인생을 살아가는 데 든든한 길잡이가 될 것으로 기대한다.

책 나눔 사업을 진행하다 보면 한정된 예산으로 인해 어쩔 수 없이 상당수 아이들을 탈락시켜야 하는 현실이 가장 안타깝다. 선생님들의 추천서를 읽다 보면 아이들이 처한 상황이 너무나 안타까워 눈물을 흘리는 일이 비일비재하고, 심사 기간에는 우울증을 겪기도 한다. 아무런 잘못이 없는 아이들이 너무나 힘겹게 살아간다는 사실이 믿겨지지 않을 정도다. 이런 아이들에게 많은 것을 해줄 수는 없지만, 우리가 보내는 몇 권의 책이 아이들에게 작은 위로가 되고 미래에 대한 꿈을 심어줄 수 있기를 기대하며 정성을 다해 책을 고른다.

아이들에게 보내는 책은 받는 아이들의 독서 수준과 관심사 등을 참고하여 맞춤형으로 골라서 보낸다. 과학자를 꿈꾸는 아이에게는 과학에 대한 흥미를 높여주는 책과 롤모델이 될 만한 과학자 이야기가 담긴 책을 보내고, 교사를 꿈꾸는 아이에게는 교사직을 소개하는 책과 교사가 주인공으로 나오는 동화책을 보낸다. 힘겨운 상황을 이겨내고 자신의 꿈을 이룬 이야기에 관한 책도 많이 보내는 편이다. 책을 많이 읽을 기회가 없어 아직 책과 덜 친한 아이들에게는 책에 대한 흥미를 가질 수 있도록 그림책이나 재미있는 책을 고르곤 한다. 그리고 사회 진출을 앞둔 고등학생들에게는 직업 탐색에 도움이 될 만한 진로 책이나, 아르바이트를 하면서 억울한 일을 당하지 않도록 참고할 만한 관련 책을 보내준다. 아이들한 명 한 명에 맞는 책을 고르는 작업은 시간이 무척 많이 걸리지만, 공을 들인 만큼 아이들의 반응이 좋다.

선한 마음으로 자신들을 위해 좋은 책을 보내준 어른들이 있다는 사실은 아이들에게 세상에 대해 긍정적인 마음을 갖게 하고, 어른이 되었을 때 남에게 베푸는 마음을 갖게 할 것이다. 여러모로 바쁜 교사들이 제자를 위해 정성껏 추천서를 써서 보내고, 누군가는 재원을 기부하고, 누군가는 마음을 다해 책을 골라서 예쁜 엽서와 함께 보낸 책 선물을 받은 아이들은 책에 대한 생각이 남다를 것이다. 이 책들은 도서관에서 빌려서 반납해야 하는 책이 아니라온전히 '나만의 책'이 된다. 보고 싶을 때는 언제든지 다시 볼 수 있는 '나만의 책'을 갖는 일은 얼마나 신나고 설레는 일인가? 책 속에좋은 구절이 있으면 밑줄을 쳐도 되고, 자기 생각을 메모해도 되니, 생각만 해도 기분이 좋을 것이다.

책을 지원받은 아이들을 대상으로 매년 글쓰기 대회를 진행하는데 좋은 글이 많이 나온다. 아이들이 얼마나 열심히 책을 읽었는지 여실히 느낄 수 있어 기분이 참 좋다. 앞으로도 다양한 방식으로 재원을 마련하여 책 나눔 사업이 확장될 수 있기를 바란다. 적어도 이 땅에 책이 고픈 아이들은 나오지 않기를 기대한다.

희망을 품게 하는 도서관

아침독서운동을 추진하면서 가정 형편이 어려운 아이들에게 좀 더 직접적으로 지원해야겠다는 생각을 했다. 그러면서 이런 아이들이 주로 다니는 지역아동센터(이하 센터)를 주목하게 되었다. 센터는 도시 빈곤 지역과 농어촌 소외 지역에서 가정 형편으로 인해 교육과 돌봄을 제대로 받지 못하는 아이들이 가난을 대물림하지 않고 건강하고 균형 있는 사람으로 자랄 수 있도록 아이들을 보호하고 교육하는 아동복지기관이다.

열악한 독서 환경에 있는 센터 아이들이 책 읽는 습관을 길러 독서의 즐거움을 느끼고 자신만의 꿈을 키워갈 수 있는 방안을 찾아보았다. 책 읽는 습관을 길러주는 것은 그 아이가 주체적이고 창조적인 삶을 살아가는 데 큰 힘이 될 수 있다. 소외 계층 아이들에게 물질적 지원보다 우선적으로 필요한 것이 개인의 지적 능력을 개발할 수 있는 독서 능력을 길러주는 일이라 믿었다. 센터 아이들에게 지금 가장 필요한 것은 자존감과 자신감이다. 독서교육이 센터 아이들의 자존감을 높여주고, 자신감을 갖고 일상생활을 하는 데 중요한 역할을 할 수 있다고 믿었다.

고민 끝에 2009년부터 아침독서운동을 센터에 적용하여 교사와 아이들이 함께 매일 독서시간을 갖는 매일독서운동을 실시하기로 했다. 매일독서운동을 진행하는 센터는 일과 중 적당한 시간을 정해 매일 교사와 학생들이 함께 독서시간을 운영하도록 권했다. 예를 들면 저녁 식사 전 20분간 책을 읽거나, 야간 보호를 하는 센터의 경우 저녁 시간에 진행하는 방식이다. 더불어 여건이 닿는 대로 센터에 아이들이 책을 만날 수 있는 작은 공간을 만들어주기로 했다. 이 공간을 '희망도서관'으로 이름 짓고 사업을 시작했다.

매일독서운동은 2008년에 친분이 있는 일부 센터에 제안하여 시범적으로 실시했는데, 기대보다 좋은 성과를 거두었다. 그래서 자신감을 갖고 많은 센터에서 아이들이 행복한 독서시간을 가질 수 있도록 환경을 만들고, 교사들과 공감대를 형성하도록 사업을 진행했다.

2009년에 ㈜전국지역아동센터협의회와 공동으로 지역아동센터와 함께하는 1차 희망도서관 사업을 진행했다. 다행히 한국증권금융과 대교문화재단에서 일부 예산과 책을 지원하여 시작할 수 있었다. 이 사업에 모두 345개의 센터가 응모했고, 이 중에서 심사를 통해 5개 센터를 '희망도서관' 지원 대상으로 선정했다. 선정된 센터에는 희망도서관을 꾸릴 수 있도록 엄선한 단행본 300권과 책꽂이를 지원했고, 센터 내 아이들에게는 별도로 '나만의 책'을 가질 수 있도록 한 명당 열두 권의 책을 보내주었다. 아이들이 독서에 흥미를 가지고 꾸준히 책을 읽으려면 무엇보다도 센터에 읽고 싶은 마음이 절로 드는 재미있고 다양한 책이 갖춰져야 하기 때문이다.

처음 행사를 기획할 때는 5개 센터만 지원할 계획이었는데, 책을 필요로 하는 센터들의 열화와 같은 반응을 지켜보고 지원 대상을 대폭 늘리기로 했다. 그리하여 계획에 없던 '씨앗책'으로 이름 붙인 책을 지원하기로 했다. 얼마 안 되는 책이지만 이 책들이 씨앗이 되어 아이들이 행복한 꿈을 꿀 희망도서관이 만들어지기를 바라는 마음을 담은 이름이다. 다행히 여러 출판사에서 이 사업의 취지에 공감하고 지원해주었다. 덕분에 추가로 162개 센터에 50~100권씩 출판사에서 기증한 책을 보내줄 수 있었다.

출판사에서 기증한 책은 대부분 서점에 나갔다가 판매가 안 되어 반품된 책이었다. 이 책들을 그냥 보낼 수 없어 정성껏 닦았다. 책을 한 권 한 권 닦으면서 이 책을 읽을 아이들을 떠올렸다. 그리고 운동이란 이렇게 씨앗을 뿌리는 일이라는 생각을 했다. 아침독서운동을 처음 시작하면서 교사들에게 보낸 학급문고가 아침독서운동의 씨앗이 되었듯이, 센터에 보내진 이 책들이 센터의 매일독서운동을 활발하게 일으킬 씨앗이 되리라 믿었다.

이 사업을 통해 열정을 가지고 독서교육을 하는 많은 센터와 교사들을 만날 수 있어 무척 반가웠다. 가정 형편이 어려운 아이들에게 책이 희망이 될 수 있음을 확인하는 좋은 기회였다. 희망도서관 사업은 소박하게 시작했지만 이후로 지역아동센터중앙지원단, ㈜전국지역아동센터협의회, 한국사회복지협의회, 미래에셋박현주재단 등 여러 기관과 재단, 후원기업과 연계되면서 행복한아침독서의 주력 사업으로 발전했다.

1차 희망도서관 사업에 선정된 센터 사례를 소개한다.

〈초등아침독서〉 2009년 12월

잃어버린 꿈과 희망을 되찾아주는 책 읽기

김진희_서천 성일지역아동센터 생활복지사

생활복지사로 근무하면서 우리 아이들에게 진정으로 필요한 것이 무엇인가에 대해 생각해보게 된다. 아이들 각각의 아픔과 사연이 다르고 한 부모 가정, 조손 가정, 다문화 가정 등 가정 형태 또한 다양한 모습을 보이고 있어 안타깝다. 이런 아이들에게 무엇보다 시급한 것은 보호와 적절한 양육, 정서적 지지라고 생각한다. 가정 해체를 통해 일찌감치 세상과의 단절 아닌 단절을 터득한 아이들은 세상에 대한 거부감과 배신감으로 가득 차 있기 때문이다.

이런 아이들에게 잃어버린 꿈과 희망을 되찾아주며 시도조차

할 수 없었던 일들을 가능하게 하는 것이 교사의 몫이라 생각한다. 아이들에게 현실의 아픔을 당당하게 받아들이며 좀 더 나은 삶과 더 넓은 세상을 보여주고자, 우리 센터는 2006년 2월 1일 개소 이후 자유롭게 독서교육을 지도하고 있다.

학교 과제를 하고, 정해진 양의 학습지를 풀고 난 다음, 아이들이 편안한 분위기에서 자기가 좋아하는 자세로 좋아하는 책을 부담 없이 급식 전·후에 읽도록 지도하고 있다. 시중에 독서기록장이 나와 있지만, 아이들이 그것 또한 숙제라고 여기게 되면 책 읽는 것을 부담스러워 하고 멀리하지 않을까 싶어 책을 무조건 그냥 읽게만 했다.

책 읽기가 제일 좋은 형석이

우리 센터에 장형석(가명)이란 남자아이가 있다. 부모님이 이혼한 후 엄마는 따로 살고 아버지와는 연락 두절 상태라 지금은 할아버지와 단둘이 사는 4학년 아이다. 형석이는 집에서 충분히 의사소통을 하지 못하는지, 센터에 와서 나를 만나기만 하면 "선생님, 안녕하세요?" "지금 뭐 하고 계세요?" "선생님, 그거 알아요?" 하며 딱따구리처럼 늘 질문을 한다. 궁금증이 많은 만큼 책 읽기가 제일 좋다고 말하는 아이다.

형석이는 학교 수업과 방과 후 학습을 마치고 센터에 오는데, 숙제를 하고 문제집을 풀고 나면 급식 시간을 제외하고는 대부분의 시간을 책에 푹 빠져 보낸다. 때로는 책을 읽느라 집에 가는 시간을 넘겨서 할아버지가 전화를 하는 해프닝이 벌어지기도 한다.

책을 많이 읽어서 요즈음 '만물박사'라는 새로운 별명이 붙었다. 전에는 질문만 하던 아이가 지금은 도리어 "선생님! 어제 책에서 미라를 봤어요. 선생님은 미라를 보신 적 있나요? 우리나라는 왜 미라를 안 만들까요?" 하며 이야깃거리를 가지고 와서 책에 있는 내용을 알려주는 등 아이들의 부러움을 사기도 한다. 또한 또래 친구들의 궁금증을 척척 해결해주는 해결사 역할도 톡톡히 하고 있다.

오늘도 변함없이 형석이는 책을 읽고 있다. 책의 주인공이 되어 머나먼 나라로 여행을 떠난 것처럼 얼굴에 미소가 번지고 있다. 슬쩍 다가가서 어떤 책을 읽고 있나 보고 싶지만, 방해가 될까 봐 참는다.

고마운 이동도서관

매주 화요일, 우리 센터에는 서천장항공공이동도서관 차가 온다. 이동도서관 차가 오면 아이들은 하던 일을 멈추고 책을 빌리러 간다. 여름이면 작은 선풍기에서 더운 바람만 나오는 답답하고 땀내 나는 공간이지만, 아이들의 눈에서는 불이 나는 것 같다. 자신이 읽고 싶은 책을 서로 먼저 찾느라 더위도 아랑곳하지 않는다. 아이들은 빌린 책을 빨리 읽고 싶은 욕심에 정리할 틈도 주지 않고 담당 선생님을 재촉하곤 한다.

행복한 '책과의 여행'

'책과의 여행' 프로그램을 시작한 지는 얼마 되지 않았지만 교사들과 함께하는 이 시간을 아이들은 무척 좋아한다. 교사와 아이들이 함께하는 독서시간은 지식 습득 외에 서로에게 친밀감을 느끼게 하고, 같은 책을 읽고 공감하는 정겨운 시간이기도 하다. 다가서려면 한 발짝 뒤로 움츠러드는, 상처 많고 아픔 많은 아이들과 자연스러운 의사소통의 연결 고리를 만들어주고 있으며, 문제아들만 하던 상담도 독서시간을 통해 자연스럽게 이루어지고 있다.

책의 내용과 연관된 경험을 자유롭게 나누기도 하고, 책을 읽다가 모르는 단어가 나오면 질문하기도 한다. 나는 개인적으로 아는 지식을 말해준 뒤, 같이 인터넷 검색을 해서 정확한 의미를 되짚어가는 방법을 겸하고 있다. 인터넷 검색을 함께하는 과정에서 서로의 말을 들어주고 신뢰하는 마음도 생겨 더욱더 돈독해진 반 분위기를 느낄 수 있다. 이로 인해 아이들의 학업 성적도 많이 올라갔다.

독서시간을 통해 자연스럽게 키워진 집중력이 아이들에게 자신감을 주어서일까? 모르는 문제도 한 번 더 읽어보고 스스로 해결해나가며 성적이 향상되는 아이들도 늘어나고 있다. 공부하라는 교사들의 잔소리는 더 이상 필요치 않고, 자율적인 학습 분위기가 조성된 것도 정말 큰 변화다. 상담 때만 해도 아이가 공부하기를 싫어한다고 하던 부모님들이 요즈음은 아이가 공부에 흥미를 느끼고 책도 열심히 읽는다며 좋아한다.

짧은 기간 동안의 성과에 만족하지 않고 앞으로 주욱 이어나가서 교사와 아이들이 독서로 하나가 되는 연결 고리가 끊어지지 않도록 열심을 다해야겠다.

아이들에게 교육을 許하라

《세 잔의 차》 | 그레그 모텐슨·데이비드 올리비에 렐린 지음 | 김한청 옮김 | 215쪽 |
10,000원 | 다른
《열혈교사 도전기》 | 웬디 콥 지음 | 최유강 옮김 | 248쪽 | 12,000원 | 에이지21

"한 잔의 차를 함께 마시면 당신은 이방인이다.

두 잔의 차를 함께 마시면 당신은 손님이다.

그리고 세 잔의 차를 함께 마시면 당신은 가족이다."

《세 잔의 차》는 한 사람의 열정과 헌신이 얼마나 많은 아이들의
삶을 바꿀 수 있는지 잘 보여주는 책이다. 세계에서 두 번째로 높
은 K2 등정에 오른 그레그 모텐슨이 조난을 당해 생사의 기로에
서 있을 때 히말라야 발치의 작은 마을 코르페 사람들이 그를 구해
준다. 마을 사람들의 친절과 보살핌 덕분에 건강을 회복한 모텐슨

은 어느 날 충격적인 장면을 목격한다. 78명의 소년과 네 명의 소녀가 선생님도 없이 언 땅 위에 막대기로 숫자를 적으며 공부하는 모습이었다. 이를 본 모텐슨은 덜컥 약속을 해버린다. "이곳에 학교를 짓겠어요. 약속할게요."

그날의 약속은 한 사람의 삶을 완전히 바꿔놓는다. 모텐슨은 자신이 한 약속을 지키기 위해 무수한 시행착오를 거치며 이전까지와는 전혀 다른 삶을 산다. 때로는 탈레반에 억류당하기도 하고, 9·11테러 후에는 미국 보수주의자들에게 협박당하기도 한다. 그러나 아이들에게 교육받을 기회를 주려는 산간 마을 사람들의 열의와 모텐슨의 의지는 그 어떤 장애도 뛰어넘는다. 지금까지 그가 파키스탄과 아프카니스탄 산간 마을 지은 학교는 무려 78개나 된다. 여기에서 3만여 명이 넘는 아이들이 미래에 대한 부푼 희망을 안고 교육을 받고 있다.

《열혈교사 도전기》는 많은 어린이들의 삶을 바꾸고, 미국 대학생이 가장 선호하는 직장 10위에 오른 '티치포아메리카(Teach For America, TFA)'에 대한 이야기다. TFA는 엘리트 대학 졸업생들을 선발해 2년간 빈민 지역의 공립학교 교사로 봉사하게 하는 비영리 교육 단체인데, 1990년에 처음 사업을 시작한 이래 지금까지 2만여 명을 파견하여 근본적인 교육 개혁에 앞장서고 있다.

가난한 지역의 학교에서 놀라운 성과를 거두며 전 미국이 주목하는 사회적기업이 된 TFA는 불과 21세였던 대학생 웬디 콥의 아이디어와 지칠 줄 모르는 열정이 있었기에 가능했다. 너무나 무모하게 보였던 한 젊은이의 아름다운 도전은 꿈과 열정이 있었기에 큰 변화를 가져왔고, 그 혜택은 온전히 아이들에게 돌아갔다. 모든 아이들이 고른 교육 기회를 누려야 하고, 그러기 위해서는 많은 변화가 필요하다고 말하는 그녀의 도전에 우리도 함께해야 하지 않을까?

이 책들은 아이들에게 교육의 기회를 주는 게 얼마나 가치 있는 일인지, 우리가 이러한 일에 관심을 가질 때 얼마나 많은 아이들이 이전과 전혀 다른 삶을 살 수 있는지 여실히 보여준다. 생업까지 포기하며 자녀들이 교육 받을 학교를 짓기 위해 수십 킬로미터를 40킬로그램이 넘는 짐을 등에 지고 나른 산간 마을 가난한 부모들의 애타는 마음이 가슴을 울린다. 아이들에게 고른 교육의 기회를 주는 일에 모두의 관심과 참여가 절실하다.

책, 아이들과 세상을 잇는 다리
《교실 밖 아이들 책으로 만나다》 | 고정원 지음 | 272쪽 |
12,000원 | 리더스가이드

이 책의 저자인 고정원 선생님과는 아침독서운동을 시작하던 초창기에 만난 적이 있다. 다른 독서운동단체의 활동가였는데, 무척 야무지게 일을 잘한다는 인상을 받았다. 그 후 단체를 그만두고 다른 일을 한다고 해서 아쉬웠는데, 이 책을 보니 길을 잘 찾은 것 같아 마음이 놓인다.

책의 한 꼭지를 읽고 나니 다른 일을 하기가 어려웠다. 별수 없이 꼬박 책을 읽었는데 읽는 내내 가슴이 아팠다. 그리고 고마웠다. 어린아이들이 감내해야 하는 고통이 너무 큰 현실에 가슴이 막막했고, 그 아픔을 함께 아파하며 꿈을 갖게 한 누군가가 있다는 사실이 너무 고마웠다.

이 책은 모교인 중학교에서 '지역사회교육전문가'라는 생소한 이름으로 아이들을 만난 저자가 28명의 아이들과 함께 쓴 소통의 기록이다. 지역사회교육전문가는 저소득 지역 내 교육복지투자우선지역지원사업으로 선정된 학교에서 가정·학교·지역사회 연계를 통해 교육취약집단 학생들의 건전한 성장을 도모하고자 교육·

복지·문화 프로그램을 기획·진행하는 민간 전문 인력을 말한다.

저마다 아픔을 가진 28명의 아이들과 저자를 이어주는 끈은 제목에서 알 수 있듯이 '책'이다. 부모의 이혼, 교사의 폭력, 친구들의 따돌림, 성폭력, 장애, 탈북 아이라는 편견 등 책에 소개된 아이들은 저마다 아픈 상처를 갖고 힘겹게 살아간다. 이처럼 감내하기 힘든 상처를 안고 살아가는 아이들에게 위로를 주고 꿈을 갖게 한 것이 책이라니, 정말 반가운 일이다.

책은 아이들이 처한 삶을 날것 그대로 보여준다. 그래서 미처 마음의 준비가 안 된 어른 독자들을 당황하게 만든다. 그리고 책을 매개로 아이들과 만나면서 아이들이 조금씩 변화하는 모습을 잔잔히 소개한다. 물론 모든 아이들이 기대만큼 달라지진 않는다. 그렇지만 기대에 못 미친 아이들에게도 희망의 불씨는 여전히 남아 있다.

쉬는 시간마다 달려가는 교육복지실에서 항상 만날 수 있는 선생님은 반말하고 욕하고 담배 피우고 술 먹고 대드는 아이들을 여느 어른들처럼 쉽게 내치지 않는다. 내 얘기를 정성껏 들어주는 선생님, 내 마음에 딱 맞는 책을 골라주는 선생님, '문제아'라고 불리는 아이들에게 체벌이나 명령보다는 독서, 대화 그리고 함께하는 경험으로 다가서는 선생님. 그 선생님 덕분에 아이들은 새로운 꿈을 키워간다. 그리고 자신들도 행복해질 수 있다는 희망을 가진다.

저자와 만나면서 달라진 아이들을 보고 놀라는 주위 사람들에게 저자는 교실에 적응 못하는 아이들도 마음속에는 '자신을 바꾸고 싶다'는 강한 열망을 가지고 있다고 얘기한다. 그리고 다행히 이 아이들의 마음을 열고 함께 이야기를 나눌 책도 많으니 아이들과 책이 만날 수 있도록 다리 역할만 해주면 된다고 겸손하게 말한다. 김경연 선생님이 추천사에서 언급한 것처럼, 아이들에 대한 관심과 진정성만이 아이들을 책과 만나게 하는 길이다. 많은 선생님들이 진정성을 갖고 아이들과 책을 이어주는 오작교 역할을 기꺼이 맡아주면 좋겠다.

저자 소개글을 보니 행복한아침독서 가족들과 같은 믿음을 갖고 있어 무척 반가웠다. 책을 싫어하는 아이는 없다는 믿음이다. 지금 아이들이 책과 친하지 않은 것은 아직 책을 만나지 못해서일 뿐이다. 아니, 온 맘을 다해 책을 권하는 선생님을 아직 만나지 못했기 때문이 아닐까 싶다. 하루하루 힘겨운 삶을 살아가는 아이들에게 한 권의 책이 위로가 되고 미래에 대한 희망을 품게 한다면 책을 아이들 손에 건네야 하지 않겠는가?

교육을 통해 세상을 바꾸다

《히말라야 도서관》| 존 우드 지음 | 이명혜 옮김 | 310쪽 | 12,500원 | 세종서적

　네팔, 베트남, 인도, 라오스, 스리랑카, 에티오피아 등 저개발국의 어린이들을 위해 도서관과 학교를 건립하고 책을 기증하는 활동을 벌이는 '룸투리드(Room to Read)' 재단의 설립자이자 CEO인 존 우드의 이야기다. 1998년 마이크로소프트의 중국 지사에서 30대에 이사로 성공의 탄탄대로를 달리던 존 우드는 휴가로 떠난 히말라야 트레킹에서 우연히 네팔의 시골 학교를 방문하게 된다. 그는 학교의 도서관에 아이들이 읽을 만한 책이 한 권도 없는 것을 보고 큰 충격을 받는다.

　"그 어린이들은 지금 누군가 나서지 않으면 두 번째 기회를 얻지 못할 것이다. 1년 혹은 10년 후는 너무 늦다. 누군가 꼭 해야 한다! 행동으로 옮기지 않으면 문제를 덮어두는 것과 같았다."(34쪽)

　그는 고액의 연봉과 탄탄한 미래를 포기하고 여자 친구와의 이별까지 감수하면서, 회사를 그만두고 비영리단체를 설립한다. 설립 초기에 많은 어려움이 있었지만 이를 극복하고 탁월한 성과를 낸다. 설립한 지 10년도 안 되었지만 룸투리드는 많은 개발도상국에 3,870개의 도서관과 287개의 학교를 세우고 150만 권 이상의 책을 기증했다. 이들 도서관과 학교에서 무려 130만 명의 어린이들이 책을 읽고 공부를 한다. 존 우드의 결단은 본인의 삶을 행복하게 만들었고, 많은 아이의 삶을 변화시켰다.

이 책의 원제목 "마이크로소프트를 떠나 세상을 바꾸다"에서 알 수 있듯이, 우드는 마이크로소프트에서 얻은 다양한 인적 네트워크와 경영 방식을 룸투리드에 적용하여 탁월한 성과를 낸다. 사회적으로 의미 있는 활동을 펼치는 시민단체들이 주먹구구식 사업 방식으로 제대로 된 성과를 내지 못하는 경우가 적지 않은 현실에서 자선사업에 혁신을 도입한 우드와 룸투리드는 좋은 사례다.

룸투리드를 운영하는 우드의 철학은 "세계 변화의 첫발은 아이의 교육에서"라는 신념을 바탕으로 한다. 교육을 통해서만 빈곤이 대물림되는 악순환의 고리를 끊을 수 있다고 보는 그의 생각에 전적으로 공감한다. 본인의 의지와 상관없이 가난한 나라, 가난한 가정에서 태어났다는 이유만으로 교육의 기회를 얻지 못하는 아이들이 없어야 한다. 교육 기회의 불평등을 없애는 데 지각이 있는 어른들이라면 힘을 모아야 한다.

이 책은 한 사람의 결단과 능력이 얼마나 많은 아이에게 희망을 줄 수 있는지 보여주는 생생한 사례다. 더불어 비영리 단체에서 일하는 사람들이 어떤 전망과 능력을 갖추고 일해야 하는지도 생각하게 한다.

5장

스마트폰 시대, 책 읽는 아이 어떻게 키울까?

아이들을 풍요로운 책의 세계로 이끄는 것은 부모의 역할이다. 아이들이 부모가 책 읽는 모습을 보면서 자라는 게 가장 좋은 독서교육이다. 집에서 틈날 때마다 부모가 책 읽는 모습을 본 아이는 자연스럽게 좋은 독서가로 자랄 것이다. 유아기 때부터 다양한 책이 많은 집에서 자라거나 책 읽는 습관을 가진 부모를 둔 아이들은 대부분 책을 좋아하는 아이가 된다. 읽기 능력의 기초는 학교에 다니기 전에 형성되기 때문에 어려서부터 좋은 독서 환경을 조성할 필요가 있다.

아이들이 생활하면서 쉽게 책과 만날 수 있도록 집안 곳곳에 책을 놓아두면 좋다. 정기적으로 도서관에 데리고 가서 책을 보게 하고 다른 다양한 자료도 경험하게 하면 좋다. 거실을 서재로 만드는 것도 좋은 방법이다. 또한 가정에서 아이들과 읽은 책과 관련된 이야기를 많이 나누는 것이 무척 중요하다.

선생님이 책을 읽어주자 집중하며 듣는 아이들(책마을도서관)

학교도서관에서 즐겁게 책 읽는 아이

디지털 시대의 독서란?

우리 사회가 디지털 사회로 급격하게 변화하면서 독서 환경에도 많은 영향을 주었다. 가입자 수가 5천만 명을 넘은 스마트폰은 일상생활에 많은 변화를 가져왔다. 지하철 풍경을 보면 종이책을 읽는 사람은 아주 드물고, 스마트폰을 비롯한 각종 전자기기에 몰두해 있는 사람들이 대부분이다.

물론 디지털혁명이 가져온 이러한 변화는 정보 전달의 매체와 방식이 변화한 것으로, 읽기 자체가 없어지는 것은 아니다. 전자책은 정보화 매체를 적극적으로 활용한 책의 변용이라 할 수 있다. 스마트폰으로 인터넷에 접속해서 다양한 정보를 접하는 것은 읽기의 한 형태임은 분명하다. 그렇지만 이런 형태의 읽기에서 깊이 있는 사고력이 고양되고 상상력이 키워지리라 기대하기는 어렵다. 디지털 시대의 책 읽기는 단순히 전자책을 읽는 것을 의미하지 않는다. 전문가들은 새로운 정보가 계속 쏟아져 나오고 변화의 주기도 짧은 디지털 시대일수록, 더 많은 책을 읽어 변화하는 시대에 주체적으로 대비해야 한다고 조언한다.

내비게이션은 나같이 길치인 사람에게 도움이 많이 되는 21세기 기술 발전이 가져다준 선물이다. 그런데 이 선물이 마냥 반갑지만은 않다. 문제는 내비게이션에 의존할수록 길 찾는 능력이 점점 떨어진다는 점이다. 내비게이션이 없던 시절에는 모르는 곳에 갈 때 미리 지도를 보고 가야 할 길을 찾곤 했다. 그런데 지금은 내비게이션을 쓰니 이렇게 노력할 필요가 없다. 심지어는 몇 번 갔던 곳도 내비게이션이 없으면 헷갈려서 자신이 없어지기도 한다. 요즘 가장 큰 걱정은 낯선 곳에 갔을 때 내비게이션이 제대로 작동 안 하면 어떻게 하나 하는 것이다. 노래방이 노래 가사 외우는 능력을 떨어뜨린 것처럼, 내비게이션은 길 찾기 능력을 심각하게 떨어뜨렸다. 이러한 예는 디지털 시대의 명암이라 할 수 있다. 전자사전은 사전 찾는 수고를 덜어주고, 자동번역기는 애써 외국어 공부를 할 필요성을 못 느끼게 한다. 이러한 모든 기능이 통합된 스마트폰은 우리가 원래 가졌던 기본적인 능력인 사고력·암기력·계산력 등을 급격하게 퇴행시키는 대표적인 존재다. 사정이 이러하기에 스마트폰을 주체적으로 사용해야겠다는 생각이 든다. 특히 아이들에게 스마트폰을 사주는 일은 신중해야 한다.

주변에도 보면 스마트폰을 사용하면서 독서량이 대폭 줄었다는 지인이 많다. 정보를 위한 독서와 성찰을 위한 독서는 구별해야 한다. 스마트폰을 필두로 한 디지털 정보기기에 종속되지 않고 주체적으로 사용하면서, 내면의 사고력을 고양하고 성찰하는 독서를 균형 있게 하려는 노력이 필요하다.

이러한 현실은 어른들뿐 아니라 아이들에게는 더 심각하고 중요하다. 감당할 수 없을 정도로 정보가 쏟아지고 디지털화하는 21세기이지만 세계 여러 나라에서는 책 읽기에 많은 신경을 기울인다. 그 이유는 독서가 가진 힘을 인식하고 있어서다. 독서는 우리가 생각한 것 이상으로 강력한 힘이 있다. 21세기 디지털 시대에도 독서의 가치를 강조하는 이유는 독서가 모든 교육의 토대이기 때문이다.

> "독서는 뇌 발달을 돕는 것은 물론 인지와 정서 능력에 지대한 영향을 끼치고, 나아가 학습 기반으로서 중요한 역할을 담당한다. 책을 통해 충분한 배경 지식을 갖춘 아이는 학습에 대한 흥미가 높아지고, 책 읽는 습관이 몸에 밴 아이는 집중력이 높다. 책 읽기를 통해 교육을 보다 쉽고 즐겁게 받아들일 수 있는 기초가 다져지며, 꾸준한 독서 자체가 종합적인 교육 활동이 된다. 책을 많이 읽은 아이는 학교에서 더 좋은 성적을 낼 뿐만 아니라 언어 능력, 즉 남의 말을 듣고 대화를 나눌 수 있는 능력도 더 우수한 것으로 밝혀져 있다."(95쪽)
> -《EBS 교육대기획 초대형 교육 프로젝트-학교란 무엇인가》
> (중앙북스)

이와 반대로 많은 교사들은 아무리 공부를 시켜도 성적이 오르지 않는 아이들은 어려서부터 책 읽기 교육을 제대로 받지 못했기 때문이라고 진단한다. 특히 기초 능력이 부족한 아이들에게는 쉬운 책 읽기 교육부터 시키는 것이 꼭 필요하다고 강조한다.

각종 디지털매체에 무방비로 노출된 우리 아이들에게 무엇보다도 필요한 것은 자기주도적이고 자발적인 독서다. 독서교육에 열정을 쏟는 교사들은 아이들이 자기주도적으로 독서할 경우 즐겁게 책을 읽기 때문에 생활태도에도 긍정적인 변화가 나타나고, 학습 동기와 집중력이 높아지면서 학업 성취도 면에서도 좋은 성과를 거둔다고 얘기한다. 아이들이 자기주도적인 독서를 통해 독서능력을 갖춘 독서가로 우뚝 서면 쏟아지는 디지털 세례에도 중심을 갖고 자기주도적인 삶을 살아갈 수 있다. 책을 읽는 일은 사람이 스스로의 몸과 마음의 주인이 되는 일이다.

세계적인 대학들의 공통점 중 하나가 전공을 불문하고 책 읽기 훈련을 강도 높게 시킨다는 점이다. 이처럼 책 읽기 훈련을 지독하게 시키는 대학들은 쓸모 있는 인재를 만드는 지름길이 독서임을 잘 알기 때문이다.

스마트폰 시대에 더 중요해진 아침독서

우리 사회가 디지털 사회로 급격하게 변화하면서 필연적으로 책 읽기에도 많은 변화가 오고 있다. 독일의 심리학자이자 뇌과학자인 만프레트 슈피처 박사는 《디지털 치매》(북로드)에서 '디지털 치매'는 컴퓨터, 스마트폰, 인터넷, SNS, 온라인게임, DVD 등 디지털 기기와 소프트웨어의 과·남용으로 기억력·학습력·사고력이 떨어지고 뇌 기능 자체가 손상당한 상태를 가리킨다고 정의한다. 쉽게 얘기하면 '바보화'다. 그는 최근의 디지털 과잉 현상을 "우리 후손들을 완전히 바보로 만드는 것"이라고 통탄하며 가장 심각한 이들이 한국 학생이라고 지적한다. 그는 책에서 한국 학생들의 무려 12퍼센트가 인터넷 중독 상태라는 교육부의 2010년 발표를 여러 차례 언급한다. 슈피처 박사는 요즘 우리 사회에서 문제가 되는, 청소년들의 과잉 행동 장애나 자살, 성범죄·폭력범죄 급증도 디지털 미디어 과·남용과 무관하지 않다고 지적하면서, 아동·청소년기 디지털 과·남용을 막아야 개인도, 국가도 산다고 말한다.

스마트폰이 일반화되면서 아이들은 여가 시간의 대부분을 스마트폰과 보낸다. 감당하기에 너무 많은 학습량, 스마트폰과 게임, 인터넷 등 우리 아이들이 처한 환경은 책과 가까이하기가 쉽지 않은 환경이다. 이럴 때일수록 아침독서운동이 더 중요하다는 생각이 든다. 하루에 단 10분이라도 아침에 선생님과 함께 차분하게 책 읽는 시간을 갖는 일은 별것 아닌 듯 보이지만 아이들의 삶에 큰 울림과 변화를 줄 수 있다. 친구들과 함께하는 아침독서 10분의 시간은 매일 아침 담임선생님이 아이들에게 주는 선물이다.

신문에서 실리콘밸리에 있는 발도르프학교를 소개한 기사를 본 적이 있다. 이 학교의 학부모 중 4분의 3이 구글, 애플, 휴렛팩커드 등과 같은 IT 회사에 다니는데, 학교에는 컴퓨터가 한 대도 없고 스크린보드, 빔프로젝트와 같은 디지털 기기도 없다고 한다. 〈뉴욕타임스〉가 소개한 발도르프학교에 대한 기사를 보니, 이 학교는 아이들의 창의적 사고와 인간 교류, 주의력 등을 훼손한다는 이유로 컴퓨터를 구비하지 않을 뿐 아니라 휴대폰, 아이패드, 노트북과 같은 디지털 기기도 못 가져오게 한다고 설명한다. 이 학교에서는 학생들이 고등학교 1학년 때부터 디지털 교육을 하는데, 이 연령대가 돼야 자립적 판단을 갖출 수 있다고 판단하기 때문이다. 독서와 운동의 즐거움을 아는 학생들은 컴퓨터나 스마트폰을 이용해도 중독되지 않는다는 것이 발도로프 교육의 핵심이라고 하는데, 이 학교 졸업생의 94퍼센트가 명문대에 진학한다고 한다.

내용이 다소 길지만 스마트폰과 관련해서 좋은 글이 있어 인용한다.

2013년 12월에 CBS의 '세상을 바꾸는 시간 15분 – 스마트폰으로부터 아이를 구하라' 편이 방영되어 화제가 되었다. 핵심은 "독서를 통해 뇌의 전두엽을 자극시켜 사색을 하고, 사색이 학습으로 이어지도록 만들자"는 것이다.

대략 한 주에 3일, 하루 한 시간 이상 스마트폰을 사용하거나 게임을 하는 초등학생들을 연구한 결과 사물에 대한 이해력이 현저히 낮아졌다는 통계가 나왔듯, 이해력과 생각하는 힘을 스마트폰이 방해한 것이다.

학습이 이루어지려면 입력과 분류, 출력이라는 과정이 필요한데, 스마트폰으로 인해 전두엽의 활동이 적어지면서 정리와 표출 작업이 이루어지지 않게 된다. 결과적으로 입력은 많지만 정리가 되지 않아 학습이 되지 않는 현상이 나타나는 것이다.

이런 인터넷, 스마트폰 세대의 폐해를 막기 위해 많은 사람들이 '읽기'를 강조하고 있다. 실제 책을 읽고 과제를 했을 경우에는 읽은 것을 정리하고 정리한 것을 써야 하기 때문에 과제 내용에 대해 75퍼센트를 이해하고 숙지했다는 결과가 있다. 인터넷 검색만으로 과제를 수행했을 경우에는 대다수가 과제 수행 결과를 기억하지 못하고 심지어 과제 내용조차 기억하지 못하는 결과와 비교된다. 그러므로 우리 아이들에게 스마트폰과 게임보다 읽기가 중요한 것이다.

-한국언론진흥재단에서 운영하는 다독다독 포스트

(http://dadoc.or.kr/1223)

스마트폰 대신 그림책

《하루 15분 그림책 읽어주기의 힘》(라이온북스)의 저자인 김영훈 가톨릭의대 소아청소년과 교수는 요즘 아이들이 병원을 더 많이 찾는 이유 중 하나가 디지털 기기, 특히 스마트폰이 원인이라고 얘기한다. 아이가 떼를 쓰면 스마트폰을 아이에게 쥐어주며 달래는 부모들이 많은데, 이것이 큰 문제라는 지적이다. 엄청난 집중력으로 손가락을 움직이며 스마트폰 화면을 보는 동안 아이의 뇌가 망가지기 때문이다. 아이의 뇌가 망가지면 아이 몸과 마음에 여러 가지 이상이 생기기 때문에 병원에 가게 된다. 김 교수는 아이에게 그림책을 읽어주는 것이 디지털 시대 위기에 빠진 아이의 뇌를 구할 수 있는 희망이라고 역설한다.

아래 내용은 김영훈 교수의 책에 있는 '디지털 시대의 육아, 아이 뇌가 망가지다' 부분 중 일부다.

> 예전에는 지나친 조기교육이 아이들의 뇌 발달을 위한 다양한 자극을 막았는데, 요즘에는 스마트폰을 비롯한 디지털 기기들이 더 큰 문제다. 디지털 기기들은 뇌 발달을 막을 뿐만 아니라 뇌 발달에 심각한 이상을 일으킨다. 이것은 디지털 기기를 접하는 연령이 낮으면 낮을수록 심하다.
>
> 스마트폰은 뇌 속에 있는 수만 개 회로 중 소수의 회로만 자극해

나머지 회로들을 퇴화시킨다. 한 가지 자극만 즐기고 강렬하게 원하게 함으로써 그 이외의 어떤 자극도 받아들이지 않게 만든다. 스마트폰은 다양한 자극 자체를 차단해 아이의 정상적인 뇌 발달을 막는다.

스마트폰 등의 디지털 기기로 강력한 일방적 자극만 받는 아이는 어떤 변화가 생길까? 이런 아이들은 첫째로, 빠르고 강한 정보에만 반응하고 느리고 약한 자극에는 반응하지 않는 뇌를 가지게 된다. 따라서 진득이 앉아서 곰곰이 생각해야 하는 독서나 공부를 진저리나게 싫어하게 된다. 둘째로, 충동을 조절하는 뇌 기능에 문제가 생긴다. 실제로 스마트폰에 빠져서 게임을 하는 아이의 뇌 모습을 찍어보면 ADHD 증상을 보이는 아이의 뇌 모습과 매우 유사하다. 건강보험심사평가원에 따르면 최근 5년간 20세 이하 소아 및 청소년 ADHD 환자가 18.4퍼센트 증가했다고 한다. 이는 최근 5년간 대부분의 아이들이 디지털 기기를 끼고 살게 된 현실과 그리 무관하지 않다. 셋째로, 우뇌 발달이 저하된다. 우뇌는 집중력, 구성력, 통찰력, 지각 속도, 창의력, 직관력 등을 가지고 있고, 시각적이고 감성적이며 동시에 여러 가지를 사고하는 것이 가능하다. 우뇌의 기능이 지나치게 떨어지면 또래 사이의 분위기를 제대로 파악하지 못해 왕따가 되는 일도 발생할 수 있다. 넷째로, 정서 지능이 낮아진다.

위기에 빠진 우리 아이들의 뇌를 구출하기 위해 가장 먼저 해야 할 일은 지금 당장 아이 곁에 디지털 기기를 끊는 것이다. 부모도 아이가 보는 앞에서 전화 이외의 기능으로는 절대로 스마트폰을 사용하지 말아야 한다는 점이다. 아이가 디지털 기기에서 어느 정도 멀어졌다면, 뇌 발달에 좋은 자극물을 제시해야 하는데 가장 좋은 것이 그림책이다. 그림책 속에는 아이의 두뇌를 발달시키는 많은 것이 들어 있고, 더불어 부모를 부모 되게 하는 비밀도 숨어 있다. 무엇보다 디지털 기기로 위협당하는 아이의 뇌를 지킬 묘안이 그림책 안에 있다.

아이들이 책과 친해지는 방법

독서교육의 목표는 우리 아이들이 평생 책과 더불어 행복하게 살아가도록 하는 데 있다. 살면서 어려운 일이 닥치거나, 새로운 변화를 꿈꾸거나, 삶이 무료하거나 할 때 책에서 길을 찾고 친구를 만나고 더욱 좋은 발전을 할 수 있으면 좋을 듯싶다. 그러면 사랑하는 우리 아이들이 평생 책과 함께하는 독서가로 살 수 있게 하려면 어떻게 해야 할까?

아이에게 책 읽어주기
《여섯 살, 소리내어 읽어라》(21세기북스)에 인상적인 구절이 있다. 바로 "책 읽어주기는 아이의 영혼을 어루만져준다는 점에서 영혼의 스킨십"이란 표현이다. 여러모로 피곤한 부모들이 아이에게 책을 꾸준히 읽어주기란 결코 쉬운 일은 아니다. 그렇지만 아이를 키우면서 책을 읽어줄 수 있는 시간은 현실적으로 10년이 채 안 된다. 이 시간은 다시 오지 않으므로 나중에 후회하지 말고 열심히 읽어줘야 한다. 아이들이 어렸을 때에는 책을 많이 읽어주다가 한 글을 뗀 후에는 책 읽어주기를 그만두는 경우가 많다. 그렇지만 아이들이 책을 혼자 읽을 수 있게 된 후에도 책 읽어주기를 계속하는 게 좋다. 읽어주는 횟수는 줄더라도 초등학교 고학년이나 중·고등학생 때도 책 읽어주는 시간을 가지면 좋다. 사춘기로 열병을 앓으며 부모와 갈등하는 아이와 화해하는 방법으로 책을 읽어준다는 한 어머니의 얘기를 듣고 고개를 끄덕인 적이 있다.

어린 시절 아이에게 책을 읽어주는 일은 아이와 부모가 아름다운 추억을 공유하는 일이다. 부모님과 좋은 책을 함께 읽은 경험은 아이가 세상을 살아가는 데 큰 힘이 될 것이다. 아이가 혼자 그림책을 읽었을 때 이해할 수 있는 내용이 5퍼센트라면, 부모가 읽어주었을 때는 20퍼센트를 이해한다고 한다.

특히 잠자리에서 읽어주는 '베갯머리 독서(bedtime story)'는 아이의 정서 발달에 좋은 영향을 미친다. 하루를 마무리하며 잠자리에 드는 시간에 사랑을 가득 담은 엄마나 아빠의 목소리를 듣는 일은 아이에게 무척 행복한 시간이 되고 좋은 추억이 된다. 밤이라는 아늑한 시간에 포근한 이불 속에서 듣는 이야기는 머리에 쏙쏙 들어올 뿐 아니라 부모를 독차지하는 기쁨을 선사한다. 이렇게 매일 잠자리에서 그림책 읽는 습관을 들인 아이들은 정서도 안정되고 책 읽는 즐거움도 자연스럽게 알게 된다.

더불어 아이에게 읽어주는 그림책은 부모들에게도 큰 도움이 된다. 그림책은 아이뿐만 아니라 어른에게도 좋은 책이기 때문이다. 그림책은 분량이 짧지만 담겨 있는 내용은 깊이가 있고 한 권한 권이 예술작품이다. 따라서 그림책은 몸과 마음이 지친 부모에게 멋진 예술작품이 되고, 새로운 깨달음을 갖게 하고, 지친 마음을 따뜻하게 어루만져준다. 그림책을 보며 큰 위안을 받았다는 어른도 많다. 이처럼 그림책은 아이뿐만 아니라 부모도 성장시켜준다.

부모가 독서 역할 모델 되기

아이들을 풍요로운 책의 세계로 이끄는 것은 부모의 역할이다. 아이들이 부모가 책 읽는 모습을 보면서 자라는 게 가장 좋은 독서교육이다. 집에서 생활할 때 틈날 때마다 부모가 책 읽는 모습을 본 아이는 자연스럽게 좋은 독서가로 자랄 것이다. 유아기 때부터 다양한 책이 많은 집에서 자라거나 책 읽는 습관을 가진 부모를 둔 아이들은 대부분 책을 좋아하는 아이가 된다. 읽기 능력의 기초는 학교에 다니기 전에 형성되기 때문에 어려서부터 좋은 독서 환경을 조성할 필요가 있다.

미국에서 이루어진 연구에 따르면 집에 있는 책 수와 아이의 학업 성취도가 신기할 정도로 비례했다고 한다. 그런데 이 연구에서 집에 있는 책은 아이들 책만 얘기하는 것이 아니고, 부모용 책도 포함되었다고 한다.

아이들에게 좋은 역할 모델이 되기 위해 책을 읽기보다는 부모가 책 읽는 즐거움을 먼저 느끼면 좋겠다. 특히 그림책은 어른들에게도 큰 힘이 되고 즐거움을 줄 수 있다. 아이를 위한 그림책만 고르지 말고 가끔은 나를 위한 그림책을 고르기를 권한다. 좋은 그림책은 삶을 살아가는 데 큰 위안이 되고 힘이 된다. 아이는 부모가 재미있게 읽은 책을 좋아하기 마련이다. 부모도 자신이 재미있게 읽은 책을 아이에게 읽어줄 때 훨씬 즐겁다.

책을 충분히 볼 수 있는 환경 만들기

아이들이 생활하면서 쉽게 책과 만날 수 있도록 집안 곳곳에 책을 놓아두면 좋다. 거실 탁자나 식탁 위, 화장실, 침대 옆 등 아이들이 머무는 곳에 좋은 책을 놓아둔다. 더불어 정기적으로 도서관에 데리고 가서 책을 보게 하고 다른 다양한 자료도 경험하게 하면 좋다. 거실을 서재로 만드는 것도 좋은 방법이다. 아이들이 깊이 있는 독서를 하려면 편하게 밑줄도 긋고 여러 번 볼 수 있어야 한다. 그러려면 도서관에서 빌려 온 책이 아니라 자신의 책이어야 한다. 따라서 아이들이 스스로 고른 책, 아이들이 좋아하고 여러 번 보면서 소장할 만한 가치가 있는 책은 가급적 사주면 좋겠다. 부모들이 다른 소비는 줄이더라도 책 구입비는 아끼지 않았으면 싶다. 아이들을 위한 책 구입은 그 어느 것보다 효율성이 높은 투자라 생각한다. 책을 구입할 때는 되도록 주제별로 다양하게 사는 게 좋다.

어린이용 그림책은 가급적 전집이 아닌 단행본으로 구입하는 게 바람직하다. 전집은 권당 가격은 저렴할지 몰라도, 그중에서 안 보는 책도 꽤 있기 때문에 오히려 비싸다고 할 수 있다. 아이들에게 마음의 양식이 될 좋은 책을 한 권 한 권 정성껏 고르는 수고는 부모가 마땅히 해야 할 즐거운 수고다.

아이들과 책과 관련한 대화를 많이 하기

가정에서 아이들과 읽은 책과 관련된 이야기를 많이 나누는 것이 무척 중요하다. 얼마나 읽었는지 확인하고 질문하는 것이 부모의 역할은 아니다. 읽고 무슨 생각을 했는지, 인생에 어떤 영향을 미쳤는지, 아이가 생각하고 말하게 하는 것이 우선이다.

"아이에게 책을 읽어주는 부모는 많지만, 그 이야기를 바탕으로 사색적 질문을 던지거나 토론하는 경우는 흔치 않다. 책을 함께 읽으면 아이는 자연스럽게 그 책과 연관된 질문이 생긴다. 질문의 답을 함께 찾아보는 가운데 토론으로 이어지고, 가치관을 형성하게 된다. 친밀하고 사려 깊은 대화는 책 읽기 전과 후의 삶

을 다르게 하는 힘이 된다."(193쪽)

-《초등 공부에 날개를 단다》(한봄)

우리나라의 많은 가정에서 아이들이 커가면서 부모와의 대화가 오히려 줄어드는 경향이 있다. 아이들은 학년이 올라갈수록 세상에 대해 궁금한 게 더 많아지게 마련이다. 이런저런 뉴스를 보며 이해가 안 되는 내용이 있으면 누군가에게 자세한 설명을 듣고 싶어한다. 어렸을 때부터 대화를 많이 나눴던 가정이라면 자연스럽게 아이들이 커가면서 더 많은 얘기들을 나눌 수 있을 것이다. 이렇게 아이들이 궁금한 것을 부모에게 물어볼 수 있어야 한다.

호기심이 많은 시기에 아이들은 궁금한 것이 있으면 늘 부모에게 물어보곤 한다. 그런데 커갈수록 질문이 줄어든다. 물론 책을 통해 아이들이 직접 궁금한 내용을 알아볼 수도 있고, 네이버 검색을 이용할 수도 있다. 그렇지만 큰 아이들이 궁금한 것은 검색으로 알 수 있는 단순한 내용이 아니다. 복잡한 세상에서 벌어지는 다양한 현상에 대해 궁금해하고, 부모의 의견을 듣고 싶은 것이다. 초등학교 고학년이나 중고등학생이 된 아이들과 얘기를 나누는 일은 참 즐겁다. 그리고 그 아이들이 자라 대학생이 되고 사회인이 되었을 때 나누는 대화는 삶의 또 다른 즐거움이다. 어느새 자라 어른이 된 자녀와 맥주나 커피를 마시며 나누는 대화는 그 어떤 즐거움보다 큰 삶의 재미를 준다.

우리나라의 토론 프로그램을 보면, 출연자들이 시작할 때 가졌던 생각이 토론을 거치면서 바뀌는 경우가 거의 없다. 처음부터 끝까지 자기 이야기만 한다. 토론은 어떤 사안에 대해 상대방과 의견을 주고받으며 서로의 생각을 조정하는 것이다. 항상 내 생각이 맞는 것은 아니기 때문이다. 상대방의 얘기가 일리가 있으면 겸허하게 받아들일 수 있어야 한다. 그렇지만 어렸을 때부터 가정과 학교에서 토론 교육을 제대로 받지 못해 토론이 가진 가치나 의미가 제대로 구현되지 못해 안타깝다. 우리나라의 많은 문제가 이처럼 토론 교육의 부재에서 시작되었다는 생각이 들기도 한다. 정치적 사안에 대해 여당과 야당은 토론하지 않고 타협하지 못한다. 노사문제도 그렇고, 정부와 시민단체도 토론과 타협을 못한다. 토론이라는 아름다운 과정을 통해 서로의 생각을 나누면서 조율하며 더 나은 대안을 찾아가는 문화가 만들어져야 한다. 이를 위한 가장 좋은 훈련장이 바로 가정이라고 믿는다.

아이들에게 책 읽을 시간 주기

아이들에게 책을 읽지 않는 이유를 물어보면 시간이 없다는 대답이 항상 1위를 차지한다. 책 읽는 아이로 키우고 싶다면 아이들에게 책 읽을 시간을 많이 주어야 한다. 자발적 읽기를 위해서는 매일 읽고 싶은 책을 골라 읽을 수 있는 여유를 주어야 한다. 그래야 시간이 비었을 때 책으로 손이 가게 될 것이다.

《대한민국 초등학생》(청어람미디어)의 저자인 김수정 선생님은 아침에 밥을 차릴 동안 아이들에게 책을 읽게 한다고 한다. 정신도 번쩍 들게 하고 아침 식사를 하기 전 자투리 시간을 활용하는 의미도 있고, 규칙적인 생활의 첫출발을 책으로 열어주기 위해서라고 얘기한다. 짤막한 동화책은 일어나서 엄마가 식사를 준비하기 전까지 충분히 읽을 수 있다. 독서할 시간이 부족한 요즘 아이들에게 이렇게 자투리 시간을 활용한 아침독서는 엄마가 조금만 신경을 쓴다면 충분히 가능하고, 노력한 이상의 보람을 가져다줄 것이다.

매일 일정한 시간을 정해 책을 읽는 습관을 들이는 게 가장 좋은 방법이다. 《초등 공부에 날개를 단다》의 강백향 선생님은 학교에서 아침독서시간을 매일 15분 갖는 것처럼 가정에서도 가정독서시간을 15분 정도 가지면 좋다고 조언한다. 고학년이라면 잠자기 전 30분 독서도 좋다. 아이들에게 책 읽을 시간을 주려면 사교육과 텔레비전 보는 시간을 줄여야 한다.

텔레비전, 인터넷, 스마트폰 등 디지털 매체는 최소화하기

부모의 노력이 많이 요구되는 부분이다. 부모도 텔레비전은 꼭 필요한 프로그램만 시청하는 버릇을 들이고, 아이에게도 그런 교육을 시키면 좋겠다. 텔레비전이 가정의 중심이 되도록 해서는 안 된다. 습관적으로 텔레비전을 보지 않도록 관심을 기울이고, 볼만한 프로그램은 녹화해서 보는 습관을 기르는 것이 좋다. 인터넷이나 게임을 과도하게 하는 아이들이 많은데, 부모가 시간을 정해주는 게 좋다. 컴퓨터를 아이 방보다는 거실에 놔두는 것도 한 방법이다. 유아들에게 스마트폰을 절대로 줘서는 안 되고, 초등학생에게도 스마트폰은 가급적 사주지 않는 게 좋다. 어쩔 수 없이 사준 경우에는 아이랑 의논하여 스마트폰 사용 시간을 제한해야 한다. 아이들은 판단력이나 자제력이 없기 때문에 부모의 적절한 관여와 관심이 꼭 필요하다.

미국의 시애틀 어린이병원 연구팀은 텔레비전 시청 시간이 한 시간씩 늘어날 때마다 ADHD 발생 위험이 10퍼센트씩 증가한다고 발표했다. 일본 니혼 대학의 모리 아키오 교수는 게임에 빠진 뇌를 치매에 걸린 것에 비유한다. 그는 아이들이 하루 두 시간 이상, 일주일에 4일 이상 게임에 몰두하는 경우 지적 기능을 담당하는 전두엽이 거의 활성화되지 않는다고 말한다. 이러한 연구는 부모의 무지와 무관심이 아이들에게 치명적인 결과를 초래할 수 있음을 일깨워준다.

아빠가 앞장 서는 독서 육아

아빠가 참여하지 않는 독서 육아는 반쪽짜리 육아가 된다. 엄마뿐 아니라 아빠가 함께 독서 육아에 참여하고 독서 모델이 되었을 때 아이들이 정서적으로 안정되고 독서 습관도 훨씬 자연스럽게 길러진다. 책 읽어주기는 아빠가 할 수 있는 가장 쉽고 행복한 육아 참여 방법이다. 이렇게 좋은 일을 많은 아빠들이 아이들을 키우면서 경험하지 못하는 게 정말 안타깝다.

아빠가 책을 읽어주면 아빠의 중저음이 아이의 뇌를 자극해 기억을 더 오래 지속시키게 하고 책을 읽을 때 그 느낌을 기억하게 한다고 한다. 한 연구에 따르면 아빠가 그림책을 읽어주면 아이들에게 글자에 대한 두려움이나 저항감이 줄어들고 글에 대한 관심이 더 높아진다고 한다. 그리고 무엇보다 아빠와 아이가 함께 책을 읽는 시간을 가지며 둘만의 추억을 만든다는 것 자체가 좋은 일이라고 생각한다. 또한 도서관이나 서점에 아빠와 함께 나들이 가는 것도 좋다.

항상 읽을 책 갖고 다니기

책 볼 시간이 없어서 독서를 못한다고 얘기하는 아이들이 많다. 안타깝기도 하지만 그래도 자투리 시간을 잘 사용하면 충분히 책 볼 시간을 낼 수 있다. 아이, 어른 할 것 없이 가방에 항상 요즘 읽는 책을 가지고 다니면 좋겠다. 외출할 때 스마트폰 챙기는 마음으로 책 한 권씩은 꼭 챙기는 문화가 되면 얼마나 좋을까? 버스를 기다릴 때, 학원 수업 기다리는 시간에, 저녁 먹고 난 후 등, 허투루 보내는 시간이 꽤 많다. 그 많은 아까운 시간들을 스마트폰에 뺏기는 아이들이 너무나 안타깝다. 부모들도 아이와 함께 외출할 때 그림책 한 권씩 가방에 넣고 다니면 좋을 것 같다.

서점이나 도서관에 정기적으로 가기

서점이나 도서관에 자주 가면 좋다. 아이들이 서점에 가서 만화만 보지 말고, 실컷 책 구경도 하고 보고 싶은 책도 읽게 하면 좋겠다. 꼭 갖고 싶어하는 책이 있으면 가급적 사주길 바란다. 학교도서관이나 공공도서관에도 일정한 시간을 정해 꾸준히 다니면 참 좋다. 아이와 함께 읽을 책을 찾기 위해 도서관 서가와 서점에서 많은 시간을 보낸 추억을 아이들에게 남겨주는 것 자체가 좋은 교육이다.

나만의 독서노트 만들기

내가 참 좋아하는 오지여행가이자 국제난민 구호 활동가인 한비야 씨는 매년 새해를 맞이하면 수첩에 1부터 100까지 숫자를 쓴다고 한다. 이는 올 한 해 동안 최소한 100권의 책을 읽겠다는 다짐인데, 읽은 책에 대한 기록을 수첩에 적는 것이다. 바쁜 때에는 12월에 숙제하듯 몰아서 책을 읽더라도 꼭 100권을 채운다고 한다. 이러한 일을 수십 년째 하고 있는데, 그녀가 오늘날 이룬 성과는 이러한 의도적인 독서가 상당한 도움이 되었으리라 생각한다.

책을 많이 읽다 보면 내가 어떤 책을 읽었고, 그 책을 읽었을 때 어떤 느낌이었는지 생각이 나지 않을 때가 있다. 그러면 참 아쉽다. 그래서 나만의 독서노트가 필요하다. 조그만 공책이나 수첩을 하나 마련해서 내가 읽은 책의 간단한 서지사항(책 제목, 지은이, 출판사, 읽은 날짜 등)을 적고 그 책을 보고 느꼈던 점이나 책에서 인상 깊었던 구절을 적어놓으면 된다. 이렇게 열심히 적은 독서록을 나중에 보면 그 책을 읽었던 기억이 새록새록 떠오르게 마련이다. 아이에게도 권하고 부모들도 실천하면 좋겠다. 블로그나 페이스북, 인스타그램을 이용해 나만의 독서 기록을 정리하면 편리하다.

책과 친구가 되는 것은 인생에서 가장 큰 행운

아이들이 자발적으로 책을 읽게 하려면 가장 좋은 방법은 책이 참 재미있음을 알게 하는 것이다. 재미가 있다면 아무리 말려도 하게 마련이다. 먼저 가정과 학교에서 우리 아이들이 차분하게 책을 읽을 수 있는 시간과 환경을 만들어준 다음, 조급해하지 말고 기다렸으면 한다. 너무나 분주하게 살아가면서도 차분하게 자신을 돌아보는 시간을 전혀 갖지 못하는 우리 아이들에게 책을 평생의 친구로 만드는 일은 무엇보다 중요한 일이다.

우리 아이들이 살아갈 지식 기반 사회에서는 상상력과 창의력이 가장 중요한 경쟁력이다. 상상력과 창의력 있는 인재로 키우려면 아이들이 자유롭고 편안하게 책과 만나며 자랄 수 있도록 하는 책 읽기가 중요하다. 책과 친구가 되는 것은 인생에서 가장 큰 행운이다. 부모로서 이러한 행운을 사랑하는 우리 아이들에게 선물로 줄 수 있다면 이보다 보람되고 행복한 일은 없지 않을까 싶다.

책으로 즐거운 가족들 이야기 만나보세요
《책으로 노는 집》| 김청연 · 최화진 지음 | 294쪽 | 13,800원
| 푸른지식

　지금 우리는 위기의 시대를 살고 있다. 스트레스를 견디지 못해 목숨을 포기하는 아이들 소식은 우리 가슴을 먹먹하게 한다. 부모는 삭막한 경쟁 사회에서 승리하려면 정신 바짝 차리고 살아야 한다고 아이들을 다그친다. 이런 사회 분위기 속에서 아이들은 마땅히 누려야 할 기본적인 행복을 누리지 못하고 경쟁으로 내몰린다. 그렇게 아이들은 상처받고 멍들어간다. 교육의 위기고 가정의 위기다.

　우리는 그렇게 사랑하는 아이들을 불행으로 내모는 사회를 만들었다. 그런데 이런 사회 분위기에 반기를 든 가정들이 있다.《책으로 노는 집》에는 책을 좋아하는 아홉 가정의 이야기, 우리 사회의 대세와는 거리가 먼 가족들 이야기가 담겨 있다. 책으로 삶을 일굴 줄 알고, 책으로 즐거운 가족들의 이야기는 우리들이 그 알량

한 성공을 위해 얼마나 많은 소중한 가치들을 포기하며 살고 있는지 깨닫게 한다.

책에 소개된 가정들의 독서 문화는 다양하다. 책 읽기를 좋아하는 사람들이 대부분이지만, 독서를 그다지 즐기지 않는 가족들 이야기도 솔직하게 드러나 있다. 그래서 읽기가 더 편안하고, 우리 가정도 해볼 만하다는 용기를 준다.

저자들은 가정의 독서 문화가 부모와 아이의 삶에 어떤 구실을 하는지, 아이들에게 세상을 이해하고 인간을 이해하는 데 어떤 단초를 제공하는지 살펴보고 싶었다고 말한다. 이를 통해 경쟁의 회오리바람에 매몰된 가정들이 그 회오리바람에서 빠져나올 생각을 하고, 더 나아가 자신들만의 새로운 가정 독서 문화를 만들어볼 용기를 얻었으면 하는 바람으로 책을 집필했다고 한다.

책에 소개된 가정마다 독서 문화는 모두 달랐지만, 가족 구성원에게 독서를 강요하지 않고 책 읽기 자체를 즐긴다는 공통된 특징이 있었다. 모두 정해놓은 '독서의 틀' 없이 스스로 원해서 독서를 하고 있었다. 그래서 다른 구성원에게 책을 강요하지 않았다. 가장 중요한 것은 아홉 가정이 하는 독서 활동이 하나의 활동으로 그치는 것이 아니라 그들 삶에 녹아들어 있다는 점이다.

독서 문화를 형성한 가정의 특징은 돈보다 더 가치 있는 정신적인 유산을 자녀에게 물려준다는 점이다. 책을 놓고 대화를 많이 나눈 가정은 서로에 대한 믿음이 두텁다. 내 아들이, 내 딸이 어느 정도 성숙한 생각을 품고 사는지, 얼마나 믿음직스러운 아이인지 부모는 안다. 이런 아이들은 주관이 뚜렷한 인격체로 성장하고, 단단한 모습으로 자기 진로를 개척해나간다.

이 책은 우리가 아이들에게 지금 해줘야 할 것과 물려주어야 할 것이 무엇인지를 생각하게 한다. 우리 아이들이 자신이 원할 때 책을 읽으며 독서의 즐거움을 마음껏 누릴 수 있는 가정 문화가 우리 사회의 주류 문화가 되기를 소망한다. 그것은 아이들이 마땅히 누려야 할 권리이고, 부모는 아이들이 그런 행복을 누리며 살아갈 수 있도록 여건을 만들어줄 의무가 있다. 아이들이 책 읽기의 즐거움을 제대로 만끽하며 살아간다면 아이들에게 기대하는 것은 대부분 이룰 수 있다. 그러니 옆집 아줌마 얘기에 흔들리며 초조해하지 않았으면 좋겠다. 책이 매개가 된 가정 문화가 얼마나 가족 구성원들을 풍족하고 행복하게 만들 수 있는지를 잘 보여준 이 책이 많은 가정에 새로운 독서 문화를 만드는 계기가 되길 기대한다.

아이들을 지적 즐거움의 바다로 이끄는
'두꺼운 책 읽기 프로젝트'
《초등 공부에 날개를 단다》| 강백향 지음 | 232쪽 | 14,000원
| 한봄

　'강백향의 책 읽어주는 선생님' 블로그를 운영하며 독서교육에
대한 생생한 정보를 제공해온 강백향 선생님이 '두꺼운 책 읽기 프
로젝트'라는 신선한 독서교육 사례를 소개하는 책을 펴냈다. 프로
젝트 이름에 끌려 단숨에 읽고 나니 강백향 선생님이 이제 '두꺼운
책 읽기 전도사가 되려는구나' 하는 생각이 들었다. 주로 가볍고
쉬운 얕은 지식을 담은 책을 읽는 아이들에게 '두꺼운 책 읽기 프
로젝트'는 생각의 크기를 확장시키고 내면을 가꿔주는 깊이 있는
독서로 이끌어주는 야심찬 프로젝트다.

　저자는 머리말을 통해 이제 독서 지도 방식은 "책만 많이 읽어
라"가 아닌 "책을 제대로 읽어라"로 바뀌어야 한다고 역설한다. 공
부의 패러다임도 변화해야 한다고 말한다. "지식은 의미 있는 사고
과정을 거쳐 나만의 방식으로 재창조할 수 있어야 한다. 그러려면
다량의 지식보다는 깊이와 경험이 필요하다. 나만의 방식으로 설
명 가능한, 새롭고 경험적인 지식이어야 한다"는 얘기다. 아이들의
독서는 평생 독서의 기반이 되므로 책 한 권을 읽더라도 함께 이야

기를 나누고 생각하며 내 삶에 반영되도록 해야 한다는 저자의 주장에 고개를 끄덕이며 책을 읽었다. 이러한 주장에는 책을 한 권 읽는 행위가 삶에 대한 통찰의 기술을 깨닫는 과정이 되도록 하자는 의미가 담겨 있다.

저자는 독서교육에서 토론의 중요성을 특별히 강조한다. 교실과 가정에서 읽은 책을 가지고 함께 이야기를 나누는 것이 꼭 필요하다는 주장이다. 저자는 책을 읽고 논제를 정해 토론 과정을 거치면 자기 생각을 머릿속에서 정리하여 말하고 쓰는 고차원의 과정으로 자연스럽게 이어져 책의 내용이 비로소 내면화되면서 강한 독서 동기 유발로 이어진다고 설명한다.

이 책은 저자가 학교 현장에서 오랜 기간 아이들과 함께한 경험이 바탕이 되었다는 점에서 가치가 있다. '두꺼운 책 읽기 프로젝트'에 참여한 아이들은 책 읽기에 대한 재미를 스스로 찾았고, 두꺼운 책을 읽어낸 자신에게 감탄했다. 또 좀 더 두꺼운 책을 읽어 보겠다는 도전 의욕이 생기고, 성공 경험이 확장되면서 지적 즐거움의 바다를 알게 되었다. 대부분의 아이들이 책을 고르고 읽는 과정을 당연한 즐거움으로 여기고, 두꺼운 책에 대한 두려움도 없어졌다고 자신 있게 얘기한다. 교사로서 아이들의 성장을 지켜보는 일만큼 즐거운 일이 어디 있을까? 그 즐거움은 저자가 아이들이 두꺼운 책을 천천히 읽더라도 스스로 끝까지 읽어내는 것에 중점을 두며 기다려주었기에 맛볼 수 있었을 것이다.

아이들을 행복한 독서가로 키우려면 학교와 가정의 협력이 중요하므로 교사뿐만 아니라 학부모들도 이 책을 많이 읽었으면 좋겠다. 부모의 책꽂이에서 아이들은 부모의 사상과 가치관을 배운다고 하면서, 살아온 인생이 있는 만큼 부모의 책꽂이가 아이들 책꽂이보다 커야 한다는 저자의 얘기에 공감이 많이 되었다.

이 책은 얕은 수준의 정보와 지식이 넘쳐나는 스마트폰 시대의 독서교육에 새로운 패러다임을 제시하는 귀한 책이다. 많은 교실과 가정에서 '두꺼운 책 읽기 프로젝트'가 진행되어 많은 아이들이 더 많은 책을, 더 수준 높은 책을 읽고 싶어하는 욕망에 불을 지피기를 기대한다. 정말로 우리 아이들이 독서의 즐거움을 제대로 맛볼 수 있었으면 좋겠다. 성장하는 아이들을 지켜보는 즐거움은 거저 얻을 수 없다. 하루도 빠지지 않고 교실에서 아이들에게 책을 읽어주고, 매일 아침 15분 동안 아침독서시간을 가졌기에 가능한 일이다. 아이들에게 독서교육을 시키는 일은 《나무를 심은 사람》의 노인처럼 매일 정성껏 도토리를 심는 일이라는 생각이 든다. 우리 모두 마음을 모아 도토리를 심고 아이들에게 편안하게 책 읽을 여유를 선물하자.

행복한 독서 문화 함께 만들어요

《책 사랑하는 아이 부모가 만든다》| 이주영 지음 | 256쪽 | 18,000원 | 고래가슴쉬는
도서관

《부모와 자녀가 함께 읽는 어린이책 200선》| 이주영 지음 | 484쪽 | 25,000원 | 고래
가슴쉬는도서관

《책 사랑하는 아이 부모가 만든다》는 저자가 33년 동안 초등학
교 교사로 어린이들을 가르치며 학급 독서 문화를 만들기 위해 아
이들과 함께했던 일들과 독서운동단체에서 활동한 경험을 바탕으
로 쓴 글이다. 본인이 직접 실천한 활동을 포함해 오랜 독서운동을
통해 다져진 내공까지 더해 쓴 글이라 현실감도 있고 내용도 풍부
하다.

저자가 책에서 제시하는 내용은 어쩌면 평범하기도 하고 우리
가 이미 아는 내용일지도 모른다. 그렇지만 이 책이 독자들에게 깊
은 울림을 주는 이유는 30년이 넘는 시간 동안 우직하게 한길을
걷고 몸으로 실천하며 경험한 내용을 바탕으로 쓴 글이기 때문이
다. 그렇기에 이 책은 그냥 한 번 읽고 마는 책이 되어서는 안 된다.
당장 할 수 있는 것들부터 차근차근 실천하며 내 것으로 만들어야 하는 책이다. 그러면 내가 가르치고 키우는 아이들이 행복해지고, 그로 인해 나 자신도 행복하게 된다.

《부모와 자녀가 함께 읽는 어린이책 200선》은 저자가 교실 현장에서 아이들과 함께 읽고 교감하며 아이들을 올바르게 성장시킨 책들을 엄선하여 소개한 책이다. 교육의 흐름이나 유행에 따라 단편적으로 기술된 어린이책이 아닌, 오랜 세월 동안 사랑받은 책, 시간이 흘러도 변하지 않는 가치가 담겨 있는 책을 소개하고 있어 독서교육에 관심 있는 교사와 학부모들에게 실질적인 안내서 역할을 하는 책이다. 이 책에 소개된 책들을 교사와 학부모가 먼저 찾아 읽고, 그다음에 아이들에게도 권하면 좋겠다.

이래도 책 안 읽어주실래요?
《하루 15분 책 읽어주기의 힘》 | 짐 트렐리즈 지음 | 눈사람
옮김 | 288쪽 | 13,500원 | 북라인

어린 시절 아버지가 책을 읽어주던 때의 행복한 느낌을 잊지 못
하는 트렐리즈는 자신의 두 아이에게도 매일 밤 책을 읽어주었다.
학부모 자원봉사자로 여러 교실을 방문하면서 많은 아이들이 책
을 즐기지 않는 이유가 부모와 교사가 아이에게 책을 읽어주지 않
기 때문임을 알게 된 그는 1979년에 여름 휴가비를 털어 책을 자
비로 출판한다. 책은 3년 후 펭귄출판사에서 정식 출간되었고, 지
금까지 누적 판매부수가 200만 부를 넘었다고 한다. 트렐리즈는
자신의 소신을 좀 더 많은 사람들에게 알리기 위해 북미 전역에서
강연과 세미나 활동에 헌신적으로 전념하고 있다. 이 책의 일본어
판을 읽은 하야시 히로시는 책의 내용에 공감하고 1988년에 자신
이 교사로 있던 여자고등학교에서 아침독서운동을 시작한다.

이 책에는 아침독서운동에 영감을 준 SSR에 대한 내용이 나온
다. SSR(Sustained Silent Reading, 묵독의 시간)은 1960년대 초반에
버몬트 대학의 라이만 헌트 2세(Lyman C. Hunt Jr.)가 처음 제안했
고, 독서 전문가인 맥크라켄 부부(Robert and Marlene McCracken)

가 연구를 통해 그 효과를 입증했다고 한다.

트렐리즈는 이 책을 쓴 목적에 대해 아이들에게 읽는 방법을 가르치는 것이 아니라, 아이들이 책을 읽고 싶어하도록 가르치는 것에 있다고 말한다. 어떻게 하면 아이들이 책을 읽고 싶어하도록 만들까? 아이가 어릴 때부터 침대 머리맡에서 책을 읽어주면 된다. 아이가 여기서 행복을 느끼면, 스스로 책을 읽기 시작할 것이다. 그런데 문제는 모든 아이들이 이렇게 행복한 환경에서 자라지는 못한다. 그 문제를 해결할 수 있는 이들이 바로 교사다. 저자는 교사가 아이들과 작가의 만남을 주선하는 중매쟁이라고 비유하면서, 부모가 자기 역할을 할 수 없거나 할 의사가 없는 경우에 교사의 역할이 아주 중요함을 역설하고 있다.

아이가 자라서 책을 멀리하게 될까 봐 아이에게 책을 읽으라고 강요하는 걸 꺼림칙하게 생각하는 이들에게 저자는 "아이에게 이는 닦으라고 하면서 왜 책은 읽으라고 하지 않을까?"라는 질문을 던진다. 가치 있는 일에 능숙해지는 길은 그 일을 꾸준히 하는 방법밖에 없기 때문에 교육적인 측면에서 아이에게 강제로 책을 읽게 하는 것은 옳은 일이라는 의미다.

이 책을 다 읽고 나면 트렐리즈의 한마디가 들리는 듯하다.

"이래도 책 안 읽어주실래요?"

사교육 없는 세상 함께 만들어요
《우리는 아이들에게 모두 빚진 사람들이다》 | 송인수 지음
| 272쪽 | 14,000원 | 우리학교

사교육걱정없는세상은 2008년 6월에 출범한 교육운동단체로, 우리 세대에 국민들 스스로의 힘으로 입시를 위한 사교육 고통을 끝내고 아이들을 사교육 걱정 없는 세상에서 행복하게 살게 하자는 것을 사명으로 삼고 있다. '선행학습 금지' '대학 개혁' 등 모두가 불가능하다고 말하는 운동 영역에서 괄목할 만한 성과를 이끌어내며 '민간 교육부'라는 별칭을 얻기도 했다.

《우리는 아이들에게 모두 빚진 사람들이다》의 저자는 사교육걱정없는세상의 송인수 대표다. 송 대표는 2003년에 교육운동에 전념하기 위해 교직을 사직했고, 지난 10여 년간 혼신을 다해 교육운동에 힘써왔다.

이 책은 저자가 페이스북에 틈틈이 쓴 글들을 모은 것으로, 아픈 교육 현실에 대한 저자의 깊은 고뇌, 문제를 바라만 보지 않고 개선하기 위해 애쓰는 열정과 그 과정에서 필연적으로 따를 수밖에 없는 힘겨움이 그대로 느껴진다.

책 출간을 염두에 두지 않고 그때그때 페이스북에 올린 글이라

분량도 들쭉날쭉하고 주제도 일관성이 없다. 하지만 그 덕분에 글이 살아 있고 읽는 재미가 있다. 저자는 이 땅의 어떤 운동가보다 탁월하고 스스로에게 엄격한 사람이지만, 한편으로 평범하고 연약한 소시민이자 사춘기 아들을 바라보며 당황해하는 평범한 아버지이기도 하다.

"세상을 변화시키는 일에 자신은 집중한다고 하면서 자녀들과는 그 경험을 나누지 않는다면 삶은 얼마나 공허한가, 얼마나 모순인가"라고 성찰하는 아버지, 자식에게 "너는 네 인생의 숙제가 따로 있을 것이니 네 삶을 살아라"라고 말하는 아버지는 참 멋지다.

우리 사회가 가진 문제에 대해 얘기하는 사람은 많지만 그 문제를 조금이라도 개선해 더 나은 사회를 만들기 위해 고민하고 길을 찾는 사람은 많지 않다. "무릇 중요한 것은 변화를 이끌어내는 것"이라고 말하는 저자는 바로 그렇게 길을 만드는 사람이다. 그가 만드는 길이 많은 이들에게 희망과 기쁨을 줄 것이라 믿는다.

6장

또 다른 독서운동,
동네책방 살리기

동네책방은 도서관과 더불어 마을에 책 문화를 만드는 데 중심 역할을 담당하는 소중한 공간이다. 더불어 동네책방의 활성화는 갈수록 심화되는 출판 불황을 타개하는 가장 좋은 지름길이기도 하다. 현재 많은 출판사들이 책 판매가 줄어들어 어려움이 많은데, 중요한 원인 중 하나로 서점의 감소를 꼽는다. 서점이 줄어든 것은 그만큼 독자들이 일상적으로 책과 만날 공간이 현저하게 줄어들었다는 의미다. 적어도 마을마다 한두 곳은 좋은 책을 취급하는 동네책방이 있어야 하는데, 아쉽게도 현실은 그렇지 못하다.

독서 인구가 계속 줄어들고 대형 인터넷서점이 등장하면서, 상대적으로 경쟁력이 취약한 동네책방은 갈수록 우리 곁에서 사라지는 중이다. 그런데 최근에 동네책방에 대한 사회적 관심이 무척 높아졌다. 동네책방을 지금처럼 자본주의 경쟁 체제에 방치했다가는 멸종할 수 있다는 위기의식을 갖고 동네책방이 가진 가치에 대해 진지하게 생각하고 주목하는 이들이 많아졌기 때문이라고 생각한다.

〈작은도서관신문〉 50호를 맞이하면서 동네책방까지 아우르기 위해 제호를 〈동네책방동네도서관〉으로 바꾸었다.

동네책방운동의 첫발, 행복한책방

동네책방을 꿈꾸다

앞으로 동네책방에 관심을 갖고 무엇이라도 도움이 되는 역할을 해야겠다는 생각을 갖게 한 것은 한 권의 책을 만났기 때문이다. 그 책은 바로 괴산에서 숲속작은책방을 운영하는 백창화·김병록 부부가 함께 쓴 《작은 책방, 우리 책 좀 팝니다!》(남해의봄날)다. 이 책의 저자들은 나와 함께 고양시에서 작은도서관운동을 펼쳤던 이들이다. 일산신도시에서 꽤 특색 있는 작은도서관을 운영했던 두 분이 이후에 서울 서교동으로 옮겨 운영하다가 시골에서 작은도서관을 해보려고 괴산으로 내려갔다. 그런데 괴산에서 예상하지 못한 일이 생겨 도서관을 못 열었는데, 이것이 결과적으로 전화위복이 되어 숲속작은책방을 내게 되었다. 지금 숲속작은책방은 전국의 독서가들이 꼭 가보고 싶어하는 순례지가 되었고, 시골에 자리 잡은 책방도 운영자의 역량에 따라 얼마든지 지속 가능할 수 있다는 사실을 보여주는 좋은 사례가 되었다.

이주영 선생님이 쓴 《어린이책을 읽는 어른》이 어린이도서관운동에 불을 지폈다면, 《작은 책방, 우리 책 좀 팝니다!》는 동네책방운동에 불을 지핀 이정표가 되는 책이다. 어린이도서관을 하면서 만난 이들 중에 《어린이책을 읽는 어른》을 읽고 시작했다는 경우가 많았다. 마찬가지로 《작은 책방, 우리 책 쫌 팝니다!》는 많은 이들에게 동네책방에 대한 소망을 품게 했고, 그중에서 몇 명은 용감하게 서점을 열었다. 광주에 있는 '동네책방 숨'이 대표적인 사례다.

나도 〈작은도서관신문〉 2015년 10월호에 서점과 도서관을 주제로 한 세 권의 책을 묶어 소개하는 글을 썼는데, 그 책들을 읽으며 동네책방에 대한 생각을 새롭게 다지게 되었다.

▶ **동네책방과 동네도서관의 르네상스 꿈꾸기**

- 《작은 책방, 우리 책 쫌 팝니다!》 / 백창화, 김병록 지음 / 288쪽 / 16,500원 / 남해의봄날
- 《동네도서관이 세상을 바꾼다》 / 이소이 요시미쓰 지음 / 홍성민 옮김 / 220쪽 / 13,000원 / 펄북스
- 《어느 날 서점 주인이 되었습니다》 / 페트라 하르틀리프 지음 / 류동수 옮김 / 272쪽 / 13,000원 / 솔빛길

큰아이가 어렸을 때 집 근처에 작은 어린이 전문 서점이 있었다. 아이들과 책을 정말로 사랑하는 선한 주인장이 운영하는 이 책방은 참 예쁘고 멋진 동네의 명소였다. 동네를 산책할 때마다 그 책방에 들르는 일은 내 일상에서 참 행복한 일 중 하나였다. 아

이에게 책을 읽어주기도 하고, 마음에 드는 책이 있으면 마음껏 읽을 수도 있는 그곳은 내게 꿈의 공간이었다. 이런 소박한 행복은 그 책방이 치솟는 임대료를 감당하지 못해 이사를 가면서 더이상 누리지 못했다. 그리고 지금까지 나는 가고 싶은 책방 하나없는 동네에서 살아간다. 책방 없는 동네는 참 삭막하다. 마을에 책 문화를 만드는 동네책방이 없으니 나라도 만들까 하는 생각을 오래전부터 해왔지만 용기가 안 나 시작을 못했는데, 최근에 나온 몇 권의 책이 이런 마음에 불을 지른다.

가정식 책방 '숲속작은책방' 이야기

《작은 책방, 우리 책 쫌 팝니다!》는 오랫동안 어린이도서관을 운영해온 부부가 시골에 내려가 우여곡절 끝에 열게 된 우리나라 최초의 가정식 책방인 '숲속작은책방' 이야기다. 여기에 더해 부부가 찾아 나선 전국의 특색 있는 책방들과 북스테이 공간들을 소개해 언론의 주목을 한껏 받았다.

도시 탈출을 꿈꾸던 부부는 2011년 충북 괴산에 조성 중이었던 전원 마을인 미루마을에 입주하기로 했다. 미루마을에서 마을 회관 2층에 작은도서관 공간을 내주기로 했기 때문이다. 그렇지만 여러 가지 사정으로 작은도서관을 열지 못하게 되었고, 부부는 좌절과 고통의 시간을 견뎌야 했다. 손재주가 있었던 남편은 망치와 톱을 들어 땀을 흘리며 마음을 다스렸고, 그 땀은 동화

같은 책 공간을 탄생시켰다. 부부는 이렇게 책의 향기가 물씬 풍기는 아름다운 공간에서 하룻밤 머물고 싶다는 방문객들의 요청을 받아들여 '책이 있는 집에서 하룻밤'을 시작한다. 이 공간에서 부부는 처음에 소장하던 헌 책을 팔다가 이내 새 책도 파는 서점을 운영하기로 한다. 불과 1년 만에 1,000명 가까운 방문객이 숲속작은책방을 찾았다고 하니 놀라운 일이다.

이 책에는 책 좋아하는 이들이라면 알 만한 서점들이 많이 소개되어 있다. 사유하는 청소년들을 키우는 부산의 인디고서원, 서울의 길담서원과 책방이음, 어린이전문서점인 부산의 책과아이들, 최고의 핫 플레이스로 떠오른 홍대 앞 땡스북스, 제주도 시골 마을에 있는 소심한책방이 그 주인공들이다. 그 밖에도 충주 책이있는글터, 군산 한길문고, 진주문고 등 지역에서 의미 있는 활동을 꾸준히 펼치며 지역의 책 문화를 이끄는 중견 서점들도 함께 소개하고, 독립출판물만을 전문으로 다루는 책방들도 다룬다. 책에서 소개한 책방들은 이제 내게 시간이 허락한다면 꼭 찾아가고 싶은 곳이 되었다. 아니, 시간을 꼭 내서 찾아가야 할 순례지다.

백창화 씨는 "내가 좋아서 책을 사고, 책을 읽고, 그 책이 너무 좋아 주위 사람들에게 책을 권하고, 그 책을 팔아 밥을 먹는 일. 이런 소소한 일이 우리 같은 동네 작은 책방 주인장들에겐 비길 데 없는 행복"이라고 말한다. 이들이 이런 소박한 행복을 언제까지라도 누릴 수 있기를 간절히 바란다.

세상을 바꾸는 동네도서관 이야기

《동네도서관이 세상을 바꾼다》는 일본에 큰 바람을 일으킨 '마
치라이브러리(町圖書館) 운동'을 소개한다. 이 책의 저자인 이소
이 요시미쓰는 놀랍게도 52세 때 사람들이 서로 배움을 나누는
작은 모임을 여는 동네도서관으로 세상을 바꾸고 싶다는 꿈을
꾸었고, 그 꿈은 일본 전역에 120여 개의 동네도서관을 새로 만
드는 결실로 이뤄졌다.

저자는 서문에서 "동네도서관은 책을 매개로 사람과 사람이 만
나 교류하는 모든 활동을 통칭하는 말이다. 이 작은 활동들이 모
여 큰 힘이 되고 마침내 우리의 삶을 바꾸고 세상을 바꾸리라 확
신한다"고 말한다. 그가 말하는 동네도서관의 지향점은 '배움'이
다. 세대와 성별을 초월해 지속 가능한 배움을 서로 나누는 일.
배움의 인연인 '학연'을 만들어 활발히 교류할 수 있도록 돕는
것이 동네도서관의 꿈이며 역할이라고 설명한다. 그는 개인의
작은 변화가 세상을 바꾸는 큰 힘이 된다는 사실을 잘 아는 사람
이다.

마치라이브러리 운동은 우리나라의 작은도서관 운동에 시사하
는 바가 크다. 지금까지 작은도서관 운동은 우리나라의 부족한
공공도서관 인프라를 개선시키고, 지역의 책 문화 활동을 활성

화시키는 데 많은 역할을 해왔지만 앞으로의 전망은 그리 밝지 않다. 지속 가능한 운영과 방향성을 고민하는 민간 작은도서관 관계자들이 이 책을 읽어보면 좋을 듯싶다.

오스트리아 서점 주인의 눈물나는 생존기

《어느 날 서점 주인이 되었습니다》는 제목처럼 어느 날 갑자기 빈에 있는 서점의 주인이 된 저자의 눈물나는 좌충우돌 생존 분투기다. 서점 사정이 어렵기는 오스트리아나 우리나라나 비슷하지만, 책을 읽다 보면 놀라운 점이 많다. 이 책은 작은 서점이 어떻게 시내의 대형 서점이나 인터넷서점에 맞서 경쟁력을 가질 수 있는지를 잘 보여준다. 12평밖에 안 되는 작은 규모의 서점이 여러 명의 직원을 두고, 단 1분도 손님이 없는 적이 없어 힘들다는 불평은 우리나라 서점 운영자들에게는 배부른 소리로 들릴까 살짝 걱정되기도 한다. 책을 읽으며 완전도서정가제가 오프라인 서점이 경쟁력을 가질 수 있는 가장 기본적인 환경임을 새삼 느꼈다. 이 책은 현재 서점을 운영하거나 서점을 꿈꾸는 이라면 꼭 읽어볼 가치가 있다.

이 책들이 독자들에게 동네책방과 동네도서관의 가치에 대해 다시금 생각해보는 계기가 되면 좋겠다. 내가 사는 마을에 아이들과 손잡고 마실 가듯 들를 수 있는 동네책방과 동네도서관이 있을 때 우리 삶의 질이 얼마나 높아질 수 있는지 깨닫는 이들이 많아지기를 기대한다. 그래서 지금 얼마 안 남은 이들 공간들이 오래도록 유지되고, 새롭게 더 많은 동네책방과 동네도서관들이 우리 주변에 만들어지면 참 좋겠다. 책을 읽고 사유하고 실천하는 이들이 많아질 때 우리 사회가 더 살기 좋은 곳으로 바뀔 수 있다고 믿는다. 동네책방과 동네도서관에서 일하는 이들이 행복하기를.

〈작은도서관신문〉에서 〈동네책방동네도서관〉으로

〈작은도서관신문〉은 2016년 1월호로 50호가 되었다. 이를 계기로 신문이 다루는 범주를 동네책방까지 확대하기 위해 2016년 2월호부터 〈동네책방동네도서관〉으로 제호를 변경했다. 앞으로 마을마다 책 문화가 확산되려면 동네책방이 무척 중요하다고 생각했기 때문이다. 1990년대 후반과 2000년대 초반에 작은도서관에 주목한 것은 당시 우리 사회의 도서관 인프라가 수요에 비해 터무니없이 부족했기 때문이다.

도서관과 서점은 한 사회의 책 문화를 이끄는 두 날개라 할 수 있다. 동네책방이 마을의 책 문화를 이끄는 거점이 된다면, 동네책방 하나 없는 마을이 대부분인 현실을 타개할 해결책이 필요한 시점이다. 이런 인식하에 동네책방을 살리는 일에 관심을 갖고 다양한 노력을 기울여야겠다는 생각을 했다. 〈동네책방동네도서관〉 발행은 이런 노력의 시작이라 할 수 있다. 다행히 동네책방에 대한 사회적 관심이 높아지면서 신문도 좋은 반응을 얻고 있다. 아래는 〈동네책방동네도서관〉 제호 변경 첫 호에 실은 글이다.

▶동네마다 책방과 도서관이 튼실하게 자리 잡기를

(사)한국서점조합연합회가 조사한 자료에 따르면 문구류를 취급하지 않는 순수 서점수가 1994년 5,683개, 1997년 5,407개에서 2001년 2,646개, 2005년 2,103개, 2009년 1,825개, 2013년 1,625개로 꾸준히 줄어들고 있다. 2015년 조사 결과도 현재 집계 중인데 2013년보다 줄었다고 한다. 전국의 읍면동수가 3,486개(2014년 6월 기준)임을 감안하면 실제로 책방이 하나도 없는 동네가 상당수 존재하는 게 우리의 슬픈 현실이다. 심지어는 기초 지방자치단체인 군 단위에 책방이 하나도 없거나 한두 개에 불과한 지역도 상당수 있다.

이러한 책방의 쇠락은 출판계 전체의 위기를 가져오고, 궁극적으로는 우리나라 출판 문화의 몰락을 가져올 수 있다는 점에서 심각하다. 동네책방은 책을 사랑하는 독자들이 일상생활 속에서 자연스럽게 책을 만날 수 있는 공간이고, 그 동네의 책 읽는 문화를 일구는 중심 공간이기도 하다.

앞으로 〈동네책방동네도서관〉은 동네책방과 동네도서관의 르네상스시대를 꿈꾸며, 이를 위한 다양한 이야기를 나누고 필요한 정보를 제공할 수 있도록 최선의 노력을 다할 생각이다. 국내외의 좋은 사례를 소개하고, 책방의 나아갈 방향에 대한 전문가의 조언도 실을 예정이다. 또한 책방과 도서관을 사랑하는 아름다운 이들도 적극적으로 발굴해 소개하려 한다. 〈동네책방동네도서관〉이 소개하는 기사들이 책방을 새로 열고 싶어하는 이들에게 시작할 용기를 줄 수 있기를 바란다.

〈동네책방동네도서관〉이 책과 책방 그리고 도서관을 사랑하는 독자들의 사랑을 받고, 책방과 도서관 문화를 일구는 데 작은 역할이라도 했으면 하는 바람을 갖고 설레는 마음으로 첫걸음을 내딛는다.

마을의 책 문화를 가꾸는 동네책방

동네책방은 도서관과 더불어 마을에 책 문화를 만드는 데 중심 역할을 담당하는 소중한 공간이다. 더불어 동네책방의 활성화는 갈수록 심화되는 출판 불황을 타개하는 가장 좋은 지름길이기도 하다. 현재 많은 출판사들이 책 판매가 줄어들어 어려움이 많은데, 중요한 원인 중 하나로 서점의 감소가 손꼽힌다. 서점이 줄어든 것은 그만큼 독자들이 일상적으로 책과 만날 공간이 현저하게 줄어들었다는 의미다. 적어도 마을마다 한두 곳은 좋은 책을 취급하는 동네책방이 있어야 하는데, 아쉽게도 현실은 그렇지 못하다.

독서 인구가 계속 줄어들고 대형 인터넷서점이 등장하면서, 상대적으로 경쟁력이 취약한 동네책방은 갈수록 우리 곁에서 사라지는 중이다. 그런데 최근에 동네책방에 대한 사회적 관심이 무척 높아졌다. 동네책방에 대한 기사를 다루는 언론도 많아졌고, 관련 행사도 활발하게 열리는 편이다. 실제로 책방을 운영하려는 열망을 가진 이들도 주변에서 쉽게 만날 수 있다. 동네책방을 지금처럼 자본주의 경쟁 체제에 방치했다가는 멸종할 수 있다는 위기의식을 갖고 동네책방이 가진 가치에 대해 진지하게 생각하고 주목하는 이들이 많아졌기 때문이라고 생각한다.

서울시는 2016년 7월 14일 전국에서 처음으로 지역서점 지원 조례인 '서울특별시 지역서점 활성화에 관한 조례안'을 공포하고 시행에 들어갔다. 서울시의 지역서점 조례는 "시장은 지역서점의 경영 안정 지원을 통한 성장 기반 조성을 위하여 지역서점 육성 및 지원에 필요한 시책을 적극 발굴하고 추진하여야 한다"며 지역서점 육성과 지원을 시장의 책무로 규정했다. 또한 시장이 지역서점 지원 정책의 기본 방향, 자금 지원, 지역서점 상권 활성화 등이 포함된 '지역서점지원계획'을 매 3년마다 수립해서 시행하도록 정했다. 조례에는 시장이 지역서점 활성화를 위한 중요 정책 사항,

지역서점 활성화 계획 수립에 관한 사항, 지역서점 활성화 지원에 관한 사항 등을 심의, 자문하는 '지역서점위원회'도 설치할 수 있도록 하는 내용도 포함되었다. 경기도에서도 2016년 8월에 '경기도 지역서점 활성화 및 지원에 관한 조례안'을 제정했다. 이런 지원 조례 제정은 다른 지자체로도 확산될 것으로 보인다.

핫 플레이스로 손꼽히는 서울 홍대, 연남동, 상암동에는 특색 있는 서점들과 북카페, 그림책방이 잇달아 문을 열며 동네책방에 관심 있는 이들에게 순례지가 되고 있다. 서점 직원, 편집자, 도서관 관계자 등 책과 관련된 일을 해왔던 사람들뿐만 아니라 디자이너, IT회사 직원, 광고 전문가, 연예인 등 다양한 경험을 가진 인재들이 전국 각지에 동네책방을 열어 기대를 갖게 한다. 이들이 각자의 경험을 살려 특색 있는 책방들을 운영하면서 독서 문화에 새로운 활력을 불어넣고 있다.

이런 동네책방에 대한 관심들이 분명 반가운 일이긴 하지만, 아직 동네책방의 안정적인 운영을 보장할 정도는 아니다. 동네책방이 고유한 업무인 책 판매 수익으로 지속 가능한 운영을 하는 게 결코 쉽지 않다. 실제로 많은 동네책방들이 높은 임대료에 허덕이고, 책방 주인들이 가져가는 인건비는 노동 시간으로 따지면 최저임금도 못 되는 게 냉정한 현실이다.

최근에 만난 한 동네책방 운영자는 책방의 지속 가능성에 확신을 갖지 못한다고 솔직하게 얘기한다. 최근 트렌디한 동네책방에 대한 관심이 높아지면서 텔레비전의 책 프로그램 등 여러 매체에서 책방을 다뤘지만, 아쉽게도 실제 매출로 이어지진 않았다고 한다. 그는 책방에서 일하는 게 무척 행복하지만 언제까지 운영할 수 있을지 늘 걱정이다. 책방 일을 무척 좋아하는 그가 오랫동안 책방을 즐겁게 운영할 수 있도록 관심과 지원이 절실하다.

오스트리아의 작은 동네책방 주인이 쓴 《어느 날 서점 주인이 되었습니다》에 인상적인 내용이 나온다. 그리 멀지 않은 시내 중심가에 대형 서점이 있지만, 이 책방을 이용하는 동네 주민들은 책을 꼭 이 작은 동네책방에서 구입한다고 한다. 이 책방의 이용자들은 없는 책은 주문하면 된다고 말하며, 대형 서점이나 인터넷서점을 왜 이용하느냐고 반문한다. 동네책방이 마을에서 얼마나 중요한 존재인지 잘 아는 마을 주민들의 의식적인 구매가 작은 동네책방을 살리고, 그 혜택이 온전하게 주민들에게 돌아가는 선순환 구조가 책을 읽는 내내 흐뭇한 미소를 짓게 했다. 동네책방과 주민들의 관계가 이런 모습으로 나아가면 참 좋겠다.

동네책방 힘나게 하는 다양한 지원 정책

앞으로 여러 지자체에서 동네책방 활성화를 중요한 주제로 잡고 다양한 정책을 시행하기를 기대한다. 현재 운영되는 책방들이 책방 본연의 역할을 잘 담당할 수 있도록 지원하는 한편, 새롭게 다양한 형태의 책방이 만들어질 수 있도록 세심한 정책이 마련되면 좋겠다. 예를 들어 책방 운영에서 가장 큰 걸림돌인 공간 문제를 공공시설의 유휴 공간을 활용하는 방식으로 해결하면 좋을 듯싶다. 새로 들어서는 공공도서관에 작은 책방을 입점시키는 방안도 검토했으면 한다. 구청이나 지하철 역사 등에 저렴한 임대료로 임대하는 책방 공간이 마련되면 관심을 갖는 시민들이 많을 것으로 생각한다. 2016년 6월 25일자 〈한겨레신문〉에 프랑스 파리시가 시내에 비어 있거나 매물로 나온 상가를 사들여서 사라져가던 소규모 서점 등에 저렴한 임대료를 받고 임대해주었다는 기사가 실렸다. 우리나라 지방자치단체들도 검토해볼 만한 방안이란 생각이 든다.

동네책방이 마을마다 자리를 잡고 지속적으로 운영될 수 있으려면 정책적인 지원에 앞서 더 중요한 것이 독자의 역할이다. 책을 의식적으로 동네책방에서 구입하는 성숙한 독자들이 많아져야 한다. 여기에 실제적인 도움이 되는 정책적인 지원이 보태진다면 다양한 특색을 지닌 동네책방들이 책 생태계와 독서 문화를 풍성하게 만들 수 있으리라 기대한다. 마을마다 소박하지만 고유한 색깔을 가진 책방들이 자리 잡아 마을의 책 문화를 가꾸는 중심이 되기를 바라는 마음이 간절하다.

서점의 가치와 중요성에 대한 인식이 높아지면서 다양한 방식으로 서점에 대한 지원이 이루어져 희망이 보인다. 이는 책 생태계에서 서점이 가진 고유한 가치가 새롭게 조명되는 최근의 현상에 힘입은 점도 있겠지만, 자본주의의 치열한 경쟁 체제에서 경쟁력이 열악한 작은 규모의 서점을 지원하지 않으면 서점의 감소를 막을 수 없다는 현실적인 인식이 있었기 때문으로 보인다. 2016년 3월 9일에 발표한 ㈜한국서점조합연합회의 《2016 한국서점편람》의 분석에 따르면, 1996년 5,378개로 정점을 찍었던 전국 서점수는 꾸준히 줄어 2015년 1,559개에 불과한 형편이다. 즉, 20년 전에 있던 네 개의 서점 중 세 개는 문을 닫았다는 이야기다. 최근 들어 감소폭이 줄어들었다는 것이 그나마 위안을 준다.

2014년 11월 도서정가제가 시행되면서 가장 눈에 띄는 현상은 공공도서관에서 기존의 입찰 방식이 아니라 지역서점에서 도서를 구입한다는 것이다. 일부 지방자치단체에서 시작된 지역서점 우선 구매 방침이 좋은 반응을 얻으면서 전국적으로 확산되는 분위기이다. 그리고 이러한 현상은 앞으로 더 늘어날 것으로 기대된다.

지역서점 우선구매제도는 지역별로 다양한 형태로 진행 중이다. 모든 도서를 지역서점에서 구입하는 경우도 있지만, 아직까지는 도서 구매량의 일부를 지역서점에 할애하는 경우가 일반적이다. 주목할 것은 공공도서관의 도서 구입을 연간총액입찰제로 구매했던 방식에서 지역서점과 수의계약하는 방식으로 변경하거나, 입찰 참가 자격을 관내에 있는 지역서점으로 제한하는 지방자치단체가 점점 늘고 있다는 점이다. 이는 도서정가제 시행으로 할인율이 제한되면서 최저가 입찰 방식이 의미가 없어졌고, 서점업과 전혀 관련이 없는 제약 업체와 주유소 등 유사 사업자들이 대거 공개 경쟁 입찰에 참여하는 등 제도상의 문제점이 드러났기 때문이다.

경기도 고양시는 2015년에 공공도서관과 공립작은도서관, 이동도서관의 총 도서 구입비 11억여 원을 전액 관내 27개 서점과 수의계약으로 구입하는 정책을 실시했다. 고양시의 파격적인 방침은 KBS뉴스에 보도되는 등 언론의 높은 관심을 끌었고, 다수의 지방자치단체에서 모범 사례로 벤치마킹했다. 군포시, 포천시, 경산시 등 다른 지자체도 이 대열에 가세했다.

문화체육관광부도 공공기관의 도서 구입 시 지역제한입찰제를 활용하여 해당 지역에서 실제 운영하는 서점과 진행할 것을 적극 권장한다. 실제로 전주시나 동해시처럼 공공도서관의 도서 구매 입찰 참가 자격을 광역지자체에서 기초지자체로 제한하는 경우도 늘고 있다. 성남시는 공개 입찰에서 수의계약이 가능하도록 분할 계약으로 도서 구입 방식을 변경했다. 이렇게 하면 발주액을 2천만 원 이하로 분할할 수 있어 지역서점과 수의계약으로 진행할 수 있다.

학교도서관을 관할하는 교육청도 지역서점 지원에 적극 나서고 있다. 서울시교육청은 산하 공공도서관과 학교도서관에서 건당 1천만 원 미만 도서 구매 시 지역서점을 이용하도록 하고, 1천만 원 이상은 경쟁 입찰을 하되 학교장터(S2B)를 이용하도록 하고 있다.

도서 구입비의 일부를 지역서점에 할애하는 지자체도 점점 확산되는 추세다. 그렇지만 아직도 지방계약법에 따른 공개 입찰 방식을 기계적으로 적용하는 지자체가 훨씬 많다. 공개 입찰 때 실제 매장이 없는 '페이퍼 컴퍼니'를 걸러내기 위한 '서점 인증제'를 도입하는 등 보완책을 마련할 필요가 있다. 더불어 시민의 세금으로 이루어지는 공공기관의 도서 구입이 지역서점을 살리는 역할을 할 때, 지역의 문화와 경제 살리기로 이어질 수 있다는 사실에 지자체와 교육청 담당자들이 관심을 갖길 바란다.

한국출판문화산업진흥원은 2016년 한 해 동안 8억 5천만 원을 지역서점 지원 정책 예산으로 확보하고 집행했다. 진흥원의 지원 예산은 2013~2014년은 3억 5천만 원이었는데, 도서정가제가 실시된 2015년부터 8억 5천만 원으로 대폭 늘어났다.

지원 정책의 세부 내용은 다음과 같다. 지역서점 활성화를 위해 전국 40개 지역서점에 저자 초청 강연회, 독서토론회, 시낭송 등 독서 관련 프로그램을 지원하고, 독서 및 문화 행사 공간 설치비를 지원한다. 그리고 한국서점조합연합회가 서점 창업 예정자와 종사자를 대상으로 서점 전문 인력 양성 교육과정을 4회 진행한다. 지역서점 POS 연계 구축 사업을 개발하여 20평 내외 소형 서점용 웹 기반 판매관리시스템을 구축하고, 지역서점 포털사이트도 만들 예정이다. 이 밖에도 출판유통선진사례현장조사(대상국 일본, 10명)와 출판유통정보화(신간 DB 구축) 사업도 지원한다. 진흥원의 지역서점 지원 정책은 적지 않은 정부 예산이 소요되는 만큼 서점 현장의 목소리를 충실히 반영하여 실질적인 지원이 될 수 있기를 기대한다.

지역서점을 지원하려는 지자체의 아이디어 경쟁도 치열하다. 좋은 사례들은 다른 지자체에서 벤치마킹해도 좋을 듯싶다. 용인시에서 2016년 2월부터 시행한 '희망도서 바로 대출제도'는 가장 눈길을 끈다. 이 제도는 공공도서관 회원으로 등록한 시민이 협약을 맺은 서점에 가서 읽고 싶은 책을 골라 대출받고 3주 이내에 공공도서관에 반납하면, 해당 책이 도서관 장서로 등록된다. 책값은 도서관이 서점에 지불하며, 한 사람당 한 달에 다섯 권까지 대출받을 수 있다. 2016년 예산은 1억 원이다.

의정부시는 시민들의 공공도서관 이용 실적에 포인트를 제공해 서점에서 사용할 수 있도록 한 '공공도서관-서점 멤버십 포인트제'를 실시 중이다. 시민이 도서관에서 책 한 권을 빌릴 때마다 50포인트씩 적립된다. 1포인트는 1원으로 계산되어 제휴 서점에서 책을 살 때 쌓인 포인트만큼 할인받는 방식이다. 지역서점을 찾는 시민들이 늘어나면서 서점은 매출이 늘고, 시민들은 도서관 대출 실적만큼 싸게 책을 살 수 있다. 시민들의 도서관 이용도 늘어나고 서점은 수익의 일부를 시민에게 돌려주는 선순환 구조를 만들 수 있어 긍정적인 평가를 받고 있다.

순천시는 시가 추천하는 좋은 책 400종을 지역서점에서 30퍼센트 할인된 가격으로 구입할 수 있도록 도서 구입비를 지원하는 제도를 시행 중이다. 할인된 30퍼센트의 예산은 시에서 20퍼센트, 지역서점에서 10퍼센트를 지원한다. 시민들의 책 구입비 부담을 줄여주고 지역서점의 이용을 늘려주는 제도로 주목을 끈다. 다만 모든 책을 대상으로 하지 않고 한정된 추천도서만을 대상으로 한 방식은 재고할 필요가 있어 보인다. 순천시가 책정한 2016년 예산은 1,100만 원이다.

이처럼 여러 지자체에서 다양한 방식으로 서점 활성화와 시민들의 독서 생활을 지원하는 방안을 모색하고 추진하는 일은 매우 고무적인 현상이다. 물론 시행착오는 있겠지만, 이런 지원 정책들이 소기의 성과를 거두고 다른 지자체로도 확산되기를 기대한다.

책 생태계를 이루는 중요한 요소인 서점이 지역의 독서문화를 이끄는 중심 역할을 담당할 수 있도록 공공기관과 독자들의 적극적인 관심과 성원이 어느 때보다 필요한 시점이다. 더불어 이러한 관심에 부응할 수 있도록 서점들도 각고의 노력을 기울이길 바란다.

책으로 만나는 일본 서점 이야기

- 《시바타 신의 마지막 수업》/ 이시바시 다케후미 지음 / 정영희 옮김 / 256쪽 / 15,000원 / 남해의봄날
- 《서점은 죽지 않는다》/ 이시바시 다케후미 지음 / 백원근 옮김 / 312쪽 / 15,000원 / 시대의창
- 《책의 역습》/ 우치누마 신타로 지음 / 문희언 옮김 / 248쪽 / 12,000원 / 하루
- 《오키나와에서 헌책방을 열었습니다》/ 우다 도모코 지음 / 김민정 옮김 / 248쪽 / 13,000원 / 효형출판
- 《지적 자본론 – 모든 사람이 디자이너가 되는 미래》/ 마스다 무네아키 지음 / 이정환 옮김 / 216쪽 / 13,800원 / 민음사
- 《도쿄의 서점》/ 현광사 MOOK 지음 / 노경아 옮김 / 144쪽 / 11,500원 / 나무수
- 《도쿄의 북카페》/ 현광사 MOOK 지음 / 배가혜 옮김 / 144쪽 / 11,500원 / 나무수

한국과 일본의 책 문화는 차이점은 분명 존재하지만, 우리 책 문화의 현실과 미래를 고민할 때 가장 많이 참고할 수 있는 나라가 일본임은 분명하다. 서점이 과연 희망이 있는지 고민하는 데 도움이 되기를 기대하며 일본의 서점을 다룬 책을 찾아 읽어보았다.

가장 눈에 띈 책은 《서점은 죽지 않는다》였다. 일본의 출판 전문 주간지인 〈신분카(新文化)〉에서 기자와 편집장으로 일했던 서점 전문 저널리스트 이시바시 다케후미가 서점에 대한 깊은 애정과 폭넓은 식견을 바탕으로 쓴 책이다. 저자의 또 다른 책인 《시바타 신의 마지막 수업》도 서점에 대한 사회적 관심이 높았던 때에 출간되어 언론에서도 적극적으로 소개하고 서점에 관심을 지닌 독자들의 호응을 받았다.

《시바타 신의 마지막 수업》은 일본의 유서 깊은 책 거리인 진보초에 있는 100년 역사의 인문서점 '이와나미 북센터'의 경영자인 시바타 신을 3년간 밀착 취재해 쓴 책이다. 50여 년간 서점에서 일한 시바타 신은 80대 중반을 훌쩍 넘긴 지금도 서점 현장을 지키는 일본 최고령 서점인이다. 정확히 40년의 나이 차가 나는 저자와 시바타 신은 "책에는 이상한 힘이 있다. 책은 그와 관련된 사람이 자신의 일을 쉽게 포기하지 않게 만든다"는 인식을 공유하는데, 이 부분을 읽으며 고개를 끄덕였다.

책을 읽으며 특유의 낙천적인 마음가짐이 시바타 신이 서점일을 반세기가 넘도록 지속할 수 있었던 힘이었구나, 하는 생각이 들었다. 일본에서 나온 원서의 부제인 '휘파람을 불며 책을 팔다'에도 이런 그의 마음이 담겨 있다. 그는 매일매일 진심으로 즐길 줄 아는 자세가 대단하게 내세우는 이상이나 이념을 이긴다고 믿는다. 자신의 일을 즐길 수 있어야 오래 할 수 있는 법이다. 모든 출판계·서점계 종사자들이 이와 같은 마음가짐으로 즐기며 일할 수 있으면 좋겠다. 더불어 그는 가장 중요한 것은 인품이라면서, 사람에 대한 예의를 지키라고 조언한다.

시바타 신은 "세상에 해야 할 말을 제대로 된 문장으로 표현한 책, 제대로 편집한 책이라면 그 책을 사는 손님은 반드시 있다"며 좋은 책에 대한 믿음을 이야기한다. 그러면서 책이 아닌 다른 매출에 관심을 기울이는 서점인에게 이는 바람을 피우는 셈이라고 쓴소리를 한다. 거대 자본을 가진 자만이 서점을 할 수 있는 세상이 된다면 책의 세계는 망가지고 만다며, 서점인들이 살아남을 수 있도록 최선을 다하라고 당부한다. 지금도 주4일씩 출근하는 그는 이와나미 북센터를 지속 가능한 서점으로 만드는 게 자신에게 남은 과제라고 여긴다. 자신이 죽은 후에도 서점이 계속되기를 바라기 때문이다.

저자가 통영에 있는 출판사를 방문한 덕분에 실리게 된 특별 인터뷰에서도 한국과 일본 서점업계의 차이를 살펴볼 수 있다. 저자는 이 인터뷰에서 일본 출판업계의 미래를 작은 출판사나 작은 책방에서 찾고 있다고 밝힌다. 시장이 축소되고 침체되더라도 새로운 가능성을 찾아 책방을 열고, 출판을 하는 사람들이 새로운 길을 만들어갈 것이라고 믿는다.

저자의 전작인 《서점은 죽지 않는다》는 그가 만난 진정한 서점인들을 소개하는 책이다. 이 책에는 일본에서 서점 운영과 출판 유통이 '팔리는 책' 위주의 매출 지상주의로 치닫는 현실을 비판하는 서점 사람들의 목소리가 담겨 있다. 그는 구색과 진열, 접객 방식까지 모두 패키지 상품 같은 개성 없는 서점을 "얼굴이 없는 서점"이라며 신랄하게 비판한다. 저자는 후기에서 자기가 생각하는 서점은 "책을 독자에게 전달하기 위해 분투하는 사람, 마치 그걸 위해 태어난 것처럼 보이는 사람들이 운영하는 서점"이라고 말한다.

이 책에서 가장 인상적인 부분은 대형 서점에서 일하다가 다섯 평짜리 작은책방인 하구라시문고를 시작한 하라다 마유미의 이야기였다. 그녀는 책에 대한 열정을 가진 사람들이 시작하는 작은 책방이 1,000개 정도 있다면 세상이 바뀔 거라는 믿음을 가지고 있다. "세상을 바꿀 1,000개의 책방." 참 멋진 생각 아닌가. 헬조선이라 자조하는 이 나라를 바꾸려면 몇 개의 책방이 필요할까? 나도 세상을 바꾸는 책방을 만들고 싶다는 생각이 가슴 깊은 곳에서 솟구쳤다.

《책의 역습》은 도쿄에서 맥주와 가구를 파는 이색적인 책방인 'B&B'의 주인이자 북 코디네이터로 일하는 우치누마 신타로의 책이다. 최근에 우연히 저자의 강연회를 들을 기회가 있었는데, 아이디어가 많은 사람이라는 느낌을 받았다. 2012년에 문을 연 B&B에서는 책과 관련된 유료 행사가 매일 열린다고 한다. 강사에게 주는 사례비는 2만 엔이고, 참가자들에게는 참가비를 1,500~2,000엔 정도 받는다고 하는데, 실제로 수익이 나기 때문에 책방 운영에도 많은 도움이 된다고 한다. 'B&B'는 'Book&Beer'의 약자로, 맥주를 마실 수 있는 책방이다. 최근에 우리나라에도 맥주를 함께 파는 책방이 몇 개 생겼는데, 아마도 'B&B'가 참고 사례가 된 듯싶다. 'B&B'는 특이하게 북유럽 스타일의 빈티지 가구를 책방에서 팔기도 한다. 책꽂이와 책상, 의자 등 책방에 필요한 가구를 제휴된 가구 회사 제품으로 구성해 개점 비용을 줄이면서 실제 판매가 되면 수수료를 받기 때문에 책방 수익 면에서도 이익이라는 설명이다. 우리나라 책방도 검토할 만한 사례라는 생각이 든다. 현재 작은책방을 운영하거나 새롭게 책방을 준비하는 사람이라면 서점에 대한 고정관념을 탈피할 계기가 될 수 있다.

《오키나와에서 헌책방을 열었습니다》는 일본에서 가장 작은 헌책방으로 유명한 '울랄라' 헌책방의 주인인 우다 도모코가 쓴 책이다. 대형 서점의 지점에서 일하던 저자가 시장 한구석에 있는 헌책방 주인이 되어 살아가는 소소한 일상을 잔잔하게 전한다. 책에 대한 깊은 애정이 듬뿍 담긴 소박한 에세이는 한 권의 책을 어떻게 바라봐야 하는지, 새삼 생각하도록 만든다. 더불어 일본 헌책방의 시스템과 오키나와의 지역 출판 문화를 이해하는 데 도움을 준다.

'츠타야서점'을 기획해 성공시킨 마스다 무네아키의 경영 철학이 오롯이 담겨 있는 《지적 자본론》은 출간 당시 많은 사람들에게 화제가 되었던 책이다. 일본에서 1,400여 개의 매장을 운영하며 불황 속에서도 성장을 계속하는 츠타야서점은 우리나라 서점계에서도 주목을 끌었고, 실제로 일부 대형 서점에서 벤치마킹해 매장 인테리어에 영향을 주기도 했다. 하지만 츠타야서점에 대해서는 주목받는 만큼 비판적인 시각도 적지 않으니 신중하게 읽어볼 것을 권한다.

도쿄에 어떤 서점들이 있는지 궁금한 사람에게는 《도쿄의 서점》과 《도쿄의 북카페》를 권한다. 특색 있는 운영으로 도쿄에서 좋은 평가를 받는 서점과 북카페를 소개한 책인데, 관련 정보에 목마른 독자라면 도움이 된다. 여력이 된다면 도쿄에 직접 가서 둘러봐도 좋을 듯싶다.

일본 서점을 다룬 책을 읽으며, 일본의 서점 상황도 우리와 별반 다르지 않음을 알 수 있었다. 그러면서 어려운 환경 속에서도 책이 가진 가치를 믿고 살아가는 이들에게 진한 동질감을 느낀다.

서점과 출판사, 공생의 방안 찾기

2016년 7월 9일 문학동네의 공급률 인상안 발표로 촉발된 책 공급률 분쟁이 8월 29일 문학동네와 교보문고의 공급률 협상 타결로 수습 국면에 접어들었다. 문학동네의 공급률 인상안이 발표되자 서점업계는 문학동네와 자회사 책을 매장에서 철수하고 과

격한 표현이 담긴 규탄 성명서를 발표하는 등 강력하게 반발했다. 출판 불황 속에서 지속 가능한 생존을 염려하는 서점들은 출판사의 공급률 인상이 수익 감소로 이어져 서점 경영에 심각한 영향을 줄 것으로 판단했다.

이러한 지역서점의 입장은 충분히 이해되지만, 진행 과정을 지켜보면서 걱정이 많았다. 서점과 출판사가 서로 힘을 모아 출판 불황을 함께 헤쳐 나갈 운명공동체로 보기보다는, 공급률에 매몰되어 한쪽의 양보는 다른 쪽의 손해로 이어지는 제로섬 게임으로 인식하는 양상을 보였기 때문이다.

현재의 출판 불황은 아주 심각하다. 서점과 출판사뿐만 아니라 도서관, 주무부서인 문화부와 지방자치단체, 교육청과 같은 공공기관, 언론, 독서운동단체, 독자들이 똘똘 뭉쳐도 극복하기 쉽지 않은 위기 상황이다. 지금과 같은 출판 불황이 이어진다면 우리나라의 출판 문화는 극도로 위축될 것이 틀림없다. 그렇게 되면 출판 생태계가 붕괴되고, 그 결과는 책과 관련되어 살아가는 우리 모두를 회복하기 힘든 상황으로 몰아갈 것이다. 이런 현실을 앞두고 벌어진 서점과 출판사 간의 분쟁은 지켜보는 이들을 안타깝게 했다.

지금은 각자의 이익을 우선해서 생각할 때가 아니라, 우리 모두가 함께 살 수 있는 공생의 방안을 찾아야 할 때다. 서점의 이익률이 아무리 높아진들 운영이 어려워진 출판사가 좋은 책을 지속적으로 내지 못하는 상황이 되면 팔 책이 없는데 서점을 어떻게 운영할 것인가? 또한 출판사가 아무리 좋은 책을 낸다고 해도 지역서점이 붕괴되어 독자들이 책을 만날 수 있는 기회가 인터넷서점과 대형 서점으로 한정된다면 과연 출판사 운영이 지속될 수 있을까?

이렇게 서점과 출판사는 입술이 없으면 이가 시리게 마련인 순망치한(脣亡齒寒)의 관계임을 명심해야 한다. 도서정가제 실시 이후 수익률이 높아진 인터넷서점과 대형 서점, 대형 도매상도 출판 생태계가 붕괴되면 생명이 이어질 수 없음을 분명히 인식해야 한다. 따라서 지금은 모두가 함께 살아남을 수 있도록 불완전한 도서정가제를 완전도서정가제로 개정하는 데 힘을 모으고, 정부에 출판과 도서관 관련 예산의 확대와 도서 구입비에 대한 세제 혜택을 촉구하며, 우리의 독서 문화를 획기적으로 발전시키는 방안을 찾아 함께 추진해야 할 때다. 모든 주체들이 눈앞의 이익만 추구하면 소탐대실의 결과로 이어질 수 있음을 인식하고, 함께 살아갈 지혜를 찾아 힘을 모으기를 간절히 바란다.

서점이 어려운 건 분명한 사실이지만, 이에 못지않게 출판사들도 어렵다. 따라서 출판사가 서점을 배려하는 것처럼, 서점도 출판사의 어려움을 이해하고 배려할 필요가 있다. 실제로 필자가 아는 많은 출판사에서는 중소형서점에 깊은 애정을 갖고 번거로움을 무릅쓰고 직거래하면서 이런저런 지원을 기꺼이 제공한다. 심지어 이번 사태를 일으킨 문학동네도 직거래를 원하는 중소형서점에 직거래를 하겠다는 의사를 밝혔다.

"비 온 뒤에 땅이 굳는다"는 말처럼 이번 공급률 사태가 서점과 출판사가 마땅히 가져야 할 동업자 정신을 다시금 생각하고 상생의 필요성을 절실하게 느끼는 전화위복의 계기가 되기를 바란다. 문학동네의 중소형서점 직거래 방침이 실천으로 이어지고 다른 출판사들도 여기에 동참하기를 기대한다. 출판사, 유통사, 서점의 적정한 이익을 보장하는 적정 공급률을 책정하는 논의 창구도 하루빨리 만들어져야 할 것이다. 출판 생태계에서 책을 만지며 일하는 모든 이들이 미래에 대한 걱정 없이 행복하게 살아갔으면 좋겠다. 이러한 세상을 꿈꿀 때 가장 필요한 것은 '각자도생'이 아닌 '함께 살기'의 마음이라 믿는다.

마을사랑방 꿈꾸는 '행복한책방'

동네책방을 다루는 신문을 새롭게 내기로 하면서 책방에 대해 배워야겠다는 생각이 들어 여기저기 기회가 날 때마다 부지런히 책방 탐방을 했다. 책방 주인들은 하나같이 책과 책방 일을 좋아했고, 오랫동안 책방을 운영할 수 있기를 소망했다. 그중에서 몇 곳은 언제까지 운영할 수 있을지 걱정스럽기도 했다. 출판사 사람들은 동네책방이 많아야 사람들이 일상생활에서 자연스럽게 책을 만나고 구매도 일어나는 법이라고 얘기하면서, 동네책방에 깊은 관심을 갖고 성원하는 마음을 나타냈다.

동네책방도 나름대로 고군분투하는데, 도매상에서 책을 받는 문제부터 여러 가지로 어려움이 많았다. 서점학교 프로그램에 가보면 새롭게 동네책방을 내고 싶어하는 예비 창업자들이 많았지만, 서점을 어떻게 시작할지 막막해했다. 이들을 만나면서 동네책방 예비 창업자나 현 운영자에게 실질적인 도움을 주는 기업이 있으면 좋겠다는 생각이 든다.

동네책방은 경우에 따라서 숍인숍 개념의 책방도 얼마든지 가능하다고 생각한다. 책을 좋아하는 자영업 주인들이 자신이 운영하는 매장 한구석에 책 판매대를 설치하는 방식이다. 본인이 직접 운영할 수도 있고, 자신이 없다면 책방을 내고 싶지만 자본이 부족한 예비 창업자에게 운영을 맡기면 된다. 매장의 업종과 관련된 책을 큐레이션한다면 더 좋을 것이다. 다양한 분야를 다룬 책이 출간되기 때문에 이러한 큐레이션은 얼마든지 가능하다. 카페, 음식점, 꽃집, 스포츠용품점, 병원 등 상상력을 발휘하면 가능한 공간이 참 많다. 이런 매장에 책 코너가 생기면 새로운 독자를 발굴할 가능성이 높아진다.

마침 페이스북과 잡지에서, 비슷한 방식으로 이미 시작한 일본 회사가 있었음을 알게 되었다. 바로 '고토리쓰기(小取次)'라는 것인데, 이 사업을 시작한 사람은 교정 교열 전문회사인 오라이도 대표이자 카모메북스 서점 운영자인 야나시타 교헤이다. 그는 고토리쓰기를 누구든지 서점을 만들 수 있는 제도라고 설명한다. 처음 생각처럼 운영이 잘되지는 않는다고 하지만, 아이디어나 정신은 멋지다는 생각이 든다.

동네책방을 준비하면서 지금 은퇴했거나 은퇴를 앞둔 베이비붐 세대나 386세대가 치킨집이나 편의점만이 아닌 동네책방 운영을 또 하나의 선택지로 삼았으면 하는 바람도 가져본다. 그나마 책을 많이 읽은 386세대들이 좋아하는 책을 읽으며 마을의 책 문화를 가꾸는 동네책방을 많이 운영하면 좋겠다. 큰 욕심 부리지 않고 소박하게 노후 생활을 할 수 있는 수익만 안정적으로 창출할 수 있다면, 동네책방에 관심을 가질 이들이 많을 것이다. 은퇴 후 생계수단을 고민하는 이들에게 동네책방이 '생계'와 '보람'이라는 두 마리 토끼를 잡는 품위 있는 선택지로 자리매김할 수 있기를 간절히 바란다.

사회적기업을 운영하면서 안정적인 일자리가 중요하다는 사실을 느낀다. 그리고 안정적인 일자리 못지않게 일하는 재미와 보람을 느낄 수 있는 품위 있는 일자리도 중요하다고 생각한다. 알고 지내던 지인을 몇 년 만에 만났을 때 요즘 하는 일이 재미있느냐고 물어보았다. 그런데 돌아오는 답변은 "재미씩이나"였다. 살아가기 위해 어쩔 수 없이 일하는 거지, 일하면서 재미까지 찾는 건 엄두도 못 낸다는 속내가 담긴 답변이었다. 요즘 정년 연장 얘기가 많이 나오는데, 회사 동료들은 정년 연장을 별로 달가워하지 않는다고 말한다. 하루라도 빨리 이 지겨운 일에서 벗어나고 싶기 때문이란다.

책을 즐겨 읽는 이들이 아담한 규모의 동네책방을 운영하며 품격 있는 삶을 살아갈 수 있으면 좋겠다. 물론 생활도 유지되어야 할 것이다. 자기가 일하는 공간을 사랑하고, 자기가 좋아하는 책을 사람들에게 권해주는 일, 그 일이 안정적인 생계 수단이 되는 일은 많은 이들에게 더할 수 없는 행복을 주지 않을까 싶다. 그리고 그러한 행복이 우리 사회를 더 살 만한 세상으로 만들어가는 힘이 될 것이다.

앞으로 행복한아침독서가 능력이 된다면 동네책방 활성화에 작은 역할이라도 하고 싶다. 현재 꾸준히 생기는 동네책방들이 지속가능하게 운영할 수 있도록 도와주고, 새롭게 동네책방을 내려는 예비 창업자들이 좀 더 쉽게 책방을 낼 수 있도록 도와줄 수 있으면 좋겠다. 비슷한 생각을 가진 동네책방들을 모아 '동네책방연대' 모임을 만들어 협력을 도모하는 일도 추진할 생각이다. 대형 도매상이나 출판사에서 책을 공급받을 때 연대하면 협상에서 교섭력을 가질 수 있을 것이다. 그리고 책방마다 많은 시간과 공을 들여 만든 큐레이션 목록을 공유하면, 책 배가에도 서로 시간을 절약하고 도움이 될 것이다. 책방마다 진행한 행사나 특색 있는 마케팅 방법에 대한 정보를 모으고 공유하는 일도 필요하다.

그러면 혼자서 독립운동하는 심정이었던 동네책방 주인들이 함께하는 이들이 있다는 사실을 확인하며 큰 위로와 힘을 얻을 것으로 믿는다. 고군분투하는 동네책방 운영자에게 나와 같은 고민을 하며 열심히 책방 일을 하는 동료들이 있다는 사실은 힘이 될 것이다. 서로 고민을 나누고 혼자서 풀 수 없는 문제는 힘을 모아 해결할 수 있으면 좋겠다.

이런 생각을 하다 보니 내가 책방 운영 경험이 별로 없다는 것이 마음에 걸렸다. 몇 년 전에 파주출판단지에서 리퍼북 전문 책방인 '비밀의책방'을 운영해본 경험이 있지만, 신간을 파는 책방이 아니라서 한계가 있었다. 그래서 관전자로 있기보다는 실제 선수가 되어 동네책방 운영의 어려움을 직접 겪어보고 좀 더 나은 방법을 찾아보는 경험이 꼭 필요하다는 생각이 들어, 작은 규모라도 동네책방을 열어야겠다는 생각이 들었다.

행복한책방은 고양시 일산신도시의 대화동에 실평수 17평의 아담한 규모로 열 계획이다. 2017년 2월 중에 문을 열기로 하고 지금 열심히 준비 중인데, 예상했던 것처럼 준비 과정이 쉽지 않다. 수업료라 생각하면서 차근차근 준비 중이다. 아마도 이 책이 나올 때쯤이면 책방 문을 열 수 있을 것 같다. 행복한책방은 보편적인 동네책방을 지향한다. 어린아이부터 노인까지 책을 사랑하는 모든 주민들이 편하게 들어와 책을 만나고 사람을 만나는 공간이 되길 꿈꾼다. 언제라도 동네 산책을 하다가 작은 기대를 갖고 들르고픈 마음이 드는 편한 공간, 퇴근 후에 저녁을 먹은 후 커피나 맥주 한잔을 마시며 마음에 드는 책을 읽거나 마을 사람들과 이런저런 얘기를 나눌 수 있는 편안한 공간이 되길 기대한다. 책을 중심으로 한 마을 사랑방이나 살롱 같은 공간이 되면 좋겠다. 때로는 세상에 대한 울분을 토로하기도 하고, 내가 읽은 책에 대한 감동을 같이 나누는 공간이 마을에 있으면 좋을 것이다.

행복한책방은 이런 꿈과 더불어 지속 가능한 책방을 지향한다. 그래서 책방을 내고 싶은 이들에게 희망을 주고 싶다. 작은책방을 운영하면서 충분히 품위 있는 삶을 살아갈 수 있음을 증명하고 싶다. 아직 시작도 하지 않은 입장에서 이런저런 희망을 얘기하는 게 민망하지만, 열심히 운영하면서 동네책방이 가진 가능성을 타진할 생각이다.

동네책방운동에 발을 내딛다

동네책방의 중요성을 느끼면서 앞으로 이 일에 역점을 두고 살아가야겠다고 결심한다. 도서관 인프라가 너무나 부족하던 시대에 작은도서관 운동을 시작한 것이 나의 1기 독서운동이었고, 이 땅의 아이들 누구나 책 읽는 즐거움을 알게 해주려는 마음으로 아침독서운동을 펼친 것이 2기 독서운동이었다. 이제 동네책방운동은 내게는 마지막이 될 3기 독서운동이란 각오로 새롭게 신발 끈을 고쳐 매려 한다.

지금 불고 있는 동네책방에 대한 관심이 일시적인 붐이 아니라 동네책방 문화를 새롭게 만드는 계기가 되도록 해야 한다. 그러려면 독서운동의 관점에서 이를 바라보고 좋은 결과를 내도록 현실적이고도 실천적으로 활동할 수 있는 운동 주체가 필요하다고 생각한다. 부족하나마 내가 작은 역할이라도 감당하고픈 마음이다.

행복한책방 개점을 준비하는 기간에는 회사 일이 너무 많아서 몸도, 마음도 지치고 힘든 때였다. 그런데도 책방 생각만 하면 기분이 참 좋았다. 더 정확하게 말하면 가슴이 설렜다. 실로 오랜만에 가슴이 뛰는 일을 다시 만난 것이다. 그러면서 지금 이 나이에 가슴 뛰는 일을 만나고 시작한다는 것이 참 행복했다. 이렇게 행복한책방은 문을 열기도 전에 나를 행복하게 만들어주었다.

앞으로 내가 현역에서 활발하게 일할 수 있는 시기가 대략 10여 년이라고 본다면, 동네책방운동은 독서운동가로서 마지막 불꽃을 사를 만한 가치가 있다고 생각한다. 그 길은 힘들 수도 있겠지만, 무척 즐거울 것으로 믿는다. 즐거운 마음으로 열심히 하다 보면 작은 성과라도 거둘 수 있으리라. 더 나이가 들면 건강이 허락하는 한 작은 동네책방을 지키며 노후를 보내고 싶다.

한 집 짓고 더불어 살아가는 꿈을 주는 이야기
《우리는 다른 집에 산다》| 소행주·박종숙 지음 | 280쪽 |
16,000원 | 현암사

《우리는 다른 집에 산다》는 개인이 감당하던 도시 주거 문제를
여럿이 함께 해결해보자고 의기투합한 아홉 가구가 서울 성산동
에 코하우징 주택을 짓고 사는 이야기를 담은 책이다.

코하우징(Co-housing) 프로젝트인 '소통이 있어서 행복한 주택
만들기'(이하 소행주)는 집에 대한 우리 사회의 슬픈 현실에 맞서 희
망을 만들고자 시작되었다. 집 마련을 위해 생을 저당 잡힌 채 지금
의 꿈과 행복을 희생하는 일이 없었으면 하는 바람이 첫째였다. 집
문제는 개인의 문제가 아니라 사회의 문제이기에 혼자 감당하지
말고 공동으로 해결해야 한다. 하지만 정부가 제 역할을 못하니 문
제를 느낀 개인들이 모여 '공공성'을 찾아야 한다는 문제의식이 발
현된 것이다. 이 책은 주택에 대한 고민을 개인이 아닌 '공동'으로
풀 수 있음을 보여주는 희망의 근거가 되기에 충분하다.

이 책은 진입 장벽이 높은 집의 기준을 낮추고 나에게 맞는 적정한 크기의 집을 찾을 것을 권한다. 그렇다고 거주 공간에 대한 기대를 포기할 것을 종용하지도, 소비에 대한 미련을 버려야 한다고 설교하지도 않는다. 우리에게 큰 결단을 요구하지 않는다는 점에서 현실적이며 귀를 솔깃하게 만든다. 보금자리 마련을 위해 일상의 행복을 뒤로 미루는 우리, 큰집을 사기 위해 평생을 바치는 우리의 모습을 돌아보자는 이들의 제안은 고개를 끄덕거리게 만든다. 하우스 푸어나 깡통 아파트가 큰 사회 문제로 대두된 현실에서 집에 대한 고정관념을 탈피하고 새롭게 바라볼 수 있도록 만든 이 책이 우리 사회에 주는 울림은 작지 않을 것으로 보인다.

코하우징은 일반적으로 '여러 세대의 개인 주택과 공동체 시설, 옥외 공간과 같은 부가적인 공동 시설을 갖추고 공동생활을 영위할 수 있는 주거 단지'를 말한다. 유럽에서는 1970년대에 덴마크에서 처음 시작하여 가장 오래된 역사를 가지고 있고, 이후 네덜란드에도 많은 코하우징이 조성되었다고 한다. 유럽뿐만 아니라 일본과 미국에서도 대안적인 주거 방식으로 인식되어 다양한 방식으로 추진되고 있다.

소행주는 살 사람이 처음부터 관여해 집을 설계하는 방식으로 추진했다. 일본의 경우 이를 코퍼러티브 하우스(cooperative house) 방식이라고 부르는데, 이는 주택 구입을 생각하는 사람들이 모여 공동으로 토지를 구입하고 자신의 요구를 펼치면서 디자인하고 자신들이 공사를 직접 발주하고 주택을 취득하는 방법이다. 즉, 살아갈 사람들의 손으로 만드는 주택이고 살아갈 사람들을 위한 집합주택이다.

집이 가진 본연의 기능에 대해 생각하기

건축가 이일훈은 이들이 사회운동을 하고 있는 것이라고 격려한다. 다른 이들이 선뜻 결정하기 주저하는 삶을 선택한 이들의 행동이 우리 사회에 괜찮은 메시지를 던져주는 의미 있는 사회운동이라는 말에 적극 동의한다. 코하우징은 앞으로 다양한 모습으로 진화하며 우리 사회에 상당한 반향을 일으킬 것으로 생각한다. 노후 자금은 부족하고 시간은 많은 은퇴 가정을 위한 공동주택이나 독립생활자 공동주택, 여성 가장 공동주택 등 코하우징의 장점을 살린 다양한 모습의 공동주택들이 우리 사회에 모습을 드러낼 것이다. 이 책은 이렇게 우리의 주거문화에 혁명적 변화를 일으킬 의미 있는 책이 될 것으로 확신한다.

아홉 가구가 한 집을 짓고 살아가면 갈등이나 어려움이 당연히 있을 것이다. 《우리는 다른 집에 산다》에는 실제 공동주택을 추진하면서 겪었던 어려움과 입주하여 살게 되면서 겪은 문제들이 솔직하게 서술되어 있어 읽는 이들의 공감을 불러일으킨다. 살아가면서 이런저런 소소한 어려움이 있었지만 이들은 서로에 대한 믿음과 집단 지성으로 어려움을 극복하고 더 나은 방법을 찾아갔다.

이들은 얘기한다.

"함께 나누고 보태며 사는 일은, 처음엔 부담스럽지만 분명 서로를 성장시키는 계기가 되었고 그로 인해 더 많은 것을 보고 누리게 해주었다. 자기 것을 열고 함께하기 시작하면 그 무한함이 끝이 없다는 것을 알기에 우리들은 오늘도 또다시 모인다. 그리고 서로를 불러들인다. 삶을 창조하고 새로운 이야기를 만들어내면서!"

투자 가치가 높은 집을 선택하고 자기 가족 중심으로 생활을 일구는 일반적인 모습과는 달리, 집이 갖는 본연의 기능을 환기시키고 이웃 간의 교류를 일상화하는 주거문화가 충분히 가능함을 보여준 이들에게 박수를 보내고 싶다. 이런 삶, 멋지지 않은가? 우리도 이렇게 살 수 있다고 말하는 이들의 꼬드김에 오랜만에 가슴이 설렌다.

인간과 사회에 대한 따뜻한 시선과 깊은 성찰
《처음처럼》| 신영복 지음 | 308쪽 | 14,000원 | 돌베개

　이 책은《감옥으로부터의 사색》으로 유명한 신영복 성공회대학교 석좌교수의 글씨, 그림, 삶의 잠언을 한 권에 모은 에세이집이다. 저자는 정치적 목적을 위해서라면 개인의 삶을 송두리째 짓밟는 야만의 시대를 몸으로 겪어야만 했다. 열정이 넘치던 20대 후반의 청년을 그 시대는 20년 동안이나 감옥에 가둬놓았다.

　절망에 빠질 수밖에 없는 상황에서 길어 올린 깊은 사색은 삶에 대한 진지한 성찰과 담을 쌓고 살고 있던 동시대인들에게 깊은 울림을 주었다.

　저자의 다양한 글씨와 그림을 보는 것은 이 책을 보는 또 다른 즐거움이다. 모 소주 브랜드의 이름으로 사용되면서 더 널리 알려진 신영복의 한글 글씨는 우리 서예의 발전사에서 매우 중요한 위치를 차지하는 것으로 인정받고 있다. 서민적 형식과 민중적 내용을 담아내는 독특한 경지를 보여주는 그의 글씨와 그림은 안목이 없는 사람에게도 편안한 느낌을 준다.

슬로 라이프

인간과 사회와 지구의 행복한 공존

《슬로 라이프 - 우리가 꿈꾸는 또 다른 삶》 I 쓰지 신이치(이
규) 지음 I 김향 옮김 I 308쪽 I 9,500원 I 디자인하우스

영어에는 존재하지 않는 슬로 라이프(slow life)라는 말을 처음으
로 세상에 퍼뜨린 쓰지 신이치는 한국계 일본인으로, 문화인류학
자이자 환경운동가다. "슬로 라이프라는 말과 함께 당신은 이제 새
로운 세계의 입구에 서 있다"고 저자는 머리글에서 얘기한다.

북미에서는 '단순한 삶(simple life)'이나 'LOHAS(Lifestyle of
Health and Substainability, 건강하고 지속적인 생활을 뜻하는 신조어)', 그
리고 이를 실천하는 '문화 창조자들(culture creatives)'과 같은 단어
들이 사람들의 관심을 끌고 있다고 한다. 유럽에서는 '슬로푸드'와
'반세계화'가 커다란 물결을 이루고 있고, 전 세계적으로는 반전운
동과 환경, '지속 가능한 개발'(자연환경을 파괴하지 않고 유지시키면서
자원을 사용하고 개발한다는 의미)이 중요한 관심사가 되고 있다. 이러
한 사람들의 의식과 행동의 흐름은 현재와 같은 삶의 형태로는 안
된다는 진지한 성찰에서 비롯된 것이다.

인류 역사에서 가장 풍요로운 삶을 살면서도 마음 한구석에는
두려움이 가득하다. 한정된 화석에너지를 주요 에너지원으로 사

용하며 유지되는 이 사회의 풍요가 과연 언제까지 계속될 수 있을까 하는 두려움이다.

이제 이러한 문제의식을 바탕으로 우리 사회 구성원 모두가 새롭고 평화롭고 친환경적인 삶을 고민하며 지속 가능한 사회를 지향했으면 하는 바람을 가져본다.

7장

사회적기업과
행복한 회사 만들기

사회적기업을 운영하면서 우리 회사를 어떤 회사로 만들지 고민을 많이 했다. 좋은 회사란 어떤 회사이고, 좋은 회사를 만들기 위해 어떤 노력을 해야 할지에 대한 고민이었다. 행복한아침독서는 책 읽기를 통해 개인도 행복하고 사회도 행복하게 만들자는 사명이 있다. 책을 가까이하는 사람이 현재도 행복하고 미래도 행복하게 살아갈 수 있다는 믿음에서였다. 그중에서 어린이와 청소년은 본인의 선택이 아닌 주어진 여건에 따라 책 읽는 환경이 달라질 수 있으니, 그들에게 좋은 책과 만날 수 있는 기회를 주는 게 무척 중요하다고 생각하며 이런저런 활동을 하고 있다.

우리가 아무리 명분이 있는 일을 한다고 하더라도 그 구성원이 행복하지 않다면 모래 위에 지은 성일 수밖에 없다. 결국 좋은 회사는 먼저 구성원이 행복한 회사라는 생각이 들었다. 한 기업의 대표로서 직원들을 바라보면 참 소중한 인연이구나, 하는 생각이 먼저 든다. 세상에 무수히 많은 회사가 있는데, 행복한아침독서라는 작은 사회적기업에서 매일 얼굴을 마주하며 함께 일하는 직원들이 정말 귀하게 느껴진다. 때로 미숙하고 아쉬운 점도 있지만, 직원들을 귀하게 생각하고 되도록 잘해줘야겠다는 생각을 하곤 한다.

책마을도서관에서

행복한책방 외부 모습

사회적기업이라는 새로운 세계를 만나다

행복한아침독서는 1인 연구소로 시작했지만 진행했던 일들이 조금씩 성과를 내면서 혼자만으로는 감당하기 어려워졌다. 혼자서 일할 때는 상황이 어려워지면 내 급여를 최소화하면 되지만, 직원이 있을 경우에는 매월 고정적으로 인건비가 나가기 때문에 고민이 많았다. 어느 조직이든 새로 시작하는 조직은 인력 채용에 부담을 느끼게 마련이다.

혼자서 꾸려가는 데 한계가 닥치면 두 가지 선택지가 있다. 일을 줄이거나 사람을 뽑는 것이다. 결국 상근직원을 뽑기로 했다. 일이 폭발적으로 늘어났기 때문이다. 사람을 뽑기로 하면서 나름대로 원칙을 세웠다. 비록 비영리 시민단체이지만, 상근직원에게는 인간적인 삶이 가능한 수준의 급여를 지급하자는 것이었다. 시민단체들을 지켜보면서 유능한 상근자들이 결혼하고 아이가 생기면서 단체에서 받는 급여로 도저히 생활이 안 되어 그만두는 경우를 많이 봤기 때문이다. 독립운동하는 것도 아닌데, 생활이 불가능한 수준의 급여를 주면서 일을 시키고 싶지 않았다. 적어도 급여는 그 사람의 자존심이고, 조직이 구성원을 대하는 자세라 생각한다. 그래서 사람이 필요하더라도 단체의 자금 사정을 면밀히 따져보고 안정적인 지급이 가능하다고 판단될 때에만 인력 충원을 했다.

몇 년이 지나자 일은 더 많아졌고, 자연스럽게 상근직원도 늘어났다. 상근직원이 대여섯 명이 되면서 근본적인 대책이 필요하다는 생각이 들었다. 후원 문화가 발전하지 못한 우리나라 상황에서 비영리 시민단체의 수익을 늘리는 데 한계가 있었기 때문이다. 그런 고민 중에 만난 책이 사회적기업을 소개하는 《보노보 혁명》이었다. 사회적기업은 사회적 가치와 경제적 가치라는 이중적 가치를 함께 이루려는 기업으로, 전통적인 기업이나 정부, 시민단체의 역할을 뛰어넘는 대안적인 기업 모델이다. 전에도 사회적기업에 대해 간혹 듣기는 했지만 자세히는 몰랐는데, 이 책은 나를 사회적기업이라는 새로운 세계로 안내해주었다. 사회적 미션을 가진 조직이라도 운영을 위한 재원이 필요하기 마련인데, 기업의 비즈니스 모델을 통해 운영 재원을 마련한다는 발상이 참 신선했다. 더불어 사회적 미션과 비즈니스 모델을 결합하는 방식이 충분히 가능함을 보여주는 다양한 사례가 소개되어 무척 반가웠다. 아래는 한 잡지에 기고한 《보노보 혁명》 소개글이다.

▶ 제4섹터, 사회적기업의 아름다운 반란
《보노보 혁명》 / 유병선 지음 / 252쪽 / 12,000원 / 부키
이 책의 제목으로 쓰인 보노보는 유전적으로 사람과 가장 가까

운 침팬지속에 속하는, 잘 알려지지 않은 유인원이다. 보노보는 폭력적인 성격이 두드러지는 침팬지와는 달리 평화를 추구하는 낙천적인 성격을 가졌다고 한다. 동족 간 살상을 서슴없이 저지르는 침팬지가 인간의 공격적 본성의 뿌리로 지목되는 것에 비해, 보노보는 인간의 또 다른 특성인 공감 능력을 대표한다.

그러면 최근에 가장 주목받는 사회적 혁신 운동으로서 미래 사회를 이끌어갈 주류로 인정받는 사회적기업은 무엇을 말하는 것인가? 한마디로 말하면 "사회적 소명과 기업의 영리 활동을 접목한 다양하고 자발적인 시민 활동"이라고 할 수 있다. OECD는 사회적기업을 "기업적 전략에 따라 조직을 운영하되 공익을 추구하고, 이윤을 극대화하는 것이 아니라 특정 경제적·사회적 목적을 이루고자 하며, 사회적 소외와 실업 문제에 대해 혁신적인 해결책을 제시할 수 있는 모든 민간 활동"(1999년 사회적기업 보고서)이라고 규정하고 있다.

1970년대에 처음으로 '사회적기업가(social entrepreneur)'란 개념을 창안한 아쇼카의 빌 드레이튼 회장의 말에 따르면 사회적기업가는 사회의 가장 골치 아픈 문제에 대해 혁신적인 해결책을 지닌 개인이다. 사회적기업가는 사회 전체가 새로운 도약을 하도록 설득하는 사회적 혁신가이며, 사회적기업은 이들이 혁신적 해결을 위해 만든 조직이라고 설명한다.

"개처럼 벌어서 정승처럼 쓴다"는 속담에 거부감을 갖는 이들에게 "돈도 벌고 세상도 구하는 비즈니스"라는 말은 매력적으로 다가오기에 충분하다. 내가 하는 일이 가족도 먹이고 더불어 세상도 구하는 일이라면 얼마나 보람될 것인가. 이 책은 그러한 화두를 독자들에게 던져주며, 새로운 희망 하나를 마음속에 품게 해준다.

이 책은 필자의 삶에 가장 큰 영향을 준 책 중에서 앞순위를 차지할 것이다. 앞으로 어떤 전망을 갖고 일을 할지에 대해 생각하는 계기를 주었다. 막연하기도 하고 불안하기도 했던 마음을 다잡게 하고 새로운 희망을 부여잡게 해준 고마운 책이다. 이 책에 나오는 많은 사회적기업가들은 내게 좋은 역할 모델이 되어줄 것이다. 책을 읽는 기쁨이 바로 이런 게 아닐까 싶다.

이때부터 사회적기업에 대한 공부를 많이 했다. 사회적기업은 전통적인 기업과 정부의 역할을 뛰어넘는 대안적 기업 모델로, 사회적 목적을 효과적으로 추구하기 위해 수익 창출 등 영업 활동을 수행하는 기업을 말한다. 사회적기업에 대해 알면 알수록 ㈜행복한아침독서가 전통적인 NGO보다는 사회적기업에 가깝다는 생각이 들었다. 그리고 내 성향이 사회적기업가에 맞다는 것도 새롭게 알게 되었다.

1년여의 준비 과정을 거쳐 2010년 5월에 고용노동부에서 신규 사회적기업으로 인증받았다. 2009년 가을에 처음 사회적기업 인증을 신청했다가 탈락하는 아픔을 겪기도 했다. 우리가 하는 일이 일자리 창출 중심의 일반적인 사회적기업과 많이 달랐기 때문에 심사위원들이 높은 점수를 주지 않은 것이었다. 그래서 재도전할 때는 사회적기업을 한정된 모습으로만 보지 말고 폭넓게 볼 필요가 있다는 점을 강조했고, 우리가 사회적기업의 폭을 넓힐 수 있는 좋은 모델임을 설득력 있게 제시했다. 그 덕분인지, 2010년 5월 인증 발표 때는 그 당시 인증된 여러 사회적기업 중에서 대표적인 기업으로 선정되어 보도자료에 소개되기도 했다. 도서관과 관련된 사회적기업으로는 처음이었다. 보통 지원 기간을 늘리기 위해 예비 사회적기업 과정을 거치지만, 우리는 이 단계를 건너뛰었다.

사회적기업 인증은 ㈜행복한아침독서가 발전하는 데 큰 도움이 되었다. 몇 년 동안 새로 뽑은 직원들에 대한 인건비도 일부 지원받았고, 새로운 사업을 준비하는 데 필요한 사업 개발비도 받을 수 있었다. 인건비 지원은 3년간 받는데, 많은 사회적기업들이 지원 기간이 끝나면 인력을 대폭 감원하거나 관련 사업 자체를 포기하는 경우가 많다. 현실적으로 3년 안에 안정적인 수익 모델을 만들기가 어렵기 때문이다. 다행히 ㈜행복한아침독서는 지원 기간 동안 진행했던 새로운 수익 모델이 어느 정도 자리를 잡아 지원 종료 후에도 고용을 유지할 수 있었다.

사회적기업을 운영하면서 좋은 일자리를 만들고 계속해서 유지하는 게 얼마나 중요한 일인지 새삼스럽게 깨달았다. 새롭게 직원을 뽑아야 하는 상황이 생기면 일부러 고령자나 경력 단절 여성, 20대 청년들을 뽑았다. 다른 회사에 들어가기 쉽지 않은 이들에게 일할 수 있는 기회를 주는 게 필요하다고 생각했기 때문이다. 기대했던 만큼 뽑힌 사람들은 열심히 일했고, 회사 발전에도 큰 힘이 되었다. 그래서 지금 우리 회사는 20대부터 50대까지 골고루 분포되어 있다. 이렇게 다양한 연령층이 일하다 보니 처음에는 경험과 관점의 차이로 인해 어려움이 있었다. 다행스럽게 이런 문제들은 시간이 지나가면서 조금씩 줄어들고 있다. 스무 명이 넘는 직원들이 일하면서 이런저런 갈등이나 의사소통의 문제가 생기는 것은 어쩌면 당연한 일이다. 중요한 것은 그런 문제들을 풀어나갈 수 있느냐의 여부일 것이다. 직원 중에는 정년을 앞둔 사람이 있는가 하면, 우리 회사에서 첫 사회생활을 하는 청년도 있다. 큰아이와 비슷한 나이다. 이 청년들이 일하는 모습을 보면서 첫 직장을 떠올리기도 한다.

좋은 일자리를 생각하다

쌍용자동차 사태를 다룬 르포르타주 책인 《의자놀이》와 영화 〈카트〉는 좋은 일자리의 중요성을 절실하게 느낀 계기가 되었다. 《의자놀이》를 보면서 분노와 안타까움, 부끄러운 마음이 동시에 들었다. 인터넷을 통해 본 진압 동영상은 마치 광주민중항쟁 때 광주시민을 폭력으로 진압한 공수부대의 모습을 그대로 연상시켰다. 더 이상 이 땅에서 광주와 용산, 쌍용자동차에서 일어난 것처럼 국민에 대한 국가 공권력의 야만적인 폭력이 재발하지 않기를 간절히 소망한다. 그리고 이 모든 사태의 책임자인 쌍용자동차 경영진에게 분노할 수밖에 없다. 동시대를 함께 살아가는 인간에 대한 예의를 찾아볼 수 없는 그들에게서 인간에 대한 회의와 절망을 느낀 이가 나만은 아닐 것이다.

2,646명 정리해고 계획을 막겠다고 벌인 77일간의 옥쇄 파업, 나아진 경영 실적에도 전혀 지켜지지 않아 휴지 조각이 되어버린 노사 합의문, 그리고 그 고통으로 인한 쌍용차 노동자와 가족 22명의 희생을 기억해야 한다. 이제는 더 이상의 희생이 나오지 않도록 관심을 갖고 연대해야 한다. 그것이 동시대를 살아가는 인간으로서 마땅히 가져야 할 예의가 아닐까 생각한다. 책을 읽는 내내 그토록 엄청난 일이 일어났는데 나와 직접적인 관계가 없다고 무관심했던 내 자신에게 너무도 부끄러웠다. 《의자놀이》를 쓴 공지영 작가는 책에서 용산참사에 대한 국민적 무관심이 쌍용자동차 사태를 가져왔다고 고발한다. 용산참사를 일으킨 컨테이너 진압을 쌍용자동차 파업 진압 때 아무런 거리낌 없이 사용한 게 바로 그 증거라고 말한다.

의자놀이는 사람 수보다 적은 의자를 놓고 돌다가 의자를 먼저 차지하는 사람만 살아남는 놀이다. 작가는 정리해고를 노동자들끼리 생존을 걸고 싸우는 잔혹한 의자놀이에 비유했다. 삭막한 '의자놀이'가 아닌 '함께 살자'는 마음이 모아질 때 우리 사회가 살 만해지고 희망을 가질 수 있지 않을까 싶다.

홈플러스 상암점 노동자들의 파업을 다룬 영화 〈카트〉를 봤을 때도 눈물이 났다. 안정적인 일자리가 얼마나 소중한 것인지 새삼 깨닫는 기회가 되었다. 우리 사회가 약자에게 얼마나 극악하고 배려하지 않는 사회인지 다시금 느꼈다.

사회적기업을 운영하면서 일자리가 얼마나 중요한지 새삼 깨닫는다. 일자리는 생계 수단이면서 동시에 사회적 인간으로 우뚝 서게 만드는 일이다. 좋은 회사를 만든다는 것은 좋은 일자리를 만든다는 의미가 담겨 있다. 한 사람이 사회인으로 당당하게 살아갈 수 있도록 경제적 보상을 해주고, 그 사람이 사회적으로 도움이 되는 일을 할 수 있는 기회를 주는 일은 사회적기업가로서 자부심을 가질 만한 일이다.

몇 사람의 일자리를 지속적으로 만들었다는 점이 사회적기업을 시작하길 잘했다고 생각하는 이유 중 하나다. 앞으로 내가 할 수 있다면 한 사람의 일자리라도 더 만들고 싶은 마음이다. 한 사람을 온전한 사회인으로 살아가게 하는 것은 그만큼 보람도 있고 가치도 있는 일이다.

좋은 회사를 만든다는 것

사회적기업을 운영하면서 우리 회사를 어떤 회사로 만들지 고민을 많이 했다. 좋은 회사란 어떤 회사이고, 좋은 회사를 만들기 위해 어떤 노력을 해야 할지에 대한 고민이었다. 행복한아침독서는 책 읽기를 통해 개인도 행복하고 사회도 행복하게 만들자는 사명이 있다. 책을 가까이하는 사람이 현재도 행복하고 미래도 행복하게 살아갈 수 있다는 믿음에서였다. 그중에서 어린이와 청소년은 본인의 선택이 아닌 주어진 여건에 따라 책 읽는 환경이 달라질 수 있으니, 그들에게 좋은 책과 만날 수 있는 기회를 주는 게 무척 중요하다고 생각하며 이런저런 활동을 하고 있다.

그렇지만 우리가 아무리 명분이 있는 일을 한다고 하더라도 그 구성원이 행복하지 않다면 모래 위에 지은 성일 수밖에 없다. 결국 좋은 회사는 먼저 구성원이 행복한 회사라는 생각이 들었다. 한 기업의 대표로서 직원들을 바라보면 참 소중한 인연이구나, 하는 생각이 먼저 든다. 세상에 무수히 많은 회사가 있는데, 행복한아침독서라는 작은 사회적기업에서 매일 얼굴을 마주하며 함께 일하는 직원들이 정말 귀하게 느껴진다. 때로 미숙하고 아쉬운 점도 있지만, 직원들을 귀하게 생각하고 되도록 잘해줘야겠다는 생각을 하곤 한다.

좋은 회사에 대한 생각을 다듬는 데 몇 권의 책이 도움이 되었는데, 그중에서 가장 기억에 남는 책이 《리더의 조건》이다.

▶ **"혼자만 잘살면 무슨 재민겨"**

《리더의 조건》 / SBS 스페셜 〈리더의 조건〉 제작팀 지음 / 256쪽 / 15,000원 / 북하우스

《리더의 조건》은 SBS에서 2013년 신년 기획으로 방영된 동명의 다큐멘터리를 책으로 펴낸 것이다. 당시 다큐멘터리 〈리더의 조건〉은 존경할 만한 리더가 별로 없는 우리 사회에 신선한 충격을 주며 사회적 반향을 일으켰다.

'미국에서 가장 일하기 좋은 기업 1위'로 꼽히는 SAS는 1976년 창업 이래 지금껏 단 한 번의 적자도 없이 연평균 8.8퍼센트의 높은 성장률을 기록하는 기업이다. 이 회사의 짐 굿나잇 회장은 "성장 먼저, 복지는 나중에"라고 말하는 경영자들에게 "지금 당장" 실천하라고 강조한다. 복지는 회사가 어느 정도 성장한 후에 남는 이익을 직원에게 분배하는 개념이 아니라, 회사가 성장하기 위해서 반드시 필요한 것이라고 주장한다. 회사의 성장은 직원의 힘에 의해 이루어지고, 그 힘은 회사가 직원에게 제대로 대접해줄 때 나온다는 설명이다. 회사는 직원들이 행복할 수 있도록 일과 삶의 균형을 유지할 수 있는 혜택을 제공하고, 직원들은 그 혜택을 누리며 자신이 중요한 사람임을 자각하고 자존감을 키워가는 회사. 멋지지 않은가? SAS에는 비정규직과 정리해고,

정년이 없다. 직원의 행복을 가장 중요하게 생각하며 회사를 경영하는 멋진 경영자는 자신의 경영철학이 비현실적이지 않은지 의구심을 품는 사람들에게 이렇게 얘기한다.

"내가 하는 이 모든 일은 괴짜 경영이 아닙니다. 나로서는 다른 기업들이 왜 이렇게 하지 않는지 오히려 놀라울 뿐입니다."

파주 헤이리 예술마을에 있는 IT회사인 제니퍼소프트 사례는 일반적인 회사 문화에 길들여진 경영자와 직장인에게 신선한 충격을 준다. 제니퍼소프트는 출근 시간과 휴무가 자유이고, 입사한 첫해 20일의 기본 휴무일이 주어진다. 사옥에 있는 수영장에서 수영하는 시간도 근무로 인정되고, 정식 근무시간은 1일 일곱 시간, 주 35시간이다. 이 회사가 직원들에게 제공하는 복지제도는 지면이 부족해서 일일이 소개하기 힘들 정도다. 구성원들이 함께 행복을 누리는 건강한 기업을 만드는 것이 목표라는 이원영 대표는 "구성원들이 슬픔과 기쁨을 함께 나누며 같이 일하고 그 결과를 함께 나누면서 서로 격려하고 보듬을 수 있는 공동체 같은 회사"를 꿈꾼다. 그는 다 같이 잘살기 위한 목적으로 만들어진 것이 기업이기 때문에 복지는 당연히 기업이 해야 할 의무라고 얘기한다. "리더는 구성원들이 원하는 삶을 살아갈 수 있도록 도와주는 사람"이라고 말하는 대표와 일하는 직원들은 참 행복할 것 같다.

SAS와 제니퍼소프트 사례는 우리 사회의 지배적인 기업 문화가 간과했던 중요한 질문을 던진다. 우리가 무엇을 위해 회사에서 일을 하는지에 대한 근본적인 성찰이다. 이 책을 보며 전우익 선생님이 하신 말씀이 떠올랐다. "혼자만 잘살면 무슨 재민겨." 정말 그렇지 않은가? 구성원 모두가 더불어 행복하게 잘살아야 재미있지 않을까. 이 땅의 많은 리더들이 이 책을 보고 진정으로 리더가 고민해야 할 문제에 대한 생각을 새롭게 가지면 좋겠다. 회사가 공동체가 되고, 그 공동체의 구성원이 행복하게 일하며 좋은 성과를 내고, 그러한 성과가 사회적 공헌으로 이어지는 회사들이 많아지길 소망한다.

회사는 공동체다

2014년 첫날, 막상 50대가 되었다고 생각하니 생각이 남달랐다. 다음은 그날 이런저런 생각을 하며 쓴 글이다.

드디어 50대가 되었다. 막 40대가 되었던 2004년 겨울, 나는 회사를 그만두고 전업 독서운동가의 길로 들어섰다. 이렇게 40대를 맞으며 새로운 길에 대한 설렘과 두려움이 있었다. 그리고 10년의 시간이 흘렀다. 마흔에 낳은 둘째 아이는 이제 우리 나이로 열한 살이다. 그 아이의 성장만큼 나는 나이를 먹었고, 많은 일이 있었다. 앞으로의 10년도 분명 많은 일이 있을 것이고, 많은 사람을 만날 것이다. 내가 실질적으로 현역으로 일할 수 있는 마지막 시간이 될 50대의 10년이 무척 기대된다.

2014년 현재 내가 대표로 일하는 행복한아침독서의 직원은 나를 포함해서 17명이다. 우리 직원들이 경제적인 책임을 져야 할 가족까지 따진다면 30여 명이 넘는다. 내가 책임져야 할 사람이 이렇게 많은 현실에 큰 부담과 책임감이 따르는 건 당연한 일이다.

우리 직원들이 회사에서 일을 하며 자아를 실현하며, 행복한 삶을 누릴 수 있기를 소망한다. 작은 사회적기업을 운영하며 느끼는 것 중 하나는 행복하고 가치 있는 좋은 일자리를 만들고 유지하는 일이 가장 중요한 사회공헌이라는 사실이다. 대표로서 앞으로 더 많은 일자리를 만들지는 못하더라도, 현재 있는 직원들이 지속적으로 행복하게 일할 수 있는 기회를 계속 줄 수 있도록 최선을 다해야겠다고 다짐한다.

《리더의 조건》에 소개된 SAS와 제니퍼소프트 사례는 내게 새로운 도전과 희망을 준다. 회사가 공동체가 되고, 그 공동체의 성원이 행복하게 일하며 좋은 성과를 내고, 그러한 성과가 사회적 공헌으로 이어지는 회사를 만들고 싶다는 의욕을 갖게 한다. 앞으로의 10년이 새로운 꿈을 꾸고 그 꿈을 현실로 만드는 시간이 되길 소망한다.

직원 입장에서 생각하기

 나도 회사 설립 전에 평범한 회사원 생활을 했기 때문에 직원들의 마음을 충분히 이해할 수 있다. 직원 입장에서 회사를 다닐 때 회사에 바라는 것들을 생각하며 조금씩 회사 운영에 반영하려고 노력 중이다.

생활임금 보장하기
 생활임금에 대한 논의가 많아진 것은 반가운 일이다. 생활임금은 인간다운 생활을 할 수 있는 최소한의 임금 수준을 말하는 것으로 최저임금과 비교되는 개념이다.
 생활임금이란 용어는 최근에 알게 되었지만 회사를 운영하면서부터 비슷한 고민을 했다. 회사의 경영자로서 직원들에게 충분한 임금을 주지는 못하더라도 삶의 품격을 지킬 수 있는 수준의 임금은 줘야겠다는 생각을 했다. 문제는 작은 사회적기업의 수익을 늘리는 데 한계가 있다는 점이다.
 사회적기업 운영이 쉬운 일은 아니지만, 다른 비용을 줄이더라도 평직원들의 초봉 수준을 올리는 것을 최우선적으로 실천하기로 했다. 일단 2014년에 평직원들의 급여를 일률적으로 10만 원씩 올렸고, 2015년부터는 근무 경력이 1년이 넘은 시점부터 회사가 나름대로 책정한 생활임금을 지불하기로 했다. 충분하지는 않지만 미혼의 직원이 미래를 위해 약간의 저금을 하며 살아갈 수 있는 수준이다. 생활임금과 비슷한 생각을 한 것은 나의 사회 초년병 시절의 기억 때문이다. 야근을 밥 먹듯 하며 일했는데 첫 월급을 받고 정말 허탈하고 황당한 생각이 들었다. 이때 인간의 존엄을 지킬 수 있는 임금 수준이 얼마나 중요한지를 뼈저리게 느꼈다.

급여를 인상하고 나니 부담이 많이 늘어나 당장 회사 운영이 걱정되는 건 사실이다. 직원들이 경영자의 고민과 고충을 얼마나 이해할지 모르겠지만, 직원들을 믿고 힘을 모아 난관을 헤쳐나가려 한다.

야근은 없애고 퇴근과 휴가는 자유롭게

회사를 다닐 때 가장 싫었던 것이 퇴근할 때 상사 눈치를 보는 것과 잦은 야근이었다. 내가 맡은 일을 다했는데 상사가 책상을 지키고 있으니 편하게 퇴근하기가 쉽지 않았다. 그래서 직원들에게 절대로 퇴근하면서 눈치 볼 필요가 없다고 강조하고, 그런 문화를 만들기 위해 노력했다. 나한테 인사하지 말고 퇴근하라고 말하고, 나도 가급적 일을 마치는 대로 일찍 퇴근한다. 휴가도 마찬가지다. 법에 정해진 연차 휴가가 있지만, 많은 직장인들이 휴가를 자유롭게 사용하지 못한다. 휴가는 회사 일에 지장이 없다면 본인이 사용하고 싶을 때 편하게 사용할 수 있도록 보장해줘야 한다. 당연한 일이지만 실제로는 그렇지 못한 경우가 많아 안타깝다. 눈치 안 보는 자유로운 퇴근과 휴가 문화만은 우리 회사에 어느 정도 자리 잡았다고 자부한다.

회사가 파주출판단지에 있다 보니 서울에서 출근하는 직원들이 출근 시간을 맞추기가 쉽지 않았다. 본인은 일찍 나와도 버스를 제때 못 타면 본의 아니게 지각하게 된다. 출근 시간에 늦게 회사에 들어오면 어쩔 수 없이 눈치가 보이게 마련이다. 그래서 고민 끝에 유연 출퇴근 제도를 만들었다. 출근 시간을 9시로 고정하는 게 아니라 8시부터 10시까지 본인 여건에 맞게 출근하고, 퇴근 시간도 이에 맞춰 오후 5시부터 7시에 퇴근하는 제도다. 아이를 유치원이나 학교에 보내야 하는 직원은 조금 늦게 출근하고, 일찍 퇴근해서 저녁 시간을 더 많이 보내려는 직원은 일찍 출근한다. 이렇게 출퇴근 시간이 유동적이다 보니 자연스럽게 자유로운 퇴근 문화가 자리 잡을 수 있었다.

행복감 높여주는 소박하고 세심한 복지

직원들에게 최대한 좋은 복지 제도를 제공해주고 싶은 마음은 굴뚝같지만, 많은 수익을 내기 어려운 사회적기업 입장에서 쉽지 않은 일이다. 구글이나 제니퍼소프트 같은 기업에서 제공하는 복지 수준은 우리로선 언감생심이지만, 우리가 할 수 있는 소박하면서도 세심한 복지 제도를 고민하면서 하나씩 늘려가고 있다. 이것을 나는 직원들의 행복감을 높여주는 소박한 복지라고 생각한다.

출판단지의 특성상 점심식사를 할 만한 식당이 많지 않아 점심 때만 되면 고민이 많았다. 음식 값도 시내에 비해 비싼 편이라서, 급여 수준이 그다지 높지 않은 직원에게는 부담이 되었다. 그래서 고민 끝에 회사에서 점심을 제공하기로 했다. 처음에는 출판단지에서 직원 식당을 운영하는 회사에서 쿠폰을 사서 이용했는데, 금방 질렸다. 그래서 여기저기 수소문한 끝에 교하신도시에 있는 식당에서 도시락 배달을 해준다고 해서 이용하고 있다. 점심 제공은 대표 입장에서 열심히 일하는 직원들에게 따뜻한 밥 한 끼를 회사에서 대접하고 싶은 마음의 표현이다. 마음 같아서는 요리사를 정직원으로 채용해서 품격 높은 밥을 제공하고 싶지만, 현실적으로 쉽지 않으니 일단 우리가 할 수 있는 수준에서 실시하는 것이다.

2016년부터는 간식비와 커피 쿠폰을 제공했다. 회사에서 일하다 보면 오후에 출출해진다. 그래서 매월 정기적으로 부서장에게 소액의 간식비를 배정하고 부서에 맞게 간식을 사 먹도록 했다. 간식비는 모아서 회식비로 사용할 수도 있다. 직원들의 저녁 시간을 보장하기 위해 저녁 회식은 가급적 하지 않는 편이다. 주로 술 먹고 고기 먹고 노래방 가는 회식이 별로 건전하지 않다는 생각도 저녁 회식을 꺼리는 이유 중 하나다. 그렇지만 부서별로 회식을 하는 것은 때로 필요하기도 하니 부서장이 알아서 진행하도록 재량권을 주는 것이다.

배달한 점심을 먹다 보니 점심시간이 많이 남아 대부분의 직원들이 근처 카페에 가서 커피나 차를 마시곤 한다. 그 비용도 적지 않고 매번 팀장들이 내는 것도 부담이 클 것 같아, 커피 쿠폰 제도를 만들었다. 회사 근처에 있는 카페 몇 곳과 계약을 맺고 여기에서 통용되는 쿠폰을 만들어 직원들에게 매월 일정 수량씩 나눠주는 제도다. 큰돈이 들지 않으면서도 직원들이 무척 좋아했다. 지난 여름은 무척 더웠다. 그 무더위에 점심때 마시는 아이스커피 한 잔이 큰 즐거움을 주곤 했다. 여기에 더해 회사에서 지원하는 커피라면 즐거움이 배가되지 않겠는가?

앞으로 가장 실시하고 싶은 복지는 급여 인상과 근무 시간 단축이다. 직원들이 회사에서 일하는 것은 사회적 가치를 추구하고 개인적인 이상을 실현하는 일이기도 하지만, 일상을 살아가기 위한 경제 활동의 의미가 크다. 이러한 측면에서 중요한 것이 적당한 보상이다. 일반 기업과는 위상이 다른 사회적기업이라 수익 확대에 한계가 있긴 하지만, 대표로서 최대한 노력해서 직원들의 급여 수준을 높여주려고 한다. 생활이 안정되지 못하면 업무 성과를 내는 데 한계가 있기 마련이다. 그래서 행복한아침독서는 사회적 가치와 만족스러운 급여라는 두 마리 토끼를 잡기 위해 부단히 노력 중이다.

우리 회사는 주 40시간 근무제를 실시하는데, 야근도 거의 없는 편이다. 한 달에 한 번도 야근하지 않는 직원도 꽤 있고, 야근을 하더라도 그리 오랜 시간을 하지는 않는다. 야근 없는 회사를 지향하는 한편, 근로 시간을 단축할 수 있는 방법이 없을까 계속 고민 중이다. 행복하게 살려고 일을 하는 것인데, 거꾸로 되어 마치 일을 하기 위해 사는 것처럼 살아간다. 행복한 삶을 위해 노동 시간을 줄이는 게 필요하다는 생각을 오래전부터 갖고 있었다. 한때는 오후 4시 퇴근제를 실시하기도 했는데, 여러 문제가 있어 중단했다. 한 달에 하루나 격주로 수요일이나 금요일에 교대로 휴무를 하는 '해피 데이' 제도도 검토 중인데, 아직 실행은 못하고 있다. 이 제도는 직원들에게 관공서나 은행 업무 등을 할 수 있는 시간을 주자는 의도도 담겨 있다. 수요일에 쉬게 되면 이틀 일하고 하루 쉬고, 다시 이틀 일하고 주말 이틀을 쉬게 되어 한 주를 보내기가 훨씬 가뿐하다. 금요일에 쉴 경우 3일 연휴가 되는 장점이 있다. 문제는 업무 효율성이 떨어지지 않게 하는 것이다. 휴일이 늘어난다고 맡은 일이 줄어드는 건 아니니, 일하는 시간만큼은 최선을 다하고 업무 효율성을 높이는 것은 직원의 몫이다.

근무 시간 단축이 실효성 있게 진행되려면 먼저 회사 경영진과 직원의 마음이 맞고 서로에 대한 신뢰가 있어야 한다. 이런 것이 전제되지 않은 상태에서 어설프게 이상만 앞세워 새로운 제도를 실시했다가는 소기의 성과를 거두기 힘들고, 오히려 안 하느니만 못한 결과를 얻을 수 있다. 회사와 직원들의 지향점이 같고, 회사의 발전이 직원들에게 분명히 도움이 된다는 공감대가 형성되어야만 한다. 요즘은 회사 분위기도 좋고 직원들도 최선을 다하고 있으니, 새로운 제도를 실시해도 좋을 것 같다. 새로운 제도로 인해 생길 수 있는 문제점을 꼼꼼히 따져본 다음 실시할 생각이다.

토요일을 쉬는 주5일근무제가 정착한 것처럼, 앞으로 주4일근무제도 이뤄질 것으로 본다. 일주일에 나흘을 열심히 일하고 사흘을 쉴 수 있다면 우리들의 삶의 질이 훨씬 높아질 것으로 기대된다. 그런 질 높은 삶을 우리 직원들이 충분히 누렸으면 좋겠다.

대표에게 직원은 가장 중요한 고객

어느 날 문득 한 가정의 가장이면서 작은 회사의 대표인 내게 가장 중요한 고객은 누구인가 하는 생각이 들었다. 회사에서 가장 중요한 고객은 큰 매출을 올려주는 거래처일까? 물론 회사를 운영하는 데 거래처는 무척 중요하다. 최선을 다해 맡은 일을 해서 파트너 관계사를 만족시키고 이후에도 계속 우리와 일하고 싶어하도록 만드는 것은 당연한 일이다. 실제로 작년 연말 몇몇 파트너 회사 담당자에게 행복한아침독서가 일을 참 잘한다는 칭찬을 듣기도 했다.

그런데 이러한 결과에 우선해야 할 것이 있다. 회사 대표에게 가장 중요한 고객은 바로 함께 일하는 직원들임을 회사를 운영한 지 13년 만에 깨달은 것이다. 직원은 내가 마음대로 대할 수 있는 부하 직원이 아니라 내가 가장 소중하게 생각하고 대해야 할 가장 중요한 고객이다.

우리 직원들이 회사에서 일하며 행복하면 좋겠다. 그러기 위해 내가 할 수 있는 일이 무엇인지 생각하며 일하려 한다. 가장 가까운 곳에서 함께 지내는 가족과 직장 동료에게 인정받지 못한다면 그건 진짜가 아니다.

행복한 가정과 회사를 만들려면 가족들과 동료들을 가장 중요한 고객으로 생각하며 최선을 다해야 한다는 사실을 이제야 깨닫는다. 늦었지만 이제라도 깨달았으니 늘 가슴에 명심하며 하루하루 살아야겠다.

행복한 사회, 어떻게 만들까?
《우리도 행복할 수 있을까》 | 오연호 지음 | 320쪽 | 16,000원 | 오마이북
《행복지수 1위 덴마크의 비밀》 | 오연호 글 | 김진화 그림 | 112쪽 | 11,500원 | 사계절

오랜만에 가슴이 뛰는 책을 만났다. 어린이책으로 나온《행복지수 1위 덴마크의 비밀》을 읽고 나서, 작년에 사놓기만 하고 읽지 못했던 이 책의 원저인《우리도 행복할 수 있을까》를 읽었다. 책을 읽는 내내 가슴이 뛰었다.

어른과 아이를 가리지 않고 우리나라 국민들에게 지금 행복하냐고 물어본다면 충분히 행복하다고 대답하는 이들이 과연 얼마나 될까? 치열한 경쟁체제 속에서 과도한 공부에 시달리며 충분히 놀지 못하는 아이들, 연애·결혼·출산에 더해 내 집 마련과 인간관계까지 포기한 5포 세대로 불리는 20·30대 청년층, 직장에서 밀려날까 전전긍긍하며 OECD 국가 중 최장의 노동 시간에 시달리며 여유 없는 삶을 살아가는 40·50대 중장년층, 허술한 복지 체계로 경제적 고통을 호소하는 노인층까지 거의 모든 세대가 불행한 사회에 우리는 살고 있다.

군사독재에 치열하게 항거했던 젊은 시절 우리들이 꿈꾸었던 나라는 결코 이런 불행한 나라가 아니었을 것이다. 이 책의 저자인 〈오마이뉴스〉 오연호 기자는 "우리는 왜 행복하지 않은 걸까? 어디서부터 무엇이 잘못된 걸까?" 하는 의문을 안고 UN의 행복지수 조사에서 2012년, 2013년 연속으로 세계 1위를 차지한 덴마크로 떠났다. 저자는 덴마크를 세 차례나 방문해 덴마크 사람들이 행복하게 살아가는 이유를 꼼꼼하게 살펴보았다.

주저하지 않고 행복하다고 말하는 덴마크 사람들의 행복의 출발점은 즐겁고 자유롭게 생활하는 학교였다. 덴마크 학교에서는 아이들에게 입시와 성적보다 행복하게 살아가는 방법을 가르쳐주고 있었다. 한 초등학교의 교감은 아이들이 자기 인생을 스스로 가꾸고, 아울러 모두 함께 즐겁게 공부하고 놀 수 있도록 하는 것이 덴마크의 교육철학이라고 얘기한다. 그러면서 덴마크 교육의 목표는 단 한 명의 학생도 '패자'가 되지 않도록 하는 것이라는 얘기를 덧붙인다.

덴마크 사람들은 인생의 고비마다 앞으로 어떻게 살지 여유를 갖고 스스로 선택할 수 있는 기회를 갖는다.

덴마크 사람들의 행복은 개인의 경제적 부담을 줄여주는 촘촘

한 사회안전망에서 나온다. 대학 등록금이 무료일 뿐 아니라, 대학생에게 충분한 생활비까지 지원한다. 병원비도 모두 무료이고, 실직하면 2년까지 정부에서 예전 월급을 지원하며 새 일자리를 찾을 수 있도록 도와준다.

그러면 성적과 취업에 대한 걱정 대신 여유를 가지고 어떤 인생을 살 것인가를 고민하는 나라, 부당한 실직과 불안한 노후에 대한 걱정 없이 살 수 있는 나라를 어떻게 만들 수 있을까? 과연 어디서부터 손을 대야 할까? 이 나라를 어떻게 해야 행복한 나라로 만들 수 있을지에 대한 진지한 성찰과 실천을 더 이상 늦춰서는 안 된다. 사회의 거의 모든 구성원이 불행한 사회가 우리가 꿈꾼 나라는 결코 아니니 말이다.

막막하지만 새로운 희망의 단초를 새로 나온 그림책《약속》(니콜라 데이비스 글, 로라 칼린 그림, 사계절)을 보며 찾을 수 있었다. 《나무를 심은 사람》의 엘제아르 부피에처럼《약속》의 주인공 소녀는 도시 곳곳에 도토리를 심는다. 온 도시에 여린 새싹이 돋아나자 사람들의 표정이 밝아지고 도시는 생명의 기운이 가득한 공간으로 바뀐다. 이처럼 우리 사회의 변화는 노인이나 소녀처럼 우리들 각자가 심을 수 있는 도토리를 찾아보고 정성을 다해 심는 것부터 시작될 수 있으리라는 믿음을 갖는다.

모두가 행복한 살림의 경제
《잘 산다는 것》| 강수돌 글 | 박정섭 그림 | 128쪽 | 11,000원
| 너머학교

지난 4월에 일어난 세월호 사고로 받은 충격이 커서 일상생활을 영위하기가 쉽지 않다. 한 전문가는 세월호 사고가 국민들에게 준 충격이 6·25전쟁이 준 충격과 비슷한 수준이라고 얘기한다. 꽃다운 단원고 학생들을 비롯하여 수백 명의 소중한 목숨이 차디찬 바다에 수장되는 것을 지켜본 우리들이 앞으로 해야 할 일은 다시는 이러한 비극이 일어나지 않도록 사회 시스템을 바꾸는 것이다.

세월호 사건의 진상이 하나하나 밝혀지면서 결국 문제는 사람이 중심이 아닌 돈을 중심에 둔 사고방식과 구조에 있었음을 깨닫게 된다. 앞으로도 우리가 신자유주의 경제구조에서 돈벌이만을 우선시하는 이들이 주도하는 사회를 방치해둔다면 이런 사고는 얼마든지 일어날 수 있다.

이런 생각을 하며 마음을 다잡고 읽은 책이 강수돌 교수가 청소년들을 위해 쓴 《잘 산다는 것》이다. 저자는 앎과 삶이 분리되지 않고 배우고 생각한 것을 삶 속에서 실천하며 살아가는 지식인이다. 시골에 자연과 어울리는 귀틀집을 짓고, 생태 화장실을 만들고, 텃

밭 농사를 지으며 밥이 똥이 되고 똥이 밥이 되는 순환형 살림살이 경제를 일구며 살아간다.

저자는 돈벌이 경제가 이야기하는 대표적인 논리인 '소득과 행복의 관계, 희소성의 원리, 트리클 다운 효과 등'이 얼마나 허구적인 논리인지 명쾌하게 반박한다. 그러면서 은행과 금융자본의 비밀, 세계화의 본질 등 다소 전문적인 내용을 청소년 독자들이 쉽게 이해할 수 있도록 잘 설명한다.

저자는 잘 산다는 것에 대해 부자가 되는 것이 아니라 행복하게 사는 것이라고 얘기한다. 이를 위해 돈벌이 경제가 아닌 인류가 오랫동안 일구어온 식·의·주를 중심에 둔 살림살이 경제를 살리자고 주장한다. 사람들과 협동하며 먹고사는 것을 직접 일구어온 것이 인류의 역사이며 이것이야말로 경제 본연의 모습이라는 설명이다. 저자는 도농직거래, 생협, 마을학교, 마을공동체 운동, 인문학모임, 대안화폐운동 등, 나 홀로 잘 살기 위해 애쓰는 것이 아니라 더불어 행복하게 잘 살자는 공동체 운동을 우리가 진정 사람답게 사는 방법으로 제시한다.

세월호 사고와 같은 어처구니 없는 사고를 방지하는 길은 우리 사회가 죽임의 경제가 아닌 살림의 경제, 돈벌이가 모든 것에 우선하는 신자유주의 가치관이 아니라 나눔과 배려의 가치관이 중심이 되는 사회를 만드는 것이라는 생각을 해본다. 그래서 우리가 만들어야 할 사회가 어떤 사회일지를 고민하는 이들에게 이 책을 권하고 싶다.

미국의 사상가 랠프 월도 에머슨은 〈무엇이 성공인가〉라는 시에서 "자기가 태어나기 전보다 세상을 조금이라도 살기 좋은 곳으로 만들어놓고 떠나는 것"이 성공적인 삶이라고 말한다. "내 삶은 과연 세상을 조금이라도 살기 좋은 곳으로 만든 삶인가?"라는 질문을 스스로에게 던져본다. 우리 아이들을 위해서라도 더 나은 세상을 만들기 위한 노력을 멈춰서는 안 된다. 잘못된 것에 대해 함께 분노하고, 잘못된 사회 시스템을 개선하는 데 그 힘을 모아야겠다고 다짐해본다. 우리가 세월호 사건이 준 교훈을 망각하고 아무런 일도 하지 않는다면 그다음은 우리 차례가 될 거라는 경고를 결코 잊지 말아야 한다. 살아남은 자들이 해야 할 일을 제대로 하는 게 세월호 희생자들의 희생이 헛되지 않게 하는 길이다.

청소년을 위한 책이지만 어른들도 읽어볼 만하다. 청소년 자녀를 둔 부모라면 같이 읽고 아이들과 얘기를 나눠보면 좋을 듯하다.

지구를 해치지 않고 삶의 질을 높이는 사람
들의 이야기

《나쁜 뉴스에 절망한 사람들을 위한 굿 뉴스》 | 데이비드 스
즈키·홀리 드레슬 지음 | 조응주 옮김 | 606쪽 | 25,000원
| 산티

    너무나 편리한 문명의 이기들을 마음껏 누리며 살면서도 마음
한구석에는 항상 뭔가 찜찜함이 자리한다. 한정된 화석연료처럼
지구가 오랜 세월 만들어낸 유한한 자원을 소비하며 이루어지는
편리한 생활을 과연 우리 후손들이 제대로 누릴 수 있을지에 대한
불안감이다. 이처럼 하나뿐인 지구의 환경을 파괴하며 누리는 편
리함은 마음까지 편하게 하지는 못한다. 그러면서 지속가능한 지
구를 만들기 위해 내가 할 수 있는 일을 생각하기란 쉽지 않았다.
그런 가운데 이 책을 만나니 정말 반가웠다. 정말 '굿 뉴스'가 아닐
수 없다.

    이 책에는 꽃을 해치지 않고 꿀을 모으는 꿀벌처럼, 지구에 해를
끼치지 않고 사업을 하는 사람들에 대한 이야기가 가득 담겨 있다.
돈도 벌고 환경도 살릴 수 있다니 혹하지 않겠는가? 이 책은 자신
도 즐거우면서 환경도 살리는 일이 세계 곳곳에서 개인과 단체, 대
기업과 정부 차원에서 대대적으로 일어나고 있음을 보여준다. 이
제 더 이상 경제발전과 환경보호는 양자택일할 가치가 아니다. 주

방장이나 식당 주인, 중소기업뿐만 아니라 나이키나 포드 같은 대기업도 지구와 인류의 미래를 볼모로 삼지 않고도 상품과 서비스를 제공할 수 있는 방법을 고민하고 있다. 세계 곳곳에서 이러한 방향으로 산업의 패러다임이 바뀌고 있으며, 이것을 이 책에서는 '2차 산업혁명'이라고 부른다.

저자들이 세계를 돌며 모은 다양한 사례는 이러한 2차 산업혁명의 특징을 잘 보여주며 지속 가능성의 경제학적 측면을 밝혀주고 있다. 물질적인 세계를 '지속 가능한' 방식으로 관리해도 인류가 먹고살 수 있는 구체적인 사례들을 제시하고 있는 것이다.

이 책은 현재 우리의 삶의 방식에서 단지 한 걸음만 더 나아가면 우리 자신도 바로 그 희망을 일궈낼 주인공들이 될 수 있다고 얘기해준다. 솔깃한 말이 아닐 수 없다. 이 책이 담고 있는 혁명적 내용은 가치관의 변화를 고민하는 이들에게 깊은 공감을 줄 것으로 확신한다.

이 책을 다 읽고서 나는 우리가 사는 세상에 대한 '희망'을 발견할 수 있었다. 그래서 나는 이 책이 참 고맙다. 좀 더 많은 사람들이 《굿 뉴스》를 읽고 그들의 삶에 긍정적인 변화를 일으켰으면 좋겠다.

8장

함께 길을 만든 사람들

아무리 작은 일이라도 지극히 정성을 다할 때 나와 세상을 변화시킬 수 있다. 모든 순간마다 나름대로 내가 할 수 있는 최선을 다한 시간이었다. 지금까지 걸어온 길에 후회는 없다. 남은 삶을 걸고 하고 싶은 일이 있어 시작했고, 그 일을 하면서 최선을 다했고, 좋은 사람들을 만났고, 그 과정에서 참 행복했다. 과분한 칭찬도 받았다. 물론 그 과정에서 나의 미성숙 때문에 누군가에게는 상처를 주기도 했다. 민망하고 부끄러운 일이다.

많은 분의 호의와 연대가 있어 여기까지 올 수 있었다. 앞으로 그 마음을 생각하며 빚을 갚으며 살아가려 한다. 지나온 일에 만족하지 않고, 내가 할 수 있는 일을 외면하지 않을 것이다. 가족과 직원에게 부끄럽지 않은 가장과 대표가 되고 싶다. 이것이 내가 품은 가장 큰 욕심이다.

아침독서운동 10주년 기념행사 단체 사진

저자, 여희숙, 이주영, 백화현, 백창우 선생님(왼쪽부터)

독서운동을 시작하며서 아이들에게 책 읽는 즐거움을 선물하겠다는 꿈을 꾸었다. 혼자만이 아니라 여럿이 함께 꾸었기에 그 꿈은 세상에 없던 희망의 길을 만들었다. 이렇게 길이 만들어지니 더 많은 이들이 손잡고 함께 걸어갈 수 있었다.

지금까지 무수히 많은 분들의 헌신과 연대가 있어 여기까지 올 수 있었다. 많은 분들이 있지만 특별히 고마운 분들을 소개한다. 이분들과 함께할 수 있어 내 삶이 풍요로워졌고 사람의 향기가 얼마나 아름다운지를 깨달을 수 있었다. 사람이 꽃보다 아름다울 수 있음을 삶으로 보여준 분들을 만난 것이 내가 가진 가장 큰 행운이라고 생각한다.

하야시 히로시 선생님

하야시 선생님은 일본의 아침독서운동 제창자다. 교직에 있으면서 일본 교육의 현실에 큰 문제의식을 느낀 그는 우연히 《하루 15분 책 읽어주기의 힘》을 밤새 읽고 미국에서 진행된 독서교육 방안인 SSR에 대해 알게 된다. SSR 프로그램의 진행 방법과 성과에 공감하고, 일본에 맞게 4원칙을 만들어 본인이 재직하던 여자고등학교에서 아침독서운동을 처음 시작한다. 이때가 1988년 4월이다. 이렇게 소박하게 지방의 한 여고에서 시작된 아침독서운동은 지금 일본 전체 학교 중 4분의 3이 넘는 학교가 참여할 정도로 확산되었다.

이처럼 한 알의 도토리가 숲이 되기까지는 일본 각지를 돌아다니며 아침독서운동을 알린 선생님의 노력이 결정적인 역할을 했다. 그러나 안타깝게도 그 과정에서 선생님은 아침독서운동에 냉담한 동료 교사와 비협조적인 교육 관료들에게 상처를 많이 받고 심한 우울증으로 이어져 오랫동안 투병 생활을 했다.

2005년, 하야시 선생님의 책을 번역·출간하여 우리나라의 아침독서운동을 시작한 나는 선생님의 다른 저서인 《아침독서의 이상과 실천》을 2007년에 출간하기로 계약했지만, 일이 많아 오랫동안 내지 못하고 2015년 2월에 겨우 낼 수 있었다. 선생님의 첫 책처럼 이 책도 내가 직접 번역하고 싶어 틈나는 대로 조금씩 번역했는데, 일이 많아지면서 진척이 되질 않았다. 내가 계속 잡고 있어서는 진행이 안 될 것 같아 일본에 있는 후배인 홍이표 교수에게 번역을 요청했다. 선생님이 아프다는 소식을 듣고 마음이 더 급해졌다. 책을 낸 후에 일본에 가서 선생님에게 인사를 드리려고 했다. 그런데 책을 낸 다음에 선생님께서 이미 2013년 12월, 향년 70세의 나이로 돌아가셨다는 소식을 듣고 망연자실했다. 정말 안타까운 일이다.

한 번도 뵙지는 못했지만 하야시 선생님은 내게는 멘토라 할 수 있다. 국적은 달랐지만 아이들의 행복과 조국의 미래를 걱정하며 독서운동에 매진한 선생님은 많은 깨우침을 주고 길 안내를 해주었다.

한 학교에서 시작된 아침독서운동이 2만 7,000개가 넘는 학교로 확산된 일본의 사례를 보면서 자연스럽게 장 지오노가 쓴 《나무를 심은 사람》의 주인공 엘제아르 부피에를 떠올렸다. 엘제아르 부피에가 황무지에 수십 년 동안 매일 100여 개의 흠 없는 도토리를 정성껏 심어 생명의 숲을 만든 것처럼, 하야시 선생님은 황량한 일본 교육에 아침독서운동이라는 희망의 씨앗을 수십 년간 심어서 아이들에게 희망을 선물했다.

《아침독서의 이상과 실천》에는 아이들을 생각하는 선생님의 마음이 잘 드러나 있다. 교사로서 아이들이 처한 현실을 안타까워하는 진정성이 느껴지고, 아침독서운동을 시작해야 했던 절실한 심정이 공감된다. 또한 40대 중반의 한창 나이에 열정을 갖고 아침독서운동을 시작했지만, 동료 교사들의 비협조로 어려움과 좌절을 겪으면서 감내해야 했던 마음고생도 엿볼 수 있다. 세상에 없는 길을 새롭게 만드는 개척자가 겪어야 하는 어려움이라 생각한다. 선생의 명복을 빈다.

류선영 선생님

아침독서운동을 처음 시작했을 때부터 오랫동안 큰 도움을 주고 지금의 행복한아침독서를 만드는 데 결정적인 역할을 해주신 분이 영화배우 문근영 씨의 어머니인 류선영 선생님이다.

처음 1인 연구소를 운영할 때는 특별한 소득은 없었지만 고정 비용이 많지 않아 큰 문제는 없었다. 그런데 아침독서운동을 시작하면서 〈아침독서신문〉도 만들고 배포도 해야 해서 비용이 많이 필요했다. 당시 운영하던 아침독서운동 다음 카페 회원들을 대상으로 모금했는데, 많은 분들이 후원금을 보내주셨다. 매일 통장 정리를 하고 카페에 후원금 내역을 공지했다. 그런데 어느 날 통장 정리를 하다가 깜짝 놀랐다. 낯선 이름으로 100만 원이 입금된 것이다. 그래서 분명히 10만 원을 송금하려다 실수로 보낸 것으로 생각하고 연락이 오면 반환해주려고 카페에 공지하지 않았다. 그랬더니 며칠 뒤에 메일이 왔다. 100만 원 후원금을 보낸 사람인데 공지가 올라오지 않아 무슨 문제가 있는지 염려되어 메일을 보낸 것이다.

류선영 선생님의 후원은 이때부터 시작하여 행복한아침독서가 어느 정도 자리 잡을 때까지 오랫동안 이어졌다. 어떤 날은 집안 행사가 있었는데 생각보다 적게 들었다며, 남은 돈을 가장 의미 있게 쓸 수 있는 곳이란 생각이 들어 송금한다는 편지와 함께 후원금을 보내주신 적도 있다. 그때도 운영 기금이 바닥나 고민이 많았던 상황이었는데, 이 후원금 덕분에 위기를 넘길 수 있었다.

이후로도 독서운동을 효과적으로 진행하려면 홈페이지가 필요할 것 같다며 500만 원을 보내주셔서 오랜 숙원이던 홈페이지를 개설할 수 있었다. 사단법인 등록에 필요한 기본 재산인 5천만 원이 없어 전전긍긍하던 때에는 흔쾌히 5천만 원 전액을 후원해주셨다.

처음에 사단법인 등록을 준비할 때 필요한 비용이 어느 정도냐고 물으셔서, 1억 원이 필요하다고 대답했다. 놀랍게도 며칠 후에 1억 원이 입금되었다. 그런데 진행하면서 보니 5천만 원이면 가능하다는 사실을 알게 되었다. 그래서 남은 5천만 원을 돌려드리겠다고 메일을 보냈다. 그랬더니 당시 해남에 지역아동센터 건물을 지어주는데 예산이 부족해서 적금을 해약하려던 참이었다며, 마침 잘되었다고 하시는 바람에 나를 놀라게 했다. 돈을 은행에 쌓아 놓고 후원하는 것이 아니라 적금을 해약할 정도로 여유가 없는 상황에서 흔쾌히 후원했다는 사실이 무척 놀라웠다.

류선영 선생님이 후원을 시작한 지 1년이 지난 후에 영화배우 문근영의 어머니라는 사실을 알게 되었다. 아침독서운동 한국 사례집인《대한민국 희망 1교시 아침독서 10분》을 출간하면서 머리말에 류선영 선생님께 특별히 감사드린다는 인사를 했는데, 이 책을 보시고 나중에 다른 사람을 통해 아는 것보다는 직접 얘기하는 게 좋을 것 같다며 사실을 알려주셨다.

초창기에 류선영 선생님의 후원이 없었다면 행복한아침독서가 자리를 잡는 데 훨씬 오랜 시간이 걸렸을 것이다. 지금과는 다른 모습일 수도 있겠다는 생각도 든다. 이 사례는 독서운동이 사회에 일정한 영향을 미치고 시민단체가 자리를 잡는 데 초창기 후원자의 역할이 얼마나 중요한지 보여주는 좋은 사례다. 이때의 무조건적인 믿음으로 해주신 후원을 늘 기억하며 살아야겠다고 다짐한다. 아래 글은 그해 7월 11일에 아침독서운동 카페에 쓴 글인데, 그 당시 자료를 찾으려 오랜만에 카페에 가서 게시판을 보다가 발견한 글이다.

틈새를 막아줄 돌멩이가 되어주시겠다는 분

며칠 전, 연구소 통장을 정리하다가 깜짝 놀랐습니다. 전혀 모르는 분 이름으로 100만 원이 입금된 것입니다. 연구소 계좌로 아침독서운동에 대한 후원금이 들어오곤 하지만, 이런 거액은 처음이라서 당황스러웠지요. 잘못 들어온 것이거나 수치를 실수로 입력한 것일지도 모른다는 생각에 쓰지도 못하고 연락이 오면 돌려주려고 생각하고 있었습니다.

보내준 후원금은 아침독서운동 카페에 매일 게시하고 있는데, 며칠째 게시가 안 올라오니까 송금을 하신 분이 금융 사고가 난 줄 알고 메일을 주셨더군요. 놀랍게도 지방에 있는 시립도서관에 근무하는 사서 선생님이셨습니다.

아침독서운동을 보면서 가슴 설레고 반갑고 눈물나게 고마웠다고, 계속 지켜보시겠다고 하십니다. 그러면서 "아침독서운동이 옛 마을의 고풍스럽고 정겨운 돌담이라면, 그 돌담이 행여 장맛비로 인해 조그만 틈새가 생길 때 그 틈새를 딱 맞게 막아줄 그런 돌멩이가 되고 싶습니다"라고 편지 말미에 쓰셨더군요. 이 글을 읽고는 그 마음 씀씀이가 고마워서 눈물이 핑 돌았습니다.

한 선배의 글이 너무 좋아서 프린트해서 책상 유리에 끼어놓고 항상 새기고 있습니다. "절망과 좌절 대신에 희망과 용기를 주는 사람이 되고 싶다"는 말. 이분이 제게 희망과 용기를 주신 것처럼 저도 누군가에게 희망과 용기를 주고 싶습니다.

이런 분들이 제가 하는 일을 지켜보고 계시니 정말 열심히 해야 할 것 같습니다. 참 행복하고 따뜻한 세상입니다.

-2005.07.11.

이성희 선생님

전국학교도서관담당교사모임의 대표와 사무국장으로 오랫동안 일하다 지금은 인천교육청 장학관으로 있는 이성희 선생님은 아침독서운동이 학교 현장에 자리 잡는 데 큰 도움을 준 고마운 분이다. 선생님과의 첫 만남은 일산에 있는 사무실에서 이루어졌다.

아침독서운동을 시작한 지 얼마 안 되었는데, 인천에서 학교도서관 일을 하는 교사라며 만나고 싶다는 연락이 왔다. 인천에서 일산으로 한달음에 달려오신 선생님과 오랜 시간 얘기를 나눴다. 첫인상이 참 착해 보였다. 선생님은 잘 모르는 사람이 학교를 대상으로 독서운동을 하겠다고 하니, 어떤 사람인지, 어떤 생각을 가졌는지 궁금했던 모양이다. 학교의 독서교육과 아이들에 대한 생각부터 지나온 삶에 대한 이야기까지 많은 이야기를 나누면서 마음이 통했다. 책 읽는 학교 문화를 만드는 데 함께 힘을 모으기로 했다. 나로서는 천군만마를 얻은 셈이었다.

당시 선생님은 전국학교도서관담당교사모임에서 중추적인 역할을 담당하고 있었고, 엄청난 열정과 추진력을 갖춘 일꾼이자 마당발이었다. 부임하는 학교마다 남들이 꺼리는 학교도서관 담당 교사를 맡으며 도서관을 열어왔다고 한다. 도서관을 연 다음에 도서관이 없는 학교로 자원해서 옮기고, 그 학교에서 다시 도서관을 열었다고 한다. 도서관을 하나 열기가 얼마나 힘든 일인지 잘 아는 나로서는 놀라운 이야기가 아닐 수 없었다. 이런 교사가 있다는 게 참 신기했다.

얼마 후에 아침독서추진본부와 전국학교도서관담당교사모임은 아침독서운동 확산과 학교도서관 발전을 위해 협력하기로 하고, 먼저 〈아침독서신문〉에 교사모임 이름으로 연재를 하기로 했다. 이 연재는 〈아침독서신문〉 4호인 2005년 11월부터 45호인 2009년 12월까지 4년간 이어지며, 전국의 학교도서관 담당 교사와 아침독서운동을 잇는 역할을 해주었다.

선생님은 〈아침독서신문〉 2006년 2월호에 기고한 '아침독서운동과 학교도서관의 아름다운 만남'이라는 글에서 학교도서관과 아침독서운동의 동반자 관계를 언급했다.

"아침독서운동을 실시하는 학교의 학교도서관 이용률이 높아졌다는 연구 결과가 있습니다. 이처럼 학교도서관과 아침독서운동은 아주 밀접한 연관을 가지고 있습니다. 학교도서관은 아침독서운동을 지원하는 학교 내의 중요한 공간이자 동반자입니다. 아침독서운동과 학교도서관의 아름다운 만남으로 우리 아이들이 더욱 행복해졌으면 합니다. 행복한 책 읽기, 아이들의 해맑은 웃음꽃이 활짝 피는 그날을 그려봅니다."

선생님은 연대의 중요성을 얘기하고 실천하는 분이다. 선생님이 아침독서운동에 대해 한 말이 내게 엄청난 힘이 되곤 했다.

"아침독서운동은 책 읽기를 통해 아이들과 교사의 삶이 함께 변하고, 학교 현장에서 교육의 희망을 만들어가는 대안의 책 읽기입니다. 아침독서운동은 아름다운 세상을 만들어가는 사람들의 선한 연대입니다. 혼자서 꾸는 꿈은 한갓 꿈에 지나지 않지만, 여럿이 함께 꾸는 꿈은 현실이 된다고 합니다. 아침독서운동과 함께 많은 사람이 같은 꿈을 꾸었으면 합니다."

꿈을 꾼다는 것, 그 꿈을 혼자가 아닌 여럿이 함께 꾸면 현실이 된다는 얘기는 운동을 하는 사람들에게 엄청난 힘을 주는 얘기가 아닐 수 없다. 이성희 선생님과 같은 꿈을 꾸며 함께 달려온 시간은 정말 행복한 시간이었다.

〈아침독서신문〉 50호 발간을 축하하며 선생님이 써주신 글을 아래에 소개한다.

아침독서운동과 함께해서 행복했습니다

작은 물방울이 모여 물결을 이루고, 물결이 흘러 강을 이루고 바다를 만들어내듯이, 아침독서운동이 걸어온 길은 이미 작은 물결을 넘어 거스를 수 없는 도도한 강이 되어 우리나라 독서운동의 큰 흐름을 만들어내고 있습니다. 아침독서운동이 걸어온 그 길, 친구 되어 옆에서 지켜보았습니다. 때로는 손 맞잡으며 함께 그 길을 걷기도 했습니다. 행복한 여정이었습니다. 함께했기에 즐거운 시간들이었습니다.

설레는 마음으로 받아들던 〈아침독서신문〉이 어느덧 50호가 되었습니다. 전국학교도서관담당교사모임의 이름으로 학교도서관과 독서교육을 주제로 〈아침독서신문〉과 인연을 맺고 지면을 장식한 것이 2006년 2월부터 2009년 12월까지 4년간 이어졌으니 그 인연도 참 소중하지 않을 수 없습니다. 원고 기획부터 필자 섭외까지 궂은일 마다하지 않고 마음 내어 일을 해주신 이선영, 장은미, 예주영 선생님에게 이 자리를 빌려 감사의 마음을 전합니다. 또한 흔쾌히 소중한 원고를 써주신 여러 선생님들과 그 원고들을 맛깔스럽게 다듬어주신 〈아침독서신문〉 편집부 기자분들께도 존경의 마음을 전합니다. 수고하는 여러분들이 계셨기에 아침독서운동과 전국학교도서관담당교사모임의 선한 연대가 가능했다고 생각합니다.

다시 시작입니다. 아침독서운동이 추구했던 가치들이, 그리고 실천들이 더욱 필요한 때입니다. 우직한 사람이 산을 옮기고 굽은 소나무가 산을 지킨다고 합니다. 아침독서운동이 처음에 품은 마음을 생각해봅니다. 참 선한 마음입니다. 그 마음 소중히 간직했으면 합니다. 우직한 사람 되어, 굽은 소나무 되어 아이들에게 행복한 책읽기를 안내하는 아침독서운동이 되었으면 합니다. 아침독서운동 5주년, 〈아침독서신문〉 50호를 진심으로 축하드립니다.

쉰 목소리로 교사 연수를 진행하고, 흥겹게 학생들과 독서 캠프를 진행하던 선생님의 모습이 생생하다. 선생님이 준 귀한 조언을 늘 생각한다. 쭉 뻗은 멋진 소나무가 아니라 산을 지키는 굽은 소나무가 되기를 바란다. 지금은 학교를 떠나 교육청 장학관으로 일하는 선생님이 더 많은 선한 변화들을 학교에 일으킬 것으로 기대한다.

한원경 원장님

한원경 대구교육연수원장과의 인연은 2005년 2월《아침독서 10분이 기적을 만든다》를 출간한 지 며칠이 지나고 걸려 온 전화로 시작되었다. 당시 대구교육청에서 독서교육 담당 장학사로 일하던 한 원장은 〈조선일보〉에 실린 책 소개를 보자마자 내 연락처를 알아내서 전화를 한 것이다.

그때부터 대구교육청은 아침독서운동을 교육청 차원에서 대대적으로 추진했다. 이후로 한 원장은 놀라운 추진력으로 대구시를 아침독서운동의 메카로 만들었다. 덕분에 아침독서운동이 학교 현장에 빠르게 자리 잡는 데 큰 힘이 되었다. 아침독서운동은 대구교육청의 역점 사업이 되었고, 교육감의 관심과 배려 덕분에 한 원장은 몇 년 동안 보직 변경 없이 독서교육 전담 장학사와 장학관으로 일할 수 있었다.

아침독서운동에 대한 대구교육청의 적극적인 추진은 많은 성과를 거두기도 했지만, 현장 교사들에게 반발을 가져오기도 했다. 실제로 대구에 연수를 갔을 때 아침독서운동에 대해 부정적인 교사들의 질문을 받기도 했다. 몇 년 후에 나온 통계 조사에서 대구 학생들의 독서 관련 지수가 다른 지역 학생들과 비교할 때 눈에 띄게 좋은 결과가 나왔다. 한 원장의 노력이 빛을 발한 것이다.

한 원장은 장학사에 대한 고정관념을 탈피하게 해준 고마운 분이다. 한 원장의 활동을 지켜보며 교육 전문직 한 사람이 많은 것을 바꿀 수 있음을 실감했다. 이렇게 세상은 꿈을 가진 사람들이 자신의 자리에서 열정을 다해 일할 때 바뀌는 것임을 다시 한 번 확인한다.

2010년 6월 〈아침독서신문〉 50호 발간을 축하하며 한 원장이 기고한 글을 아래에 소개한다.

세대를 가르는 아침독서운동

한때 많은 학교들이 독서 퀴즈, 독서 골든벨, 독후감 발표대회 등 독서 행사를 독서로 여겨, 독서 행사를 잘하는 교사가 훌륭한 독서 지도 교사라고 생각했다. 그러나 잘못된 독서 행사는 독서에 도움이 되기는커녕 오히려 독이 될 수 있다. 2004년 대구학생독서실태 조사 결과를 보면 독서 관련 행사들이 독서에 도움이 되기는커녕 방해가 된다고 답한 학생이 대다수였다. 또 다양한 독서 행사를 한 학교와 그렇지 않은 학교 학생 간 독서량에도 별 차이가 없었다.

대구광역시교육청은 학생들의 독서 습관 형성을 위해 ㈜행복한 아침독서와 연계하여 2005년 3월부터 초·중·고등학교를 대상으로 매일 아침을 교사와 학생이 함께 10분간 책읽기로 시작하자는 소박한 독서운동이자, 새로운 생활방식 창조 운동인 아침독서 10분 운동을 전개했다.

그 결과, 학교에서 사라졌던 아침의 고요와 집중의 시간이 살아나고 학생들의 독서 습관이 자연스럽게 정착되면서 독서량이 크게 증가했다. 2006년 11월 계명대 김종성 교수팀에 위탁하여 학생 독서 실태를 조사한 결과, 대구 학생들의 연간 독서량이 초등학생 104.5권, 중학생 35.6권, 고등학생 21.3권으로 전국 학생들의 연간 평균 독서량보다 두 배 이상 많은 것으로 나타났다. 2년 동안 전개한 아침독서운동이 학생들의 독서 습관 형성은 물론이고 초등학생 연간 독서량 100권대 진입이라는 가시적 성과를 거둔 것이다. 이런 성과를 인정받아 대구광역시교육청은 독서문화상 대통령 표창을 수상하기도 했다.

아침독서 10분 운동이 학교의 아침시간을 바꿔놓을 수 있었던 것은 '매일 읽는다'는 강제성과 함께 독후감에 대한 부담 없이 '좋아하는 책을 그냥 읽는다'는 자율성이 절묘하게 조화를 이루었기 때문이다.

파일럿 프로젝트였던 아침독서 10분 운동을 성공적으로 정착시킴으로써 다음 정책으로 이어지는 추진 동력을 얻을 수 있었다. 2007년부터는 아침독서 10분 운동의 긍정적 효과를 영·유아 독서운동으로 심화시키기 위해 북스타트 운동을 전개하고 있으며, 독서의 결과가 자연스럽게 표현활동으로 이어지도록 하기 위해 생활 글쓰기 운동인 '삶 쓰기 100자 운동'으로 외연을 확대하여 학생들의 읽고 쓰는 힘을 기르기 위해 노력하고 있다. 2009년부터는 독서, 글쓰기 운동을 통합하기 위해 '학생 저자

10만 양성'이라는 비전을 걸고 프로젝트 완성형 책 쓰기 운동을 전개하여 2009년에만 3,981명의 학생 저자를 만들어냈다.

매년 50억 원 이상의 예산을 투자하여 6년째 진화를 거듭하는 대구의 독서운동, 글쓰기 및 책 쓰기 운동은 대구 시민을 아침독서 10분 운동 이전 세대와 이후 세대로 가를 수 있을 만큼 강력한 문화의 차이를 만들어낼 것이다. 또 앞으로 우리 앞에 펼쳐질 꿈과 이야기 중심의 사회에 필요한, 30년 후 대한민국, 아니 세계를 이끌어갈 훌륭한 인재가 대구의 독서교육을 통해 나올 수 있기를 감히 기대해본다.

여희숙 선생님

아침독서운동 홍보대사로 오랫동안 활동해주시는 여희숙 선생님과의 인연은 한 권의 책으로 시작되었다. 아침독서운동을 처음 시작하던 2005년 봄에 서점에서 우연히 선생님이 쓴《책 읽는 교실》이란 책을 만나게 되었다. 책에는 선생님이 그동안 해온 독서교육 이야기가 잔잔하게 소개되어 있었는데, 읽으면서 깊은 감동을 받았다. 출판사에 연락해 선생님 연락처를 받아 전화를 드리면서 오랜 인연이 시작되었다.

이후로 선생님은 〈아침독서신문〉에 연재도 하며 아침독서운동의 든든한 지지자가 되어주었다. 남편의 직장 때문에 일하던 포항을 떠나 서울로 오게 된 선생님은 '도서관 친구들' 활동을 시작했고, 이 활동은 우리나라 독서운동에 신선한 바람을 일으켰다. 공공도서관을 이용하는 시민들이 도서관의 수혜를 받는 것만이 아니라 도리어 도서관을 돕는 일은 공공도서관을 바라보는 관점을 바꿔주었다. 우리나라에 그동안 없었던 새로운 독서운동을 시작한 것이다. 외국에서는 이미 오랫동안 비슷한 형태의 독서운동이 있었다고 하지만, 분명 여희숙 선생님이 시작한 운동은 자생적인 운동이었다.

선생님의 강점은 친화력과 아낌없이 퍼주는 넉넉함이다. 선생님의 강의를 듣거나 얘기를 듣다 보면 저절로 선생님의 팬이 되어버린다. 손도 커서 인연을 맺은 누구에게나 아낌없이 퍼주곤 한다. 아침독서운동 10주년 행사 때에도 정성껏 음식을 준비해서 행사에 온 모든 사람들을 행복하게 만들어주셨다. 앞으로도 선생님이 아침독서운동의 홍보대사로 쭉 활동해주리라 믿는다. 선생님이 함께하니 참 든든하다.

명예기자 선생님들

아침독서운동을 시작하면서 전국에 있는 멋진 선생님들을 많이 알게 되었다. 아이들과 책을 사랑하는 열정을 가진 멋진 선생님들을 알게 된 것이 참 행복한 일이다. 그중에서 강원구, 권종순, 김서

영, 김성기, 김중기, 송수진, 황정원 선생님은 10년 이상 〈아침독서신문〉의 명예기자가 되어 좋은 인연을 이어왔다. 이 선생님들이 명예기자로 함께 활동해준 것이 정말 큰 힘이 되었다. 명예기자 선생님들은 각자의 현장인 학교에서 아침독서운동을 꾸준히 펼치며 다양한 조언을 해주었다. 이는 시행착오를 줄이고 방향을 잡아주는 나침반이 되어주었다. 우리가 미처 알지 못하는 많은 교사들이 전국에서 묵묵히 실천하는 것을 잘 안다. 그렇지만 우리들과 늘 소통하며 이런저런 조언과 격려를 해주는 이들이 있다는 사실은 참 큰 힘이었다.

교사 경험이 없는 내가 학교를 대상으로 독서운동을 한다는 게 쉽지 않았는데, 명예기자 선생님들을 비롯해 많은 선생님들이 격려해주고 도움을 주어 여기까지 올 수 있었다. 명예기자 선생님들 외에도 독서운동의 대모라 할 수 있는 백화현 선생님을 비롯해 경남 지역의 이동림, 조의래 선생님, 강원의 남정화, 이채린 선생님, 서울의 노선화 선생님 등 전국 각지에서 열심히 아침독서운동에 참여하며 성원해준 선생님들이 많았다.

오랫동안 꾸준히 ㈜행복한아침독서에 후원금을 내주는 후원회원 선생님들에게도 깊은 감사를 드린다. 매달 후원금을 받으며 후원회원들을 실망시키지 않아야겠다고 마음을 다잡곤 했다.

고마운 분들

10년 넘는 세월을 돌이켜보면 정말 고마운 분들이 많다. (새)행복한아침독서의 이사로 활동하는 정병규, 김택수, 송해석 이사가 있어 늘 든든하다.

어린이전문서점 헤이리동화나라의 정병규 대표는 내가 일산에서 작은도서관을 시작할 때 처음 인연을 맺은 오랜 선배다. 20년 가까운 세월을 함께하며 조언과 격려를 아끼지 않으며 힘이 되어준 고마운 분이다.

치과의사인 김택수 선생님은 일산 후곡마을에서 운영했던 푸른꿈어린이도서관의 운영이 어려워 후원을 요청하려 방문했을 때 환대를 해줘 인연을 맺었는데, 그때부터 지금까지 한결같은 마음으로 함께 해준 소중한 분이다.

송해석 상무는 한때 행복한아침독서에서 함께 일하기도 했던 후배인데 지금은 한 중견 기업의 상무이사로 일한다. 늘 여러모로 마음을 써줘 고맙기만 하다.

이주영 선생님은 내가 독서운동의 멘토로 여기는 존경하는 선배다. 늘 한결같은 선생님의 활동을 보면서 독서운동가가 어떻게 살아가야 하는지를 배운다. 암도 이겨내며 평생 독서운동을 하며 살아가는 선생님이 앞으로도 건강하시길 기도한다.

판매 전망이 불투명한 아침독서운동 사례 책을 기꺼이 출간해준 청어람미디어의 정종호 대표도 아침독서운동 발전에 큰 공헌을 했다. 《아침독서 10분이 기적을 만든다》가 출간되지 않았다면 한국의 아침독서운동이 시작되지 못했을 것이다. 그가 보여준 선의에 감사드린다.

〈국민일보〉의 김남중 기자는 2006년에 아침독서운동 캠페인을 함께 진행했는데, 놀라운 열정과 추진력을 보여주었다. 덕분에 한 해 동안 많은 지면에 아침독서운동이 다양한 방식으로 소개되어 새로운 독서운동이 확산되는 데 큰 힘이 되었다. 그 후로도 김 기자는 아침독서운동에 많은 애정을 갖고 기회가 날 때마다 기사를 실어줘 도움을 주곤 했다.

이 외에도 많은 작가들, 여러 출판사의 대표와 편집자, 마케터들도 호의를 갖고 많은 도움을 주었다. 〈아침독서신문〉에 광고를 게재해주기도 하고, 학급문고 보내기 사업 때 귀한 책을 기꺼이 지원하기도 했다. 이렇게 많은 분들의 성원과 연대가 있었기에 아침독서운동이 작은 성과라도 낼 수 있었다고 생각한다. 앞으로도 늘 빚진 마음으로 내가 할 수 있는 일들을 주저하지 않고 열심히 할 생각이다. 그것이 이 빚을 갚는 길이라 생각한다.

나가는 글
책과 함께 행복하기를

긴 글을 마치는 글을 쓰려고 하니 영화 〈역린〉에 나와 화제가 된
《중용》 23장의 글귀가 생각난다.

> "작은 일도 무시하지 않고 최선을 다해야 한다. 작은 일에도 최
> 선을 다하면 정성스럽게 된다. 정성스럽게 되면 겉에 배어 나오
> 고, 겉에 배어 나오면 겉으로 드러나고, 겉으로 드러나면 이내 밝
> 아지고, 밝아지면 남을 감동시키고, 남을 감동시키면 이내 변하
> 게 되고, 변하면 생육된다. 그러니 오직 세상에서 지극히 정성을
> 다하는 사람만이 나와 세상을 변하게 할 수 있는 것이다."

아무리 작은 일이라도 지극히 정성을 다할 때 나와 세상을 변화
시킬 수 있다는 말이 가슴에 와 닿는다. 이 말을 생각하며 지난 시

간들을 떠올려본다. 모든 순간마다 나름대로 내가 할 수 있는 최선을 다한 시간이었다. 어느 때는 얼굴이 화끈거릴 만큼 부끄러운 일도 있었지만, 그런 일을 겪으면서 반성하고 사유하며 온전한 사람이 되려고 노력했다.

지금까지 걸어온 길에 후회는 없다. 남은 삶을 걸고 하고 싶은 일이 있어 시작했고, 그 일을 하면서 최선을 다했고, 좋은 사람들을 만났고, 그 과정에서 참 행복했다. 과분한 칭찬도 받았다. 물론 그 과정에서 나의 미성숙 때문에 누군가에게는 상처를 주기도 했다. 민망하고 부끄러운 일이다.

많은 분의 호의와 연대가 있어 여기까지 올 수 있었다. 앞으로 그 마음을 생각하며 빚을 갚으며 살아가려 한다. 지나온 일에 만족하지 않고, 내가 할 수 있는 일을 외면하지 않을 것이다. 가족과 직원에게 부끄럽지 않은 가장과 대표가 되고 싶다. 이것이 내가 품은 가장 큰 욕심이다.

취미로 탁구를 즐겨 치는데, 탁구를 잘 치려면 가장 중요한 것이 팔의 힘을 빼는 일이다. 초보자와 고수는 여기서 차이가 난다. 이는 우리의 삶에도 그대로 적용된다. 앞으로 힘을 빼고 살아가고 싶다. 비장한 마음이 아니라 가벼운 마음으로 좋은 사람들을 만나고, 책을 만나고, 사람과 책을 잇는 일을 하고 싶다. 지금까지 책과 함께할 수 있어 참 행복했다. 나처럼 많은 이들이 책과 함께 행복하면 좋겠다.

나는 책나무를 심는다

초판 1쇄 발행 2017년 2월 27일
초판 3쇄 발행 2018년 10월 11일

지은이 한상수
펴낸이 김남중

펴낸곳 한권의책
출판등록 2011년 11월 2일 제406-251002011000317호
주소 경기도 파주시 노을빛로 109-26, 202호
전자우편 knamjung@hanmail.net
전화 (031)945-0762
팩스 (031)946-0762
종이 엔페이퍼 **인쇄·제본** 현문인쇄

값 17,000원   ISBN 979-11-85237-30-5 03370

국립중앙도서관 출판시도서목록(CIP)

나는 책나무를 심는다 / 글: 한상수. -- 파주 : 한권의책, 2017
p. ; cm

ISBN 979-11-85237-30-5 03370 : ₩17000

독서[讀書]
독서 지도[讀書指導]

029-KDC6
028-DDC23   CIP2017004007